邢义田　著

画外之意

汉代孔子见老子画像研究

图书在版编目（CIP）数据

画外之意：汉代孔子见老子画像研究 / 邢义田著.
-- 北京：生活·读书·新知三联书店，2020.6
（乐道丛书）
ISBN 978-7-108-06760-9

Ⅰ.①画… Ⅱ.①邢… Ⅲ.①画像石—研究—中国—
汉代 Ⅳ.① K879.424

中国版本图书馆 CIP 数据核字 (2020) 第 021254 号

责任编辑　王婧娅
封面设计　黄　越
责任印制　黄雪明
内文制作　常　亭
出版发行　生活·讀書·新知 三联书店
　　　　　（北京市东城区美术馆东街 22 号）
邮　　编　100010
印　　刷　上海雅昌艺术印刷有限公司
版　　次　2020 年 6 月第 1 版
　　　　　2020 年 6 月第 1 次印刷
开　　本　880 毫米 × 1230 毫米　1/32　印张　15.625
字　　数　419 千字
定　　价　98.00 元

目　次

下编：画像石过眼录

简体版序

　　《画外之意：汉代孔子见老子画像研究》是一本原本不打算出版的书，其原委已述于繁体版序。不意 2018 年在台湾出版后，读者反应似乎不恶。同年春在香港理工大学授课，遇见一位特意自广州到香港来买书并找我签名的读者，告诉我他是在网上得到书出版的消息，但大陆一时还买不到。下半年，生活·读书·新知三联书店有意将这本小书纳入罗志田先生主编的"乐道丛书"，来信询问，于是有了出版简体版的机会。

　　这本书出版转眼已一年多，有些地方现在看来欠妥，须略作更动，也有些新材料和新研究成果须补入。趁着这次出版，增补和修改了若干图版和文字，但主要的论述框架和观点基本上没有改变。

　　最令我感谢的是编辑部王婧娅小姐大力协助，不但统一全书格式，更代编了全书索引，希望新版本能为读者带来些检索内容的方便。

邢义田

2019 年 6 月 26 日

于台北南港

繁体版序

　　这本书原是一篇篇深埋抽屉没打算发表的旧稿。2017 年 1 月，三民书局忽来电话，告知刘振强先生不幸仙逝的消息。我立刻警觉这一辈子欠刘先生的都来不及偿还了。电话中，除了述说内心最深的歉疚，表示必会参加刘先生的告别式，也同时表达了在《秦汉史》来不及写出前，设法略作补救的心愿。因而有了出版这本书的念头——将一本酝酿足足二十七年的书献给刘先生在天之灵。

　　2013 年三民书局六十周年大庆前夕，我曾有缘在纪念集中回顾和三民书局刘先生结缘的经过。1980 年夏我返台，回到政治大学历史系教书。从秋天开始，先后讲授中国通史、秦汉史和西洋古代史等等课程。当时住在离政大不远、木栅秀明路二段的一幢小小的公寓里，薪水每月不过数千元，须负担购屋贷款和迎接即将到来的第一个小孩，日子过得捉襟见肘。依稀记得就在那年秋或第二年春，系主任王寿南先生接受三民书局委托，邀约一批教授写一套中国断代史教科书。印象中受邀的都是各领域知名前辈。猜想王主任大概知道我的处境，推荐正教秦汉史的我去写这一部分。我一想稿费可以济燃眉之急，没用大脑就答应了。那时在专业研究上尚无成绩可言，每天忙于备课写讲稿。自以为正在写稿，一年课上完，书稿也就差不多了。当年的冒失和大胆，现在回想起来，只能用初生之犊不畏虎来形容。

初步同意写书后的某一天，刘振强先生忽然亲自到访。三民书局是台湾著名的书局，出版各种教科书。我在学生时代曾读过很多三民出版的名著，万万没有想到一位知名书局的大老板会提着礼盒来到自己的家门前。更令我印象深刻的是，正值盛年、事业有成的刘老板，完全没有看轻后辈，和蔼可亲地谈起他早年如何因战乱流离，失去求学的机会，如何来到台湾，在艰难困苦中走上出版的道路，并准备为出版文化事业奉献一生。说着说着，刘先生拿出合约和一个内有十万元的信封。我没用什么心思，就签字收下了。将近四十年前和刘先生见面的一刻，至今不能忘怀。

惭愧的是，十万元到手，随即花用一空，书稿却没出来。一连数年，在春节前后，刘先生总是亲自带着礼物，登门拜访。惭愧的我除了空言快了快了，别无他法，对不起刘先生的心情也就与日俱增。年事稍长，知道真要写一部秦汉史谈何容易，我那些教书用的讲稿不过抄纂成说，既无体系，也乏见解，用来搪塞刘先生，越来越觉得太对不起他的盛情。

如此过了好多年，心想或许可以暂用其他的稿子报偿刘先生的厚意于万一。大概在 1986 年左右，刘先生又来访，我即提议将这些年累积的一些论文交给三民，不取分文，但求稍减自己的愧疚。万万没想到刘先生说，论文集他乐于出版，稿费照给，不过希望我仍然同意写那部拖延六年的秦汉史。像刘先生这样的出版人，说实在迄今没有再遇到第二位。感激之余，将手头十余篇不成熟的文稿四十余万字奉交三民，1987 年出版了《秦汉史论稿》。稍感安慰的是这部论文集来年侥幸获学术奖，没给刘先生丢人。

如今在三民出版这本小书，并无法表示我已清偿债务，而是希望在刘先生仙逝之后，能对刘先生说：我没忘记我未了的承诺。

邢义田序于南港

2017 年 11 月 15 日

上编

———

画像构成与意义

一 前言

孔子见老子和孔子以七岁的项橐（项託）为师是两个大家熟知的故事。这两个故事分见于先秦到两汉的典籍，如《庄子》《战国策》《吕氏春秋》《礼记》《韩诗外传》《淮南子》《史记》《新序》《论衡》等。这么多的记载，反映出其受欢迎的程度。

在流传中，故事出现不少有趣的增添变化，其中孔子和项橐的故事似乎更受欢迎。成书于汉末至魏晋间的《列子》曾载，孔子东游，遇两小儿辩日始出或日中去人近，以问孔子，孔子不能决而为小儿所笑。[①] 唐代魏万酬答李白诗有"宣父敬项託，林宗重黄生"之句[②]，敦煌变文里还出现很多添油加醋而成《孔子项託相问书》之类的抄本。目前可考抄本达十七种，是敦煌通俗文学类抄本数量最多的，甚至曾有吐蕃时期的藏文译本三种[③]！

---

① 杨伯峻，《列子集释》（台北：明伦出版社，1970）卷五《汤问》，页105—106。《列子》长期被视为伪书，今天看来其中所记多有所本。参《列子集释》附录三《辨伪文字辑略》，页185—243。

② 王屋山人魏万，《金陵酬（李）翰林谪仙子》，附载《李太白文集》（台北：台湾学生书局影宋刊本，1967）卷十四《送王屋山人魏万还王屋（并序）》后，页三下。

③ 曾德明、林纯瑜，《西藏文化中的孔子形象》，收入黄俊杰编，《东亚视域中孔子的形象与思想》（台北：台湾大学出版中心，2015），页167—212。

　　自从宋代童蒙读本《三字经》纳入"昔仲尼，师项橐"一事，孔子和项橐的故事更为普遍流传。据王重民等先生研究，这个故事后来又见于明本《历朝故事统宗》卷九《小儿论》和明本《东园杂字》。[①] 清代流传自不待言。到了民国时期，北京打磨厂的宝文堂和学古堂等书铺还在印行贩卖各种《小儿难孔子》（图 i）或《新编小儿难孔子》。朱介凡先生曾在台湾见过学古堂刊印的《小儿难孔子》，并指出 20 世纪三四十年代台湾曾有书局印行《孔子小儿答歌》和《孔子项橐论歌》，可见这一故事版本之多，流传之广。[②] 日本、韩国和越南自 11、12 世纪以后的民间文学中都有《小儿论》传本（图 ii）。[③] 在欧洲，则有德国博物学家和汉学家孟哲（Christian Mentzel, 1622—1701）于 1696 年出版《小儿论》德译本（图 iii）。[④] 更有趣的是，项橐在唐代或最迟在明代曾变成小儿之神，

---

①　王重民等编，《敦煌变文集》（北京：人民文学出版社，1957），页 236；张鸿勋，《敦煌本〈孔子项託相问书〉研究》，《敦煌研究》2（1985），页 99—110；张鸿勋，《〈孔子项託相问书〉故事传承研究》，《敦煌学辑刊》1（1986），页 28—40；张鸿勋，《孔子与项託故事的传承研究》，《天水师专学报》1（1986），页 1—10。

②　日本早稻田大学图书馆藏有北京打磨厂学古堂《小儿难孔子》印本（图 i）。另参朱介凡，《中国谣俗论丛》（台北：联经出版公司，1984），页 313。

③　近人金文京搜集中外孔子项橐故事资料最全。参金文京，《孔子的传说——〈孔子项託相问书〉考》，载"中央研究院"历史语言研究所傅斯年图书馆，《俗文学学术研讨会会议论文集》（台北："中央研究院"历史语言研究所，2006），页 3—22；《项橐考——孔子的传说》，《中国文学学报》第 1 期（2010），页 1—19。唯其文有若干论点需要商榷。图 ii 原见延禧大学校东方学研究所 1956 年影印康熙四十二年开刊，乾隆三十九年改刊《国故丛刊》第九。

④　Christian Mentzel, *Kurtze Chinesische Chronologia*（Berlin: Rüdiger, 1696）. 参范克莱（Edwin J. van Kley）原著，邢义田译，《中国对十七八世纪欧洲人写作世界史的影响》，《食货月刊》复刊十一卷七期（1981），页 30；或邢义田译著，《西洋古代史参考资料（一）》（台北：联经出版公司，1987），页 448。

图 i　北京打磨厂学古堂印《小儿难孔子》

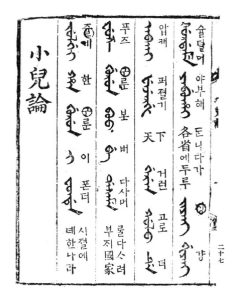

图 ii　乾隆三十九年（1774 年）满韩文对照《小儿论》

图 iii　孟哲《中华简史》1696 年版书影，
封面注明有《小儿学》或《小儿论》（SIAO
UL HIO oder LUN）译文

甚至有专门供奉的祠庙（图 iv）。[①]

　　除了以上流传不绝的文献，汉墓的壁画、画像石和画像砖上也出现很多以孔子见老子、项橐，甚至周公、晏子或左丘明为题材的画像。在东晋或朝鲜的三国时代，位于今朝鲜平安南道大安市德兴里的高句丽幽州刺史墓里，曾出现"周公相地，孔子择日，武王选时"这样的墨书题记（图 vi）。[②]过去我们对孔子的印象主要来自儒家经典，以及经学家的章句、传记和注疏。除了前文提到的民间文学和祠庙，这些图像和墓葬里的材料呈现出一位和儒经里颇不一

[①]　唐代孔子、项橐相问七言诗中已提到项橐受祭于州县庙堂。实际情况如何，不得而知。可是明成化年间知县黄瑜在所著《双槐岁钞》卷六提到：河北"保定满城县南门有先圣大王祠，神姓项，名託"；"时人尸而祝之，号小儿神"。类似的记载又见万历年间陈耀文所编类书《天中记》引《图经》。详见颜之推著，王利器集解，《颜氏家训集解》（台北：明文书局，1982）卷五《归心》"项橐、颜回之短折"句（注五）引，页 356；黄晖，《论衡校释》（附刘盼遂集解，北京：中华书局，1990）卷廿六《实知篇》，"云项託七岁，是必十岁"句刘盼遂注引，页 1080。又金文京文提到《明一统志》卷廿一和《清一统志》卷一〇六都著录山西汾州府有项橐祠。可见至少在明代确实存在项橐祠。康熙五十四年修士雄监修《日照县志·形胜》页十七上下谓日照县城西南八十里有小儿山，传为难孔子之小儿故里，山下有小儿庙。光绪十一年陈懋的《续修日照县志·疆域志》页六下"山水"条则谓小儿山一名圣公山，有项橐庙。是知小儿应指项橐（图 iv）。近人在今河北和江苏句容等地仍采集到类似故事的口头流传，参前引张鸿勋《〈孔子项託相问书〉故事传承研究》，页 38—40，或《孔子与项託故事的传承研究》，页 8—9。2013 年我因参加史语所和北京大学主办的历史研习营赴山西晋城，有缘到太行山中的泽州晋庙铺镇一小山村（名曰拦车村）一游。据云当年孔子至此欲入城，为项橐所难，为之回车，绕城而去。如今拦车村城楼旁有重修的项橐拦车碑（图 v）。《水经注》卷九《沁水》"又东过野王县北"条曾提到在太行巅南有孔子庙，"盖往时回辕处也"。唯郦道元明确指出："仲尼临河而叹曰丘之不济，命也夫，是非太行回辕之言也。"杨守敬纂疏引明代陈棐《孔子回车庙解》，也证孔子不曾济河，未诣太行之下，其巅岂能有孔子回车之辙！其事实妄。陈桥驿《水经注疏》复校本（南京：江苏古籍出版社，1989），页 831—832。

[②]　见高句麗文化展實行委員會编，《高句麗文化展：麗しの古代美》（東京：高句麗文化展實行委員會，1985）；題记完整释文参池田溫，《中國歷代墓券略考》，《創立四十周年紀念論文集 I》（東京：東京大學東洋史文化研究所，1981），页 263。

图 iv　山东日照圣公山　圣公庙（小儿庙）

图 v　山西泽州县晋庙铺镇拦车村入口重修的"项橐拦车处"碑

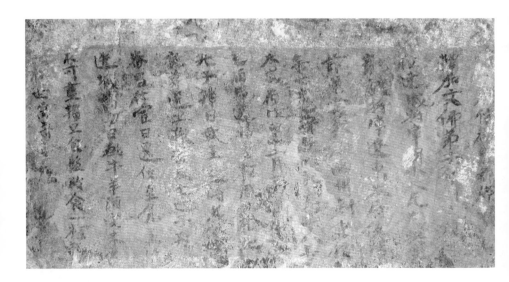

图 vi　德兴里高句丽幽州刺史墓的墨书题记及
"周公相地，孔子择日，武王选时"局部

样的孔子，可以帮助我们从不同的角度去认识孔子的形象和变化。

在形象和实质上，孔子无疑都是儒家的代表，老子则是道家和道教的代表。从儒、道并存的战国到儒学日盛的汉代，为什么人们津津乐道孔、老相见，或孔子问礼于老子，或孔子以老子为师的故事？孔子以七岁小童项橐为师，甚至被他刁难，又代表什么意义？两个故事在汉代画像中经常合而为一，为什么会如此？一连串的疑惑引起我追根问底的兴趣，并促使我在 1990 年写了《汉代孔子见老子画像的构成及其在社会、思想史上的意义》一文，试图找出一些答案。

文稿虽成，二十几年来不敢发表。因为内心的疑惑与不安并不曾稍解。当年所能掌握的仅限于已经出版的资料。那时出版物附载的原石或拓片图版有些尚依稀可辨，有很多却模糊难识。1990 年夏有缘到中国大陆旅行一个月，发现尚未发表的资料多到超乎想象。原来自以为得意的答案，只好暂时搁下，等待机会做进一步的考察和搜集。

1992 年 8 月 1 日至 10 月 27 日，终于有机会到日本京都、东京、天理和中国山东、江苏、河南各地走访汉代画像石和画像砖。这次访察特别注意以孔子见老子为主题的画像。由于得到许多朋友的帮助，收获意外丰富。许多过去看不清或被我忽略的画像，这次见到了。因而发现孔子见老子画像的结构类型比过去想象的要复杂很多。较为遗憾的是，1992 年到济南，适值山东博物馆迁馆，有些孔子见老子画像已装箱待运，未能见到。此外，徐州贾汪区青山泉镇白集发现的孔子见老子祠堂画像，我因时间不及，没能到白集一睹庐山真面目。

1993 年 7 月趁赴西安开会之便，再访碑林博物馆，得见不少米脂和绥德出土的画像石，尤其高兴于 7 月 21 日见到绥德出土的孔子见老子画像原石。1995 年 8 月到成都和重庆等地，在成都博物馆见到有孔子、老子画像的新津石函，在重庆博物馆见到大量精美的画像砖。1997 年 6 至 7 月间，走访欧洲。在法国巴黎奇美博物馆（Musée national des arts asiatiques–Guimet）见到那张方若《校碑随笔》曾著录、有"周公""颜渊""子露（路）"等榜题的孔子见老子画像拓片，却始终打听不出曾被著录、原存德国柏林的一方孔子见老子画像原石①。1998 年 9 月再访山东、徐州等地。9 月 10 日终于在徐州白集汉墓见到祠堂壁上的孔子画像原石。2001 年由榆林地区文管所康兰英女士陪同遍访榆林、神木、绥德、米脂等陕北地区的画像石，第一次见到石面带彩的凤鸟画像，印象深刻。2003 年初承山东博物馆好友郑岩协助，无意间发现三方山东博物馆所藏的孔子见老子和晏子画像断石原本应为一石。

2004、2010 和 2011 年三度率学生走访陕西、河南和山东等地，因所用照相机性能提升，摄得较多较好的照片。1992 至 1998 年我使用传统胶卷相机，功能远不能和日后越来越强大的数字相机相比；所摄照片有彩色，也有黑白，也不能和许多专业摄影相比。本书附图虽然有不少是 1992 年及以后几年内所拍，但也有很多借重好友、学棣以及我自己后来所摄较好的照片。另有些则由博物馆提供，特此声明并表示由衷感谢。

---

① 详见本书下编《画像石过眼录》（以下简称《过眼录》）第 26 节。

二　孔子见老子画像的构成

1. 一个不容再忽视的课题

先汉及汉代典籍中，孔子曾见老子、问礼于老子，或者说曾以老子为师的记载很多，以此为主题的画像见于汉代墓室或祠堂的也不少。后世金石、艺术或一般汉史研究者，在讨论汉代艺术或孔子时，也喜欢提及画像中的孔子见老子图。不过，至今专就此图做画像艺术分析，或考察它在汉代社会或思想史上意义的中外著作不过十余种，可以说远远少于极富玄想空间的西王母研究。[①] 近半个世

---

① 　金春峰《汉代思想史》（北京：中国社会科学出版社，1987）曾利用武氏祠的孔子见老子画像，略论汉末崇尚老子的风尚。李零谈孔子和《论语》时曾以数十字极简略地提到画像中的孔子、老子和项橐，参氏著，《丧家狗：我读论语》（太原：山西人民出版社，2007），页 3。长广敏雄曾对武梁祠画像做图像学的解说，参氏著，《漢代畫象の研究》（東京：中央公論美術出版，1965），頁 61—95。晚近对武氏祠及画像曾做有系统且深入研究的当数巫鸿（Wu Hung）的 The Wu Liang Shrine:The Ideology of Early Chinese Pictorial Art（Stanford:Stanford University Press,1989），中译本见柳扬、岑河译，《武梁祠：中国古代画像艺术的思想性》（北京：生活·读书·新知三联书店，2006）。此书深入探讨武梁祠画像的思想意义，但孔子见老子图是在前石室，或一般认为的武荣祠，此书及长广敏雄书都未处理。佐原康夫《汉代祠堂画像考》（《东方学报》第 63 册，1991）一文提到孔子见老子画像，他将此图与其他列女孝子图合观，以证明画像的教训作用，未对孔子见老子图本身做进一步分析。对这一图像做较多分析解释的要数 Audrey Spiro 所写的 Contemplating the Ancients:Aesthetic and Social Issues in Early Chinese Portraiture （转下页）

纪以来战国秦汉墓、汉代西北边塞与孔子及弟子相关的简帛典籍不断出土，2015 年江西南昌海昏侯墓发现绘有孔子及弟子图文的漆衣镜框背板和上千儒家典籍简牍，形形色色的新资料大量增加。旧的出土文献或图像资料也不断在较好的条件下汇集出版。如何借此优势，并在学界重燃研究儒学兴趣的当今，进一步结合文献与图像，调整视角，走出老子、孔子孰先孰后，二人是否曾相见的争议窠臼，重新评估孔子在汉代的地位和形象，应该是一个有意义且不容再忽视的课题。

过去有不少学者认为自从汉武帝罢黜百家，独尊儒术，儒家在汉代即取得了胜利（the victory of Han Confucianism），进而称汉代以降的中国为儒教中国（Confucian China），或者认为中国的思想

（接上页）（Berkeley and Los Angeles:University of California Press, 1990）一书。此书第二章 "Virtue Triumphant" 颇为详细地讨论了孔子见老子图的意义。其他研究可参吴国柱，《孔子见老子画像石评介》，《济宁师专学报》3（1989）；蒋英炬，《晏子与孔子见老子同在的画像石》，《中国文物报》，1998 年 10 月 14 日，第 3 版；刘培桂，《试谈汉画像石中的孔子》，《中国文化月刊》，189（1995），页 82—110，后收入氏著《孟子与孟子故里》（北京：中国文史出版社，2001）；赤银中，《老子会见孔子汉画像的文化意蕴》，《中国道教》4（2002），页 14—16；解华英、傅吉峰，《浅谈嘉祥县出土孔子、老子、晏子同在的汉画像石》，郑建芳，《论汉画像石中的孔子见老子》，收入顾森、邵泽水主编《大汉雄风——中国汉画学会第十一届年会论文集》（北京：高等教育出版社，2008）；李强，《汉画像石〈孔子见老子图〉考述》，《华夏考古》2（2009），页 125—129；姜生，《汉画孔子见老子与汉代道教仪式》，《文史哲》2（2011），页 46—58；缪哲，《孔子师老子》，收入巫鸿、郑岩主编《古代墓葬美术研究》第一辑（北京：文物出版社，2011），页 65—120；王元林，《试析汉墓壁画孔子问礼图》，《考古与文物》2（2012），页 73—78；姜生、种法义，《汉画像石所见的子路与西王母组合模式》，《考古》2（2014），页 95—102；姜生，《鬼圣项橐考》，《敦煌学辑刊》2（2015），页 86—93；陈东，《汉画像石 "孔子见老子" 其实是孔子助葬图》，《孔子研究》3（2016），页 50—61。相较之下，研究西王母的中外著作无论专书或论文数量都远远超过。研究西王母的著作略见页 135，注①。

或哲学自此即由"子学时代"进入了"经学时代"。[①]今天的学者多依据传世文献立论，几乎不用文字以外的材料。如果他们曾利用汉墓缤纷的画像砖、石和壁画，稍窥汉世儒生和地方官员的内心世界，即不难发现他们的内心图景其实十分复杂，远不是"儒教的胜利"或"经学时代"简单一句话可以概括。现在已走到值得重新评估汉人的思想精神面貌的时刻。

图像和文字资料一样，都在传达古人的心声。图像甚至是一个更可通达古人内心世界的窗口，过去没有充分利用，十分可惜。可惜，可从两方面说。大而言之，古人的行事、思想、心理固然因文字留下痕迹，也透过文字以外的视觉形式而传达。视觉性的雕刻或绘画在反映自然或人为环境、生活片段、人物形象、故事和社会集体心态上，往往更为全面、生动而具体。汉世墓葬中的孔子见老子壁画和石刻就是一个很好的例证。

小而言之，因汉代社会重视丧葬，不惜工本装饰墓葬而留下极为丰富的视觉性材料，其中一大类别是历史人物故事画像。这类画像或有或无榜题，有榜题者，内容多可确认无疑；无之，则言人人殊，较难定论。孔子见老子图是汉代画像中有明确榜题，可以确认内容，数量又多至七十余件，有条件做画像个案分析的少数题材之

---

① 讨论这个问题的中外学者太多，仅举一二为代表：H.H.Dubs, "The victory of Han Confucianism," *Journal of the American Oriental Society*, LVIII（1938），pp.435-449; H.G. Creel, *Confucius, the Man and the Myth*, New York: John Day, 1949，重印更名为 *Confucius and the Chinese Way*, New York: Harper, 1960。冯友兰早年名著《中国哲学史》（重庆：商务印书馆，1944）即以汉世儒家独尊作为哲学史发展的主要分界，其前为子学时代，其后为经学时代。后来他依从马克思主义，写《中国哲学史新编》（北京：人民出版社，1963）是另外一回事，此处不论。

一。^①分析这一类图像结构，自其同，可以找出画像的共性和格套，认识画像艺术在结构上的延续性；自其异，则可见格套的变化性，表现手法会因时、地、流行风气和作坊工匠而自具特色。

因为孔子见老子图的数量不少，这一主题画像的地域性分布和意义也值得探讨。如果画像的时代可考，自然又可将这一主题的流行和兴衰过程找出来，进一步追问其中的时代意义。

自社会、思想史言，墓葬画像的主题和格套都述说着当时和墓葬相关人群的共同记忆和集体心态。汉人心目中的孔子是何形象？具有何种地位？他们为何以孔子见老子的故事或另外加上项橐为题材，装点墓室或祠堂？这一题材主要出现在哪些地域和社会阶层？是什么心态下的产物？曾发生怎样的思想文化影响？和当时的墓主个人或政治环境有何关系？这些都是十分有趣的问题。为探讨这些问题，本编的第二和第三部分，分论孔子见老子画像在汉代画像艺术和社会思想史上的意义。

在讨论之前，必须先声明，"孔子见老子画像"仅仅是一个概

---

① 目前收录较备的要数王培永编《孔子汉画像集》（杭州：西泠印社，2014），此书集中收录拓本达七十余件，包括不少民间收藏品。但这不包括流散于海外以及例如傅惜华编《汉代画象全集》（北京：巴黎大学北京汉学研究所，1950—1951）曾收录，如今已下落不明者。所谓民间收藏品缺乏基本出土资料，真伪难定。又所收有些从特征看，是否宜归入孔子见老子图一类，也有待商量。当然还有些我认为明确属这一类或可视为这一类的，王书并未收录。另外需要指出的是，《孔子汉画像集》仅收画像石，可是这半个多世纪以来在内蒙古和林格尔、陕西靖边、定边等地出土不少和孔子老子相关的墓葬壁画，2015 年在江西南昌海昏侯墓中甚至出现了孔子与弟子画像的漆衣镜框背板，王书不曾或不及收录。参江西省文物考古研究所、首都博物馆编，《五色炫曜——南昌汉代海昏侯国考古成果》（南昌：江西人民出版社，2016），页 194—196；王意乐等，《海昏侯刘贺墓出土孔子衣镜》，《南方文物》3（2016），页 61—70、50；刘у亮、杨军、徐长青，《汉代东王公传说与图像新探——以西汉海昏侯刘贺墓出土"孔子衣镜"为线索》，《文物》11（2018），页 81—86。

称，其所涉人物和内涵都比这个概称要复杂。使用这个概称一则因为简便，二则因绝大多数研究者已习惯称之为孔子见老子或孔子问礼老子图／画像。本书从俗，不做名称上的改变。又汉人习称周、孔，周公被排在孔子之前，周公的地位和形象极为重要，要理解汉代的老子和孔子，不能不同时谈到周公。本书标题仅为方便，不及周公，实际上随论说之需，尤其在论及这些画像具有的社会、思想史意义时，不能不同时提到画像中的周公辅成王。

2. 认识画像的方法：格套与榜题

汉代画像砖、石、壁画制作，多有一定格套，我以前写《汉代壁画的发展和壁画墓》曾经提及，可是没有明确举证。[①] 可以证明格套存在与运用的汉代画像很多，孔子见老子和周公辅成王图都是很好的例证。但就见证格套的存在而言，因这两图就榜题、构成组件和布局结构而言，基本上都可纳入同一类型，以下将仅以孔子见老子图为代表，做类型和格套的分析。

如前所说，汉代墓葬和祠堂画像中的孔子见老子图已见于著录的约七十件左右。分析七十件图像的构成，不难看出它们的基本结构特征和变化；一些没有榜题、在疑似之间的，也可从构图元素和布局特征去推定。

汉画榜题可以说是画像内容最可靠的指引。榜题或涉时间（例

① 邢义田，《汉代壁画的发展和壁画墓》，《画为心声：画像石、画像砖与壁画》（北京：中华书局，2011），页1—46。

如"君为郎中时""为督邮时"），或涉地点（例如"渭水桥""函谷关""市东门"），或涉景物（例如"功曹车""太（大，天）仓"），或涉故事（例如"刑渠哺父""曹子劫桓"），更常标示人物的身份或姓名，十分明确具体地告诉了我们当时制作者的认识和试图传达的信息。虽然榜题也有草率误刻或后人增刻的，只要稍知辨别，绝大部分可以帮助今世的观者去确定画像的内容，至少也能限缩猜测的范围。这比一无榜题可据，只凭空揣测要好得多。[①]

从有榜题的孔子见老子图入手，归纳基本结构，即可确立构图的格套。格套的作用，对造像者而言，生产制作可依样画葫芦，省时省力；对观者而言，格套一旦建立，为人所熟悉，不必求诸榜题，一望可知所画为何。或许因为如此，许多汉代画像虽依例预留榜额，却不一定题字。今日所见孔子见老子画像有榜题者少，无榜题者多；虽无榜题，一看主要人物的造型和构图布局，几可确认为孔子见老子图。

格套的建立和发展，自有时间上的先后。可惜目前以山东地区为主的画像石，尚少真正明确精细的年代学依据。蒋英炬、吴文祺和李发林先生都曾试图以有纪年石刻的雕刻技法为据，建立分期。蒋英炬和吴文祺是以东汉章、和帝为界，分早晚两期；李发林的分期和蒋、吴完全相同。[②] 不过，蒋、吴两先生明白指出："汉画像

---

① 画像榜题我已多次讨论，也曾提到榜题错误或榜题和内容不相符的情形，须小心分辨。这里不多说。详见邢义田，《汉代画像内容与榜题的关系》《格套、榜题、文献与画像解释——以一个失传的"七女为父报仇"汉画故事为例》，《画为心声：画像石、画像砖与壁画》，页 69—91、121—127；邢义田：《汉画、汉简、传世文献互证举隅》，《古文字与古代史》第五辑（台北："中央研究院"历史语言研究所，2017），页 304 及注 30。

② 蒋英炬、吴文祺，《试论山东汉画像石的分布、刻法与分期》，《考古与文物》4（1980），页 108—114；李发林，《山东汉画像石研究》（济南：齐鲁书社，1982），页 45—49。

石的分期较为复杂。由于科学发掘的完整资料较少，目前尚难做出系统而明确的论断。"① 又说："关于山东汉画像石在雕刻技法上的分期，目前只能做此总的、大体的划分。但是，不能就此一概而论，说线刻或凹面线刻就是早的，浅浮雕等刻就是晚的。因为，在山东汉画像石中不但晚期有大量的线刻和凹面线刻，早期中也有浅浮雕的刻法。"②

随着材料的累积和研究的进展，1989年，信立祥先生发表《汉画像石的分区与分期研究》③，将汉代画像分为：（1）河南南阳、鄂北区；（2）山东、苏北、皖北、豫东区；（3）陕北、晋西北区；（4）四川、滇北区。每区又据墓葬形制、雕刻技法、画像内容、空间透视形式、填白形式和形象特征等做类型学的比较，建立分期。大致上，他在蒋英炬、吴文祺等人建立的基础上，进一步区分山东、苏北等地区的墓葬、石祠、石阙、墓碑和摩崖画像，小心地各做分期，其中最主要的是墓葬和石祠的分期。墓葬约略可分为四期：（1）西汉末至王莽时期；（2）王莽到东汉初；（3）东汉早、中期；（4）东汉晚期。在石祠画像的分期上，基本上分三期：（1）西汉末至东汉初；（2）东汉早、中期；（3）东汉晚期。2006年陕西

---

① 蒋英炬、吴文祺，《试论山东汉画像石的分布、刻法与分期》，页111。
② 同上书，页113。
③ 收录于俞伟超主编，《考古类型学的理论与实践》（北京：文物出版社，1989），页234—306。另夏超雄曾对河南、山东、江苏、陕西等地五十六个墓的壁画或画像石进行年代考订和分期。他将案例分为四组三期。第一组为西汉中晚期，第二组为新莽、东汉前期，第三、四组属东汉晚期。参《汉墓壁画、画象石题材内容试探》，《北京大学学报（哲社版）》1（1984），页63—76。王恺曾对苏、鲁、豫、皖交界地区汉画像石墓进行分期，他据墓葬形制、画像内容、雕刻技法等，分为西汉晚期至王莽末、东汉初至东汉中期（安帝时）、东汉晚期（安帝以后）三期。参《苏鲁豫皖交界地区汉画像石墓的分期》，《中原文物》1（1990），页51—61。

人民美术出版社出版了杨爱国的《幽明两界：纪年汉代画像石研究》。这书较前人更为全面地搜集了有纪年的画像石，为今后的画像石定年和断代提供了更明确的标尺。以上这些研究使汉代画像石分区与分期的全面化和细致化，向前推进了一大步。

以本文关注的孔子见老子图而言，迄今绝大部分出土于山东齐鲁之地，其中部分来自征集，出土地点不明，时代仅知约略自西汉中晚期至东汉末，甚或晚至三国魏晋，各笔资料的彼此相对年代除少数有纪年的，极难确定。此外，部分有出土报告的画像石墓，报告中对墓葬形制、雕刻技法、陪葬器物等有助于断代的资料，措辞往往不一，详略差别极大，报告中的画像拓片与图版或大幅缩小，或制版不良，一般不够清晰。在这种情况下，不易利用以上的分期判断各画像石报告中所做的断代，也难据以对孔子见老子图做较明确的分期。这是目前讨论格套模式发展的大限制。

为弥补以上不足，1992 至 2015 年我曾走访各地，查访原石，搜集相关拓本，尽可能确认许多因出版品图版欠佳造成的疑惑。[①]查访原石、拍摄照片，可以确认存佚和保存现况，察看石质、色泽和雕刻技法，可以得知许多拓本无法看出的画面细节和原石背面或边侧存在的建筑构件特征。然而现存的画像石绝大部分已脱离了原本的出土环境，有些断裂、磨蚀或被切割改作他用，有些为防偷盗一度被砌入墙壁，背面或边侧遭到或多或少的破坏，失去了帮助进一步断代的可能。出于无奈，以下所论仍不得不以有榜题、有纪年或断代相对可据的孔子见老子图为准，梳理共通的构图特征和演

① 详见本书下编《过眼录》各节。

变，以见格套的存在和变化。由于有太多画像石无法较精确地断代，仍然无法做到较全面的年代排序，以下分析格套的部分将较多，讨论变化的部分较少。

在造型艺术上，所谓的格套可以有多层意义。第一，是指生产方式的程式性。以画像石、砖和壁画而言，利用模印、模板重复刻制，或利用粉本图谱，依样画葫芦，都造成格套。冯汉骥先生很早即已指出汉代画像砖利用模印，批量生产。模印生产即造成固定的画面格式。1988 年戴应新和魏遂志报道陕西绥德黄家塔四座东汉画像石墓，清楚发现石匠利用模板在石上打样，同一石刻画面在不同的墓中重复出现。[①] 壁画则有类似以墨线先打底，再正式勾勒线条和上彩的现象，但最后勾勒的画面往往会修改，而与早先打上的底稿相出入。相对而言，壁画底稿和最后的成品样貌尽管有出入，定式的布局或格套却明显存在。我曾在陕北靖边汉墓壁画和河南新野画像砖上找到应源自某种类似图谱的孔子见老子和项橐画像[②]，可以证明图谱会被应用在不同媒材的模印或绘制生产上。

格套的另一层意义在于特定造型的使用。例如特定建筑（桥、楼阁、厨灶、城池）或特定身份的人物，必以特定的造型表现。这种造型不必针对某一特定的桥、楼阁、厨灶或城池而是概念上或一般印象中的桥、楼阁、厨灶或城池；人物造型也非专指某一个人，而是某一类人，例如戴通天冠的君王，持杖的老者，执刀盾的亭长或门吏，戴进贤冠的儒生或文吏，披发的小儿，持各种器物的

---

① 《陕西绥德黄家塔东汉画像石墓群发掘简报》，《考古与文物》，5、6（1988），页251—261；类似的报告亦见前引信立祥，《汉画像石的分区与分期研究》，页238。
② 参本书《过眼录》第 21 节。

婢仆，尖帽深目的胡人，披甲、佩刀、携弓弩或戴弁的武士，等等，以相当一致的衣着装束、配件、动作或姿势特征，呈现身份。不过并不是没有较个人性的特殊造型，例如四目的仓颉、手持植物或耒耜的神农以及下文将说到戴鸡冠、佩猳豚的子路。他们的面貌或造型，诚如郑岩指出，非必写实，但表现出具有"理想化"的固定程式。① 造型的定型和重复出现也构成一种格套。

　　格套的第三层意义在于一定形式的画面结构。为了显示某一特定的画像内容，以一定的画面组件（人物、车马、鸟兽、云气、神怪、建筑、器物……），和组件间大致一定的相对位置，构成象征特定意义的画面。也就是说，由特定组件以特定的空间布局，形成无须文字说明、一望可知其义的画面，也是一种格套。例如我曾分析过的射爵射侯、胡汉交战和荆轲刺秦王图等。②

　　格套的第四层意义是图饰意义的固定化。据一定构图刻绘的特定故事，在整个墓葬或祠堂的礼仪空间里发挥着特定的象征意义。由于墓葬或祠堂整体是由成套的图饰组合而成，每一部分的图饰意义会在不断组合成套的过程里，或者说在某地、某种流行风气下，逐渐成为主流而趋于定型化，不过同时也会因与其他图饰联结而产

---

① 参本书《过眼录》第 7 节。汉墓壁画打底和修改之痕可参见陕西西安理工大学出土西汉墓和太原北齐徐显秀墓墓主壁画像。参西安市文物保护研究所，《西安理工大学西汉壁画墓发掘简报》，《文物》5（2006），页 7—44；郑岩，《压在"画框"上的笔尖——试论墓葬壁画与传统绘画史的关联》，收入范景中、郑岩、孔令伟主编，《考古与艺术史的交汇》（杭州：中国美术学院出版社，2009），页 99；郑岩，《墓主画像的传承与转变——以北齐徐显秀墓为中心》，《逝者的面具：汉唐墓葬艺术研究》（北京：北京大学出版社，2013），页 195—218。

② 参邢义田，《格套、榜题、文献与画像解释——以一个失传的"七女为父报仇"汉画故事为例》《汉代画像中的"射爵射侯图"》《汉代画像胡汉战争图的构成、类型与意义》，《画为心声：画像石、画像砖与壁画》，页 92—137、138—197、315—398。

生意义的增添、挪移、堆叠或多重化。胡汉交战图、射爵射侯图和捞鼎图都是例子。一旦联结后的图饰和象征意义受到欢迎，又会固定下来成为新的格套，反复出现。

　　本篇讨论孔子见老子图的格套，主要是就生产模式、特定造型、画面结构和象征意义这四层意义而说。但我也要强调，格套不是铁板一块，虽然依循格套，在不同作坊和工匠的手里，变化其实多种多样。除了四川、河南的模印砖，以及陕北利用模板刻制的画像石图案可以几乎一模一样，其余各地壁画或山东、安徽、苏北地区的画像石则几乎看不到两方完全一样的。这不仅仅是因为手工制作必会有些出入，也是因工匠常有意在固定的格套下求变化，一则使画面不流于僵固呆板，另外也希望自己的作品在形式上多少具有特色吧。

3. 格套与图谱

（1）山东地区孔子见老子画像的基本构图

A. 较早期的例证

　　孔子见老子画像石已知时代最早的，三十几年前夏超雄先生认为可能是 1981 年山东嘉祥五老洼所发现的一批。[①]据判断，这批材料的时代属西汉末或东汉早期。可是由于这些画像的出土墓造于三国至西晋，当时人利用汉墓石材重砌，十五方画像石中有三方雕法

---

①　夏超雄，《汉墓壁画、画象石题材内容试探》，页 63—76；朱锡禄，《嘉祥五老洼发现一批汉画像石》，《文物》5（1982），页 71—78。

为平面浅浮雕结合阴线雕，余十二方为"地"高于画面的凹入平面雕。不但雕法有不同，内容也有重复，可见石材的来源和时代非必一致。报告中第三石（图 1）有"故太守""丁卯""丁年""十一月"题记，报告者据"丁年"可能为"丁卯年"加以推断"属于孺子婴及汉明帝时期的可能性较大"。[①] 同批画像石的第七、第九石，没有榜题，唯孔子见老子部分的人物布局，确具此后这类画像的构图特征——孔子与老子对立相揖，中立一面对孔子的童子，老子持曲杖；孔子后有弟子若干人（第七石有六人，第九石有二人）。[②]

经过考古学家近几十年的努力，这样布局的画像现在已可找到时代明确属西汉中晚期至王莽时期的例证。但例证不是见于石刻而是见于壁画。文物出版社在 2009 年出版的《2008 中国重要考古发现》刊布了陕西靖边老坟梁 42 号西汉中晚期至王莽时代墓出土的孔子见老子壁画（图 2.1—2.2）。老坟梁墓群西距靖边县城二十五公里，和也出土了孔子见老子壁画的新莽墓及东汉墓同在杨桥畔镇上，仅距约一公里。[③] 三墓所出孔子见老子、项橐壁画画面结构颇为相似，唯老坟梁的壁画有"老子"二字清晰榜题。老子戴进贤冠，手持曲杖，其右有手牵鸠车之小童项橐，小童上方有云气纹，其右有拱手朝向老子的孔子，孔子身后还有同方向的弟子一人，但画面已残损。[④] 这样的布局和榜题可以完全确认就是东汉常见的孔

---

① 朱锡禄，《嘉祥五老洼发现一批汉画像石》，页 74。

② 参本书《过眼录》第 17 节。

③ 杨桥畔新莽和东汉墓壁画参徐光冀主编，《中国出土壁画全集》6（北京：科学出版社，2012），页 32—43。

④ 陕西省考古研究院、榆林市文物研究所、靖边县文物管理办公室，《陕西靖边东汉壁画墓》，《文物》2（2009），页 32—43。

图 1　嘉祥五老洼第三石

图 2.1—2.2　靖边老坟梁汉墓壁画孔子见老子、项橐图及局部"老子"榜题

子见老子、项橐图。

　　另一个时代更早、更明确，属汉宣帝元康四年（公元前 62 年）左右，但画面内容较不明确的例证是近年公布的江西南昌西汉海昏侯刘贺墓出土的漆衣镜框背板（图 3.1—3.3）。

　　可惜迄今发表的图版或者仅及复原前背板的一部分，或者为复原后的全部，却都不够清晰。除了有榜题的颜回和孔子，其他人物的身份还有待确定。[①] 此外，我注意到复原前和复原后的背板出现了一些色彩和内容上的差异。从复原前较清晰的图 3.3—3.4 看，左中右三方漆板如果就是出土时的相对位置，则可以看出在左右文字段之间似有三位人物的身体部分。三人的衣式都和汉代画像石或壁画中常见的深衣相同。但颜色有异，左侧一人为褐色，中间一人似乎较红，右侧一人为白色。但从复原后的图版看，右侧的白衣似乎变成了黑衣，中间似乎是人物的身形线条变得较不明晰，也可能仅仅是一片红色的底漆而不能确认是一个人物。

　　据复原前的图版（图 3.3—3.4），原本令我注意的是三人的朝向。从上身拱手的方向可知，在右者朝左，中间者一手前伸朝右，左侧一人也朝右。此外，如果比较三人身材，可以发现中间一人应较矮。以上的观察倘使正确，那么这三人的相对位置和身材大小岂不和画像石或壁画中的孔子见老子、项橐图十分相似？不过不得不承认图中没有后来孔子见老子图中常见的曲杖或手持的雉或雁，两旁文字也看不出和老子或项橐相关，虽然我一度疑心是

---

① 据报道另有子贡、子路、子夏，但除了子路（详本书下文），子贡、子夏是否有榜题，未见说明。参江西省文物考古研究所、北京师范大学，《江西南昌西汉海昏侯刘贺墓出土漆木器》，《文物》11（2018），页 27—56。

图 3.1　海昏侯墓出土漆衣镜框背板复原后　　图 3.2 前图上端局部

图 3.3　海昏侯墓出土漆衣镜框背板（复原前局部）

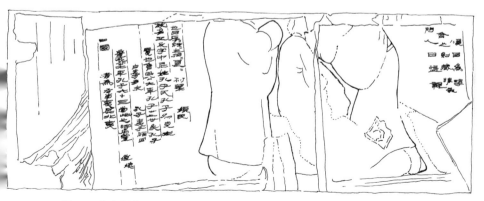

图 3.4　作者线描图

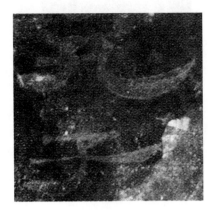

图 3.5　颜回、孔子榜题

孔子见老子、项橐图，现在因复原后图版右侧人物头部后侧出现"颜回"榜题，左侧人物头后出现"孔子"榜题（图 3.5）而必须放弃原来的猜测。

从复原后图版看来（图 3.1—3.2），比较可能是描绘孔子与颜回对揖。因为根据汉代画像的习惯，文字是用来说明图的，相伴的图和文应彼此有关。[①] 但比较目前已刊的新旧图版，孔、颜之间是否另有一身材较矮小的人物，因图版不清，一时无法确定。这一图像的右侧有残存可释的文字"舍之则臧唯我""门人日益亲"等。[②]这些明显和《论语·述而》《史记·仲尼弟子列传》或《孔子家语》有关。这一件漆衣镜框背板虽然时代较早较明确，可以证明孔子及弟子图在西汉中晚期早已存在，但其上并没有老子和项橐。约

① 参邢义田，《"太一生水"、"太一出行"与"太一坐"：读郭店简、马王堆帛画和定边、靖边汉墓壁画的联想》，《台湾大学美术史研究集刊》30（2011），页 3—7。
② 释文详见王意乐等，《海昏侯刘贺墓出土孔子衣镜》，页 61—70。

略属同一时期或较晚的陕西靖边汉墓壁画则已见榜题和构图都明确的孔、老和项橐，如果今后能进一步确定靖边两座壁画墓的时代，则可较明确地评估孔子见老子"和"项橐图出现的上限。目前暂可推定孔子见老子、项橐图出现的时代最早应在汉宣帝元康以后的西汉中晚期。

B. 定点性例证举例

时代上有明确依据可考的孔子见老子画像，应属现存山东平邑东汉初章帝时代的功曹阙。功曹阙四面有画像，画像剥蚀甚烈，现在多已漫漶不清。其上有百余字隶书题记，仍可清楚释读的部分有章帝"章和元年（公元 87 年）二月十六日"的日期。这个日期确立了阙的时代。

孔子见老子画像在石阙上下四层画像的最上层（图 4.1—4.2）。①最上层画像的上半部右侧清楚有马一匹，马头朝左；马前有面朝左、做行走状人物一，似为牵马夫；人物左侧有两只相对的凤鸟。下半有人物七人：右侧一人拱手持曲杖朝左，其前有同向小儿一人，手持玩具车，车轮部分已漫漶，但手握着的车柄还清晰可辨。小童的姿势和其他后来画像中手持玩具车的项橐一致，这是认定这幅画像内容的一个重要证据。再者，和小童相对、拱手而立的应是孔子。孔子戴进贤冠，手上持鸟，鸟头不朝外反朝内，较特别。其后则有与孔子同向，手持简册的弟子四人。由于构图特征和其他常见的孔子见老子图基本相同，可以肯定这是壁画之外，目前所知年

---

① 参本书《过眼录》第 11 节。

图 4.1　史语所藏功曹阙拓本　局部

图 4.2　作者线描图

代较确定可考、最早的一幅孔子见老子石刻画像。

功曹阙画像没有榜题，孔子见老子画面又十分漫漶，其是否为孔子见老子图仍可能会引起争议。为使讨论不陷入争议，最好以有清楚榜题的画像为出发点。一件有孔子榜题、时代应晚于功曹阙的画像坐落于今山东长清的孝堂山石祠。孝堂山石祠自宋代赵明诚以来，历经著录，奇怪的是石祠北壁东西两段壁上一幅相连的孔子见老子图，一直为人忽略，到了 1984 年才由李发林先生补录发表。李先生对此图的布局有详细的记述：

> 北壁东段……孔子和老子位置稍偏左，孔子颈项背后，有"孔子"两个隶书刻字，字体与"大王车""胡王""成王"相同，当系原刻。孔子面向右，老子面向左，均穿着宽大的衣服，头戴进贤冠，手扶杖。孔子的杖是直的，老子的杖下部是 ⸹ 形。孔子身后有学生六人（还有二十五人在北壁西段，东、西两段是一个整体），他们均手捧简牍，面向右立。老子身后则有十四名学生，也手捧简牍，面向左立。孔子和老子之间，尚有一个儿童，面对孔子，伸开双手，应是项橐……北壁西段……所刻是孔子学生，亦均手捧简牍共二十五人，其中一人身材矮小。均面向孔子站立。[①]

据李先生报道，他曾好几次亲自考察孝堂山石祠画像，据他判断孔子旁的"孔子"二字榜题应是原刻。这样孝堂山石祠就是目前

[①] 李发林，《孝堂山石室画像旧拓校勘和墓主问题》，《考古学集刊》4（1984），页314。

图 5.1　右段 刘晓芸线描图

图 5.2　左段 刘晓芸线描图

所知，较早有榜题可证的孔子见老子石刻画像所在（图 5.1—5.2）。[①]

　　石祠中因有顺帝永建四年（公元 129 年）的参观题记，可以明确知道石祠的时代必在东汉顺帝以前。蒋英炬、夏超雄及罗哲文先生以为它的修建年代应在东汉初。[②] 倘使如此，它和前述功曹阙的时代应相去不远。如果比较孝堂山的和前述嘉祥五老洼出土、属西汉末或东汉初的孔子见老子图，可以发现两者确有颇为接近之处。五老洼一石的弟子人数较少，但一律捧简在手，和孝

---

① 　参本书《过眼录》第 3 节。

② 　罗哲文，《孝堂山郭氏墓石祠》，《文物》4、5（1961），页 44；Alexander C. Soper, "The Purpose and Date of the Hsiao-T'ang Shan Offering Shrines: A Modest Proposal," *Artibus Asiae*, 36:4（1974），pp.249-266；夏超雄，《孝堂山石祠画像、年代及主人试探》，《文物》8（1984），页 34—39；蒋英炬，《孝堂山石祠管见》，《汉代画像石研究》（北京：文物出版社，1987），页 204—218。李发林先生据大王车榜和墓葬形式等，认为可能是西汉武帝时济北式王（或曰成王）刘胡的墓。参李发林，《山东汉画像石研究》，页 86—92。此说证据不足，不取。榜题"大王车"参本书《过眼录》第 3 节。

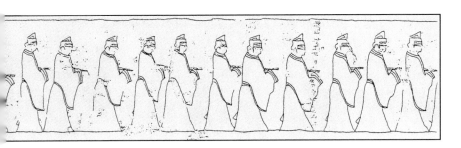

堂山的形式完全相同（功曹阙上的弟子颇为漫漶，已难确辨是否捧简在手）；又孔子持直杖，老子持曲杖，也和李发林对孝堂山画像孔、老二人的描述相同。此外，这两图孔、老之间的小童都无物在手。弟子捧简、孔子持直杖和小童不持物这三点在较晚的画像里不一定如此。较晚的画像中，孔子常持雁或雉，弟子或捧简，或仅拱手，小童通常手持一轮状玩具。对比之下，就画像内容和构图而言，孝堂山和五老洼画像的时代的确相接近。[1] 不过，就雕刻技法言，两者又完全不同。孝堂山的是平面阴线刻，五老洼的是凹入平面雕。以现在的认识，我们还无法完全从雕刻技法上决定它们时代上的早晚或先后。

　　另一件有明确纪年的孔子见老子画像，出土于山东泗水星村镇

---

[1]　朱锡禄在报道五老洼画像的简报里，也曾比较其他的神话故事画像，指出五老洼和孝堂山石室的相似。参朱锡禄，《嘉祥五老洼发现一批汉画像石》，页74。

图 6.1　泗水南陈村画像拓片

南陈村。1984 年泗水南陈村发现一座有前、中、左右室和后室的
东汉石墓，全长 6.17 米，墓内出土画像石十二方。画像分布在四
合八扇门扉和面向中室的门楣上。据前室后门楣上的清晰题记，该
墓建于东汉顺帝汉安元年（公元 142 年）。[①] 发掘简报虽提到有孔
子见老子画像，可惜所附拓片极为模糊。幸而好友杨爱国惠赐照
片，才得确认。据发掘简报，中室南面与前室隔开的门楣上有一宽
42 厘米，长 2 米的画像，上层分别刻菱纹、水波纹和垂幛纹，下
层以平面凹刻阴阳直线为地。画面有十一人，中间主体部分为孔子

---

① 泗水县文管所，《山东泗水南陈东汉画像石墓》，《考古》5（1995），页 390—395；
杨爱国，《幽明两界：纪年汉代画像石研究》（西安：陕西人民美术出版社，2006），页
51—52。

图 6.2　题记拓片及局部反白

见老子，左持杖者为老子，右鞠躬者为孔子，中间小孩为项橐（图 6.1）。右侧刻题记三行中三十四字可释：

汉安元年泰岁在午，使师弟伯玉□
作寿石堂室，人、马、虎、大鱼皆食大

仓。长生久寿，不复（復）发☒[①]（图6.2）

简报说中间主体为孔子见老子，中间小孩为项橐，"余者皆为侍从"。[②] 如果参考其他画像，则知其余人物为孔、老弟子的可能性应较大。又简报释"玉"为"天"，释"发"为"老"，欠妥，今据照片改释。"虎大鱼"三字，简报释作"甫大鱼"，难通。题记原释"甫"字字形和隶书"虎"字（例如敦煌简2356B██）一致。山东汉画常见鱼和虎，此墓中室与后室间门楣上有双鱼，简报特别说："每条长75厘米，形体十分庞大。"中室与左耳室之间的过梁上有双白虎，似可参照。但汉墓题记常作"此上人马皆食大（天）仓"，没有特别提到鱼、虎等例子，因此以上改释仍待进一步确定。原释"老"字的上半部尚可见，颇像汉简文书中"发"██（居延简140.1A）字的上端，下半部不清楚，从残笔看，应作发。"不复发"一词曾见于山东苍山元嘉元年祠堂石刻题记。不论如何，汉安元年提供了一个准确但较晚的年代。

有"孔子"和"老子"完整榜题而时代较晚的是1977年在山东嘉祥县西南齐山村北出土的一件画像石。此石没有详细的调查报告，《山东汉画像石选集》曾著录，晚近出版的《中国美术全集·绘画编18》也曾收录。[③] 在《全集》的图版说明中，蒋英炬和吴文祺将时代断为东汉。画像分两层，上层为孔子见老子，下层为车骑出行。上层共有人物三十人。除左侧人物有三人上身部分残

---

① □表缺一字，☒表残字字数不明。——编者注
② 《山东泗水南陈东汉画像石墓》，页391。
③ 参本书《过眼录》第7节。

缺，余图保存十分清楚完整。左起第八人上端题"老子也"，老子曲身拱手，持一曲杖，第九人为手持轮状物、与老子朝同方向的小童，第十人上端题"孔子也"，孔子与老子、小童相对，亦曲身拱手，老子、小童与孔子间的空隙有上下相对的两鸟。孔子身后，即图之右侧有弟子二十人，弟子或与孔子同向朝左，或向右。有榜题者二人，一为紧随孔子后的"颜回"，一为右起第七人"子路"。左侧老子后亦有衣冠与孔子弟子相同的弟子七人。

1992 年 9 月 25 日，在武氏祠参观时，我注意到这石最右侧一人身后的边框上，刻有隶书"子张"二字。二字刻画甚浅，书法与其他榜题不同。两字没有刻在预留的题榜上，不知是后人所加或原刻者失误而做的补救。如果确为原榜题，子张的造型和其他弟子相比，可以说没有特殊之处。基本上，这件石刻不论是否题榜人名，刻造者并未试图以造型的大小、衣冠、容貌、表情或姿态凸显个别人物。甚至老子与孔子两位主角，其大小、衣冠、容貌、表情、姿态与众弟子也没有明显的区分。造型有明显特征之处，在老子持一曲杖，童子身形较矮小，手持一有车轮的玩具，而弟子中最具特色的是子路。

子路不像其他人戴前高后低的进贤冠。他穿短衣、大口裤戎装，头戴所谓的"鸡冠"，腰系猳豚，大袖旁张，两脚分立，其英武之姿，与汉代其他石刻中的武士相似。他与其他武士的不同之处，在他特有的冠式和腰上所系的猳豚。这一独特造型应是根据"子路好勇"之说而来。《庄子·盗跖》谓："使子路去其危冠。"李颐注："危，高也。子路好勇，冠似雄鸡形，背负猳豚，用表己强也。"《史记·仲尼弟子列传》说："子路性鄙，好勇力，志伉直，

图 7.1 史语所藏武氏祠拓本"子路"

图 7.2 齐山村汉画"子路"

图 7.3 奇美博物馆藏拓"子露"

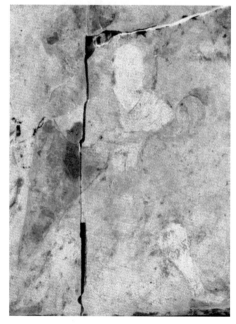

图 7.4 海昏侯墓漆衣镜框背板上的子路
（图版经反转处理）

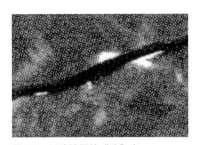

图 7.5　子路榜题的"路"字

图 7.6　山东嘉祥武氏祠藏齐山村汉画子路的"路"字

冠雄鸡，佩豭豚。"《集解》曰："二物皆勇，子路好勇，故冠带之。"《论衡·率性》也说："世称子路戴鸡佩豚。"前引西汉海昏侯刘贺墓出土漆衣镜框背板上有孔子弟子图和文字，提到子路时也说他"冠雄鸡，佩豭豚"。[①] 戴鸡佩豚的子路在嘉祥宋山、泰安大汶口、滕县宏道院和山东博物馆所藏诸石上，都可见到。武氏祠前石室、嘉祥齐山村和法国奇美博物馆藏孔老弟子画像拓本中的子路更有榜题"子路"或"子露"，可以明确证明这样造型的就是子路（图 7.1—7.3）。[②] 他大袖旁张、两脚分立的模样，则已可上溯到西汉宣帝时代的海昏侯墓出土的漆衣镜框背板上的画（图 7.4）。漆画的子路有榜题，但刊布的图版仅见一残损的"路"字（图 7.5），其字形颇似嘉祥齐山村汉画"子路"榜题中的"路"字（图 7.6）。已刊布的漆画图版不是十分清晰，唯子路已明确具有大袖旁张和两脚分立的造型特色。鸡冠和腰间豭豚部分模糊难辨，不过从他头顶和腰间隐约的形状和颜色残痕推测，东汉习见的子路造型在宣帝

---

① 　详见前引王意乐等，《海昏侯刘贺墓出土孔子衣镜》，页 66。

② 　参本书《过眼录》第 7 节。

图 8　作者线描图　局部

时很可能已经存在。因为司马迁早就以"冠雄鸡，佩豭豚"来描述子路，子路的造型可以说自西汉中期以降已大致定型化，并延续三百多年到东汉末。

画像石上的颜回通常是以较矮小的身躯来表现特色。以上述齐山村这一刻石而言，颜回有榜题，在造型上戴冠，脸孔与身躯较其他弟子都稍小（图 8）。[1]这可能是有意借瘦弱的身形显示颜回的贫而不改其乐。这一较瘦小的造型特点，在其他画像石上常见。此外，颜回在众弟子中，通常排列在孔子之后，为弟子的第一人。但这并非绝对。

从整体构图来说，齐山村孔子见老子图除了孔子与老子中间的两只飞鸟，全图以人物一列水平排开构成。或许是为了突破画面的单调，画师似有意变化人物朝向，以及以曲身拱手、举手或持简编举手等动作使人物姿势略呈多样化。这一石是目前所见榜题较清

① 参本书《过眼录》第 7 节。

楚，人数较多，保存较完整的孔子见老子图。其对建立汉代孔子见老子图格套认识的重要性，自无须待言。总结来说，这一幅画像最能吸引观者视线的人物和构图特征，应该是：（1）孔子与老子相对而立，孔子衣袖中有双鸟；（2）孔子与老子间立一小童，有鸟居其间；（3）老子手持曲杖；（4）戴鸡冠、佩鶡豚的子路；（5）身形较弱小的颜回居于孔子之后。这些特征几乎全部或部分重复出现在所有可确认的孔子见老子图上。

和齐山村一石同样有清楚榜题的孔子见老子画像，是嘉祥所出今藏山东博物馆的一石（图 9.1—9.2）。[①] 此石迄今尚未完整发表，包华石先生（Martin Powers）曾以该石部分作为其书《古代中国的艺术和政治表述》（Art and Political Expression in Early China）的封底；史语所傅斯年图书馆藏有此石的部分拓片，可惜不全。1993 年幸得蒋英炬先生赐赠该石拓片之照片，知道此石画面分上下两层：下层为戴尖顶帽胡人骑射图，上层为孔子见老子图。孔子见老子图部分共有一字横排的人物十四人，其中三人有榜题。老子与孔子弓身拱手相对，皆戴进贤冠，老子手中有曲杖，孔子手中似有二鸟，但不够清楚；孔子与老子身后上方各有"孔子"和"老子"隶书榜题。老子身后有弟子一人。孔、老二人之间有面对孔子，手持玩具车，披发的童子一人。孔子身后有人物十人。紧跟在孔子后的弟子反身，与戴鸡冠、佩鶡豚的子路相对；子路身后有一人回首，与另一身形较矮者相对。较矮者较漫漶，但有榜题"案子"二字。蒋英炬和裘锡圭两先生都指出"案子"即"晏子"，"案""晏"二字

①　参本书《过眼录》第 15 节。

图 9.1—9.2　山东博物馆藏三方画像石连缀复原　作者线描图

为通假。[①]晏子在孔子见老子图中的出现，意义重大，因为依据传统文献，晏子不但不是孔子的弟子，反而是孔子的老师（《晏子春秋》外篇第八，《韩诗外传》卷四，《论衡·知实》）。

　　确认画像中的晏子，为孔子见老子画像带来前所未知的内容。2002 年因获郑岩先生赠送拓片，加上多次到山东博物馆观察原石，我终于发现这一石其实应可和山东博物馆所藏其他两块残石缀合，上下画面除了缺失的部分，几乎完全连续。[②]经复原，其上层即有包括孔、老、项橐，有"孔子""老子""晏子""子贡"四处榜题，共二十四人的孔子见老子画像。这些残石，出土和时代不明，唯其出自山东地区应无疑问。又其上下分层，明显象征和传达文武兼备

① 详见本书《过眼录》第 15 节。
② 同上。

的用意，因其他画像不见如此布局，也极少见晏子榜题①，对辨识晏子具有"定点"意义，因此特别在此提上一笔。

像晏子一样，另一件无法确认时间，但可确认人物身份的是山东平阴所藏有"左丘明""太后詑"和"老子"等榜题的孔子见老子画像。2010 年 6、7 月间随好友杨爱国兄到平阴考察。平阴实验中学出土的几方祠堂后壁祠主画像就保存在平阴县博物馆里。据平阴县博物馆在《华夏考古》2008 年第 3 期《山东平阴县实验中学出土汉画像石》的报道，共出土十二方。这些画像石面光滑，阴线细刻，因石面很大，平置地上，站在其旁，只能拍到些局部细节照片。重要的是在地面上看到了那方有项橐和老子榜题和画像的残

---

① 目前已出现另一件有"齐相晏子"榜题的画像石，据云出嘉祥矿山村。王培永编《孔子汉画像集》列入民间收藏。

图 10　作者线描图　局部

石。遗憾的是这石原本断裂为二，置于室外，我们去参观时，只见到右段的部分。幸而杨爱国慷慨分享他摄得的照片及完整拓本。附局部线描图于此，谨供参照（图 10）。①

　　据平阴县博物馆乔修罡等人的报道，在左丘明的左侧还有榜题"颜渊""闵子""伯牛""冉仲弓""□□""子赣""冉□□"，另有三人榜题不清。②关键性的榜题"太后詑"正巧可以与和林格尔汉墓孔子见老子壁画中的残榜"大后橐"参照，可证"太（大）后詑"即项橐。其详请见《汉代画像项橐考》，这里不再多说。③重要的是这一石是迄今唯一出现左丘明榜题的画像石。考证详后。

－－－－－－－－－－

① 详见本书《过眼录》第 29 节。
② 平阴县博物馆，《山东平阴县实验中学出土汉画像石》，《华夏考古》3（2008），页 32—36。
③ 本书附录一《汉代画像项橐考》。另见本书附录二《项橐手中的鸠车新考》。

另一件有定点作用的画像著录于《汉代画像全集》二编图
194。这一石自宋洪适《隶续》，历经著录。因榜题清楚，构图与前
者有异有同，殊值参考。这石原在嘉祥县紫云山（或称武宅山），
是东汉晚期武氏祠前石室画像的一部分。[①]乾隆五十一年（1786年）
秋，钱唐黄易得此石，移之济宁州学。[②]洪适尝详述画像内容，姑
录洪适所记，以与前图比较：

> 右孔子见老子画像，人物七，车二，马三，标榜四，惟老
> 子后一榜漫灭。孔子面右，贽雁；老子面左，曳曲竹杖。中
> 间复有一雁，一人俛首在雁下，一物拄地，若扇之状。石有裂
> 文，不能详辨。侍孔子者一人，其后双马驾车，车上一人，马
> 首外向；老子之后，一马驾车，车上亦一人。车后一人回首向
> 外。史记鲁昭公予孔子一乘车，两马，一竖子，同南宫敬叔适
> 周，问礼于老子。此画圣舆两骖，似是据此。[③]

洪适所述，与《汉代画象全集》拓本相参，基本正确，唯缺
载二人。翁方纲云："今验拓本，则车后一人回首向外者，其后复
有二人拱而向内，必有此向内之二人，乃足明车后一人所以向外
之故，而洪氏所得拓本盖失拓此段二人耳。"[④]今所见拓本竖子部分
残泐较甚，老子所持曲杖亦已全不可见。依洪适所见，原石有曲

---

① 参本书《过眼录》第 5 节。
② 参黄易，《小蓬莱阁金石文字》武梁祠像唐搨本，页二十三下。
③ 《隶续》卷十三，页二上。
④ 翁方纲，《两汉金石记》卷十五，页三十一下。

图 11　西户口画像局部　杨依萍线描图

杖，无可疑，《金石索》摹绘本即据以复原。如此，此石与前文已提到的齐山村（图 8）、山东博物馆藏嘉祥画像石（图 9.1—9.2）以及平阴实验中学出土一石（图 10），在基本构图上，同属横向一列排开；以主体画面布局而言，孔子与老子相对，曲身拱手而立，老子持杖，小童与老子同方向，仰首又手持一物，居于孔子和老子之间，可谓完全一致。

　　如果较保守地断代，可系孝堂山石祠于东汉初至中期，这比公元 147 至 167 年以后才陆续兴建的武氏祠早了近百年。[①]百年之间，孔子见老子画像的基本构成元素和布局方式可谓相当一致。这是极值得注意的现象。因为这意味着当时山东地区应该曾有流传上百年的图谱粉本和作坊传统。王思礼先生在考释若干山东历史故事的画像石后曾说：“这些图谱粉本早有流传，大概都是在总结前人绘画经验的基础上绘制的，后人绘画或有所改进，但大都不会超越粉本的格式。”[②]他的结论可以从孔子见老子图得到证明。这一主体布局实即今天山东及以外地区（例如陕西靖边、定边西汉晚期至东汉初

①　关于武氏祠的兴建时代，参 Wu Hung, *The Wu Liang Shrine:The Ideology of Early Chinese Pictorial Art*, pp.24-30。

②　王思礼，《山东画像石中几幅画像的考释》，《考古》11（1987），页 1025。

墓壁画）汉代孔子见老子画像的共同特征。其中又以相对而立的孔子、老子，中有小童为几乎不可少，也是较为固定少变的部分。这就构成我所谓的一种格套。

不过，画像的格套又不是完全一成不变。即以前述少变与不可少的部分来说，少变的部分为孔子、小童、老子三人，小童必居中，且多与老子同向。又绝大部分画像中，三人都是相对站立。孔子和老子两人在画面上居左或居右，则可不同；手中一或二鸟有时可省，老子的曲杖和小童的手中之物有时也可省略。

在山东发现的孔子画像并非只有上述一种构图。耳目所及，至少还有两种不同的构图，但因各只有一例，还不能说是否构成不同的格套。其一出于山东滕州西户口。此件构图与前述都不同（图11）。[①] 最大特色一在人物皆半身，孔子与老子相对居画面之中，有明确"孔子"和"老子"隶书榜题；二在孔、老二人中间没有小童项橐。孔、老身后各有拱手捧简、戴进贤冠弟子各七人。《选集》曾释此图为儒生授经图，可能是因所录拓片榜题不清所致。

---

① 　参本书《过眼录》第13节。

图 12　杨依萍复原线描图

　　另一种构图见于在 20 世纪初原藏于临淄（淄博）文庙的一方
两面有画的画像石上。此石曾由穆勒（Herbert Mueller）于 1913 年
发表于欧洲汉学刊物《通报》（*Toung P'ao*）第 14 期。史语所藏有董
作宾先生于民国二十二年在临淄南关小学手拓的拓片（图 12）。[①]

———————————

① 　参本书《过眼录》第 24 节。

不过这时原石已残碎为五块，拓片已不如穆勒发表的完整。此石一面为百戏图，另一面画面均分为上下左右四格：上层两格分别有牵马及人物比剑图，下层两格即孔子、孔子弟子及项橐图。下层画面最右侧有一人面左，拱手，手中有一鸟，身形比其他人物都大，应是孔子；和他相对有一身形较矮的小童，一手上举，一手在身后，双手皆无物，应是项橐。小童身后有同样方向两排戴进贤冠、弓身拱手持简的弟子八人。此图虽没有榜题，构图也不同，但孔子手中有鸟，与童子相对，这些特色已足以证明他们的身份。此图在构图上最大的特色在于：（1）没有老子；（2）孔子身形有意突出放大；（3）弟子以散点透视的方式，分两排排列；（4）项橐仅刻身形，未刻衣物，似以几近裸体的方式来表示他是小童；（5）画像虽分为左右两格，但画的内容却是连续为一体。这两种与常格有异的构图，因都缺少其他的例子，不敢说是否能代表不同的格套。在今天的山东地区，曾出现不只一套描述孔子的汉代画像也并不奇怪。

以上山东地区各地所出汉孔子见老子画像共达数十件，以嘉祥各地共出十余件为最多。这些画像虽难排出时代先后，分析其构图，仍可看出当地构图的特色。嘉祥孔子见老子画像的基本人物构成为孔子、小童、老子三人。嘉祥刘村洪福院、纸坊镇敬老院出土者都仅以孔子、小童、老子三人构成全图，三人都采立姿，孔、老二人或在左，或居右，小童则必居中与老子同向，面对孔子。[①]画像构成十分简单。

孔子、老子和小童这三位主角以外的弟子，似可随画面的需要

---

① 　参本书《过眼录》第 8 节。

图 13.1　山东东阿邓庙画像石"七十二人"榜题　作者线描图

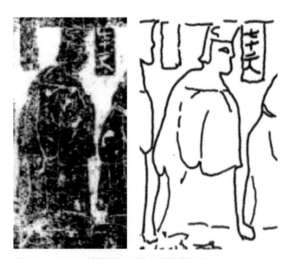

图 13.2—13.3　前图原拓及作者线描图局部

而增减，少可全无，以三至五人为最常见，多则达六十人，或如记载中的七十二人。《水经注》卷八谓汉司隶校尉鲁峻石祠石庙四壁有"孔子及弟子七十二人形象，像边皆刻石记之，文字分明"。这一画像到宋代尚存，唯榜题已甚残，据洪适《隶续》卷十七著录仅

弟子十余人。山东东阿邓庙出土汉墓 M2 中室北梁曾出一孔子见老子画像，列有弟子十余人，其中一位头侧有榜题"七十二人"字样（图 13.1—13.3）。可见工匠或因空间有限，仅刻画十余人以象征七十二。① 邹城市博物馆藏一石有弟子二十四人，各有榜题，尚有"琴牢""庾苞""颜侨""商瞿""孔思""公冶长""颜幸"等可辨识②；齐山村一石有弟子二十七人③，其中三人有榜题；和林格尔汉墓壁画有孔门弟子十三人的榜题，都是考订孔门弟子形象有力的证据。孝堂山石祠的孔子见老子及弟子图，据李发林、蒋英炬先生报道，东段除孔子、老子、小童，另有弟子二十人，西段有弟子二十五人，弟子共四十五人。另据费慰梅（Wilma Fairbank）、蒋

① 　陈昆麟、孙淮生等，《山东东阿县邓庙汉画像石墓》，《考古》3（2007），页 45，图十：3。

② 　参本书《过眼录》第 12 节。

③ 　参本书《过眼录》第 7 节。

英炬、吴文祺对山东嘉祥武氏祠建筑的复原[1]，知武氏祠的左石室东壁有弟子十八人，后壁右侧有十三人，后壁左侧之石遗失，西壁弟子有二十人，尚存共五十一人；前石室即武荣祠，其东、西山墙及后壁上的孔子见老子与孔门弟子图和左石室相同，为三壁相连完整的画面。依费慰梅及蒋、吴复原的画像配置，西壁所刻弟子廿一人，东壁刻弟子十九人，后壁右段刻弟子十六人，左段为孔子见老子图，孔子后弟子一人，老子后弟子三人，共有弟子共六十人。这是目前所知人数最多、阵容最完整的孔子见老子和弟子图石刻。因为迄今所见汉墓或祠堂多残毁或已不见原来结构，原本应有不少画像曾刻全七十二或七十七位弟子。不论多少，就孔子见老子图的整体构图而言，人物以孔子和老子相对，中隔一童子，孔、老之后各随若干弟子，所有人物在画面上水平一列排开的形式最为常见。

弟子、鸟、曲杖、车马等，对造像者而言，其作用或在使画像中的人物与故事更见精致与丰富，并非一定不可缺。以弟子来说，孔子见老子图的重点，自然在孔子和老子两人。不过依据《庄子》，孔子的弟子也曾见老子。今本《庄子》外篇《天运》说子贡曾见老子；《艺文类聚》卷九十及《太平御览》卷九一五引《庄子》都说"老子见孔子从弟子五人"——子路、子贡、曾子、颜回和子张。因此，以孔门弟子入画也是有根据的。孔子和老子中间的鸟，有时

---

[1]　费慰梅和蒋英炬、吴文祺对孔子见老子图及弟子画像在石室中的位置，意见一致；巫鸿对武氏祠的建构复原虽小有修正，但对孔子及弟子画像这一部分并无异议。参 Wilma Fairbank, "The Offering Shrines of Wu Liang Tz'u, " *Adventures in Retrieval*（Cambridge:Harvard University Press, 1972）, pp.43-86；蒋英炬、吴文祺，《武氏祠画象石建筑配置考》，《考古学报》2（1981），页 165—184；Wu Hung, *The Wu Liang Shrine:The Ideology of Early Chinese Pictorial Art*, pp.11-24。

图 14 疑为孔子见老子画像

做飞翔状,有时由孔子持于手中,也许是据《礼记》和《周礼·大宗伯》所说,表示大夫或士相见,依赘礼应持的雁或雉。人物手持曲杖是表示老者,车马则是显示士大夫应有的身份。加上这些,可以使画像表现得更为丰富。对今日研究者而言,如果没有榜题可据,这些次要的构图元素都变成帮助判定画像内容的有益线索。

总之,据前文讨论,以画像中出现的人物来看,基本上有:孔子、老子、项橐、众弟子、其他人物(例如晏子、周公、神农、仓颉等)。依这些人物出现与否,可有以下不同的组合:

(a)孔子 + 老子 + 项橐

（b）孔子 + 老子 + 项橐 + 弟子

（c）孔子 + 老子 + 项橐 + 弟子 + 其他人物

（d）孔子 + 老子 + 弟子

（e）孔子 + 项橐 + 弟子

如果根据以上人物特征的构图分析，我们可以发现这些画像中竟然没有孔子和老子二人单独出现的例子。《沂南古画像石墓发掘报告》[1]提到该墓中室西壁南段有"似为孔子见老子故事"图，是否如此即须再做考虑（图14）。据发掘报告图版59，该图有榜无题，图中只有两人，没有弟子、鸟或居间的童子。相对的二人皆佩剑，所戴头冠的冠式，报告描述为"左一人头戴瓣形帽子，双缨向上飘。右一人头戴斜顶帽子，双缨向后飘"[2]。右一人似戴进贤冠，左一人则显然不同。通常老子所持的曲杖，也变成立于身后的鸠杖。总之，从这些特征，比较难以肯定此图为孔子见老子图。可是如果承认为孔子和老子，这无疑是迄今所见唯一一件只有孔子、老子二人单独出现的极简画像，意味着孔子和项橐本是和老子不相干的故事，孔子和项橐画像本也可能独立存在。以下辨识山东以外的孔子见老子图也是利用同样的线索和方法。

（2）山东地区以外的孔子见老子图

以可考的资料来说，孔子见老子图在汉代的地理分布，明显集

---

① 曾昭燏、蒋宝庚、黎忠义，《沂南古画像石墓发掘报告》（上海：文化部文物管理局出版，1956），页40。

② 同上书，页25。

中于现在的山东一带。汉代画像砖、石或壁画主要流行于今四川、陕西、山西、内蒙古、河南、山东、安徽、江苏等地。然而除了山东以外，明确可考的孔子见老子画像也有一些；有些布局和山东者相似，有些自具特色。例如翁方纲《两汉金石记》说：

> 江南宝应县地名射阳者有古墓焉。土人呼为夷齐墓，盖传讹也。墓有汉刻石二。其一高五尺三寸，阔二尺。凡画三层，上层孔子见老子象。孔子在中，面左；老子在左，面右；弟子在孔子后，手执束币。八分书。题三行，曰孔子，曰老子，曰弟子。中层模糊不可辨；下层三人，并食器、烹鱼者、脤鼎者。[1]

江南宝应即今江苏宝应，射阳在其东。翁书未附拓影，据《金石萃编》卷二十一，石高五尺四寸，广二尺一寸，与翁记稍异。《萃编》并记这石"今在宝应县射阳聚"。从翁氏记述的榜题，可证这是孔子见老子图无疑。[2] 这图与山东所见者不同处在孔子居中，孔、老正面朝前而非相对，二人之间没有小童。

陕西绥德的一石，小童手持轮状物，与左侧一人同向，右侧一人持鸟相对，虽无榜题，却可从前述特征确定是孔子见老子图无疑。[3] 内蒙古和林格尔墓壁画有孔子、老子、颜渊、子张、子贡、子路、子游、子夏、闵子骞、曾子、仲弓、曾赐（点）、公孙华、冉伯牛、宰我等人的榜题，为壁画中榜题较多的孔子见老子图。画

---

[1]　翁方纲，《两汉金石记》卷十四"宝应汉石刻画像"条，页十五上下。

[2]　参本书《过眼录》22。

[3]　同上。

像布局大致以老子、孔子相对而揖，童子居中，孔子后弟子分二列为主。在布局上，此图特色在画面亦出现与弟子故事相关的人物，如：闵子骞父，曾子母；又此图与汉代流行的孝子、列女传中的人物共同占据墓的中室西壁与北壁。2018 年有幸在内蒙古呼和浩特和林格尔盛乐博物馆复制的墓室中拍摄到中室西壁和北壁的照片，可以较明确地看出整体布局（图 15.1）。换言之，虽然上中下各排人物图之间似有淡色且不完整的横向分隔线，此墓壁画并没有给孔子见老子图以单独的地位，而与其他故事主题和人物同处一个空间（图 15.2—15.4）。嘉祥武氏祠石刻也有孝子和列女传中的故事，但它们和孔子及弟子见老子图出现在不同的石室里，孔子见老子及众弟子画像自成一列，连贯三面墙壁，以框线与他图分隔，完全独立。

徐州白集汉墓石造祠堂所见画像，老子居右，持杖拱身，身后有弟子六人，小童手持轮状物，其上有鸠鸟，明确为一鸠车。孔子与老子相对拱身，身后有弟子三人。基本构图与山东所出者无异。唯小童与孔子同方向，而非与老子共同面对孔子，是其不同处。又在弟子行列中似有鸡首人、牛首人和怀抱小儿的妇人。[1] 这也不见于他例，其意义犹待研究。

迄今在四川地区唯一可考的孔子老子画像为成都新津石函。石函一侧曾遭凿切，断为三截。早期拓本三截左右位置排列有误，现在根据原凿痕已恢复到应有的位置上。[2] 这一画像上有"孔子""老子""神农""仓颉""郎中□少君""东海大守"等榜题，以构图言，与山东地区者颇异：第一，孔子与老子之间无童子；第二，

---

① 参本书《过眼录》第 30 节。

② 参本书《过眼录》第 23 节。

孔、老与传说中人物（神农、仓颉）以及汉当世人物（郎中□少君、东海大守）共同出现；第三，孔子侧面曲身拱手向老子，老子较矮小，侧身朝前仰首做拱手状。孔子身后有戴进贤冠、捧简者一人，榜曰"□子"，疑为某弟子。此画像人物虽七人一字排开，然神农与仓颉相对，孔、老与弟子相对，郎中□少君与东海大守相对，画面似可分为三组，彼此似乎不必然相关。

此一布局方式与洛阳老城的西汉墓壁画，异曲同工。洛阳西汉墓室隔墙横梁上壁画，也清楚以人物的向背，表现三组不同的故事。其中一组似即孔子见老子[①]，有一老者持曲杖，与一小童面对另一老者。持曲杖老者后有二人已漫漶。壁画墓报告对于此图并无说明，曾专论壁画内容的郭沫若也未置一词。唯据原发掘报告及苏健报道，学者间曾有"孔子师项橐""周公辅成王""赵氏孤儿"和"吴公子季札图"等说，苏氏本人认为系赵氏孤儿故事图。[②] 赵氏孤儿图的构成在山东嘉祥武氏祠有榜题明确的样本，如以此图为准，婴儿应在妇人怀中，公孙杵臼跪于一旁，等待托孤。洛阳老城墓壁画呈现的可以说完全不同。"周公辅成王图"石刻在山东出土甚多，其构图有一定模式，周公、召公居两侧，幼小的成王居中，面孔朝前，顶上常有华盖，这一壁画也大不一样。季札图的画面要件为"挂剑"，季札挂剑图在《隶续》及 1978 年在嘉祥宋山发现的画像第三石上皆可见之。如据曲杖及三人相对位置等特征来看，我

① 参本书《过眼录》第 21 节。又可参王绣、霍宏伟，《洛阳两汉彩画》（北京：文物出版社，2015），页 76—81。

② 河南省文化局文物工作队，《洛阳西汉壁画墓发掘报告》，《考古学报》2（1964），页 107—125；郭沫若，《洛阳汉墓壁画试探》，《考古学报》2（1964），页 1—7；苏健，《洛阳汉代彩画》（郑州：河南美术出版社，1986），页 5。

图 15.1 以 1:1.5 比例复制之和林格尔壁画墓中室西壁和北壁壁画布局

图 15.2 和林格尔壁画摹本

中排人物自左至右：老子、大后稷、孔子、颜渊、子张、子贡、子路、子游、子夏、闵子骞

图 15.3　前图局部 自左至右：老子、大后橐、孔子、颜渊、子张、子贡

]15.4　中排人物 自左至右：曾赐（疑榜题误书，应作曾点）、公孙华、冉伯牛、宰我、口子

认为仍以这是孔子见老子图的洛阳版最为可能。

又河南新野一画像砖作一老者持长杖，与一居中小童及另一老者相对而立，画像空隙处有云气状花纹。收录此砖的《南阳汉代画像砖》一书解说画像内容为："画中有一低矮男子，似一儿童。其身后一人戴冠长襦，佩金马书刀，双手前伸。左有一人，端立，手中所执似为鸠杖。画间饰云气纹。"①这幅图造型与山东所见孔子见老子图有所不同。我原怀疑它不是孔子见老子图。但自从见到类似构图，又有明确"老子"榜题的陕西靖边汉墓壁画，疑虑顿时一扫而空，确定这幅画像是孔子见老子、项橐图无疑。②有趣的是此图中间的童子没有与孔子相对，反而与老子相对。可是如果我们考虑汉代曾有孔子和项橐同学于老子的传说（见下节），则这一砖画和徐州白集所出的一样，似乎十分传神地表现了这一场面。

河南发现疑为孔子见老子的画像，除前述洛阳及新野各一件，尚有南阳杨官寺村所出一石。此石上层有人物三，原发掘报告对此三人，有如下描述："两侧两个人身着细腰长衣，头梳高髻，额生长须。中偏左为一着短衣、散发赤腿的小孩，双手前伸。左侧老人右手握腰间佩剑的柄，左手抚摸着小孩头上的散发。右侧老人腰间佩一剑，双手抱一鸟，似递给中间的小孩。"③因发表的拓片不够清晰，两人的长须、小童的散发及一鸟皆不易辨识。如原报告所言不虚，则其构图与人物，颇似孔子见老子图。换言之，右侧拱身执鸟

---

① 赵成甫主编，《南阳汉代画像砖》（北京：文物出版社，1990），图 172。
② 参本书《过眼录》第 21 节。
③ 河南省文化局文物工作队，《河南南阳杨官寺汉画象石墓发掘报告》，《考古学报》1（1963），页 118。

者为孔子，孔子与居中的小童及左侧的老子相对。信立祥即认为此画为孔子见老子图，应是正确的。[①] 赵成甫主编《南阳汉代画像砖》一书录有河南新野樊集 38 号墓出土孔子见老子图一件。[②] 图中二老者持杖相对，左侧右手持一直杖者为孔子，右侧左手持一曲杖者为老子，二人中间有一面对孔子的童子项橐。这图从造型上说是孔子见老子图，应可确定。[③]

此外，张秀清、张松林、周到编著《郑州汉画像砖》[④] 录有题为"孔子问童子图"砖一件。这砖是模印砖，从书中所附全图（页 50）及局部放大图（页 141）看，实无法依任何特征，证明图中人物一为孔子，一为童子。以目前可确信的孔子见老子图格套来说，这一砖画的内容似应做其他解释。又南京市博物馆曾发表了一件画像砖上疑似有孔子见老子图。[⑤] 尤振尧先生进一步指出其上有反书的孔字。[⑥] 经查南京市博物馆一文没说有反书孔字，从较清晰的原砖图版看，也看不出有反书的字。我曾赴南京博物院希望查考原砖未果。这一画像内容无法确辨，暂不予讨论。

---

① 信立祥，《汉画像石的分区与分期研究》，页 255 附注。又王绣、霍宏伟，《洛阳两汉彩画》页 79—82 名之为"孔子师项橐与入周问礼图"。不过，王建中、闪修山著《南阳两汉画像石》（北京：文物出版社，1990）图 127 的解说认为杨官寺一图是獒咬赵盾和赵氏孤儿的故事。这一说的主要根据是图的第三层有一犬做跃起状与一人相对。问题是这一画像的四层人物不一定是表现同一个故事。我不曾亲见此石，应如何做最妥当的理解，还可以做进一步的研究。

② 相关考古报告见《新野樊集汉画像砖墓》，《考古学报》4（1990），页 475—509。

③ 参本书《过眼录》第 20 节。

④ 河南美术出版社，1988。

⑤ 南京市博物馆，《江苏高淳固城东汉画像砖墓》，《考古》5（1989），页 423—429 及图版参 .3、附图七 .5。

⑥ 尤振尧，《苏南地区东汉画像砖墓及其相关问题的探析》，《中原文物》3（1991），页 50—59。

（3）画像构图特征与区域、图谱的关系

由于未能完全掌握所有的资料，经以上对各地孔子见老子画像及疑为这类画像的检讨，仅能暂时结论：孔子见老子、项橐这一画像主题以今天的山东地区较为流行。四川、河南、陕北、山西、安徽、苏北虽都有画像砖石或壁画，也有不少以历史故事为主题的，但从近三十年出版的《河南汉代画像砖》（1985）、《徐州汉画像石》（1985）、《洛阳汉代彩画》（1986）、《洛阳汉画像砖》（1986）、《四川汉代画像石》（1987）、《四川汉代画像砖》（1987）、《郑州汉画像砖》（1988）、《南阳汉代画像石刻（续编）》（1988）、《南阳汉代画像砖》（1990）、《南阳两汉画像石》（1990）、《铁笔丹青：吕梁汉画像石博物馆文物精粹》（2011）以及综合性的《中国美术全集·绘画编18·画像石画像砖》（1988）、《中国画像石全集》（2000）、《中国画像砖全集》（2006）、《中国出土壁画全集》（2012）和《汉画总录·米脂绥德神木卷》（2012—2013）、《汉画总录·南阳卷》（2015）、《中国南阳汉画像石大全》（2015）、《汉画总录·邹城卷》（2017）、《汉画总录·萧县卷》（2019）等等来看，除了陕北靖边汉墓壁画出现较早，山东以外地区所出孔子见老子或其他与孔子有关的画像，在数量上都无法和山东相比。

靖边的孔子见老子画像在构图上和山东地区的极为相似，讨论这一画像的格套，暂拟以例证较多、时代较早、山东地区所见的为起点。山东的孔子见老子画像如同见于靖边者，因都有榜题，可以十分确定这一画像是：（a）由相对弓身而立的孔子和老子，以及身材较矮、居中面对孔子的小童，共三人为基本构成人物；（b）老子

常持曲杖，小童手持轮状玩具或鸠车，孔子则或有鸟（雁或雉）在
手或无；（c）孔子和老子的容貌、衣冠、表情或身材通常没有明显
区别，甚至和众弟子也几乎没有分别。较具造型特征的反而是子
路、颜渊和晏子；（d）在整体构图上，以孔子、老子、小童以及
孔、老二人身后众弟子水平一列排开的形式为最常见。以上四点构
成山东孔子见老子画像的共同特征，也成为我们辨识其他地区同一
主题画像的标准。

　　问题是山东的画像特征是否可以作为衡量其他地区画像的标
准？山东墓葬的装饰艺术包括画像石刻、壁画等等，和其他地区之
间有相互影响或传播上的关系吗？小而言之，山东和山东以外地区
的孔子见老子图在构图风格上，是否有必然的关联？信立祥先生考
察汉画像石各地区的联系和影响时，曾有以下综合性的结论：

　　　　自西汉晚期到东汉中期，南阳、鄂北区是最发达的汉画像
　　石类型区。早在西汉末到王莽时期，其影响已达到河南洛阳
　　和陕西。到东汉早、中期，其影响进一步扩大，北面到达北京
　　周围；西面及于四川，促进了四川、滇北汉画像石类型区的形
　　成；向东则把浅浮雕技法传播到山东、苏北、皖北和豫东区；
　　而河南嵩洛地区的汉画像石，更是完全处于该区的影响之下。
　　但到东汉晚期，这一区的对外影响大大消退，山东、苏北、皖
　　北、豫东区则成为对外影响最大的画像石类型区。其影响，北
　　达京津地区，南抵浙江，西到河南北部，甚至远及甘肃。[1]

---

[1]　信立祥，《汉画像石的分区与分期研究》，页 299。

简言之，他认为早期以南阳、鄂北区的画像石最发达，对周围地区的影响也最大，但到东汉晚期，山东为主的类型区取代南阳成为对外影响最大的区域。信先生主要立论依据为雕刻技法，较少涉及画像内容或主题。

雕刻技法应曾有区域间的流播和相互影响。以雕刻技法而言，信先生的结论言而有据，相当可信。然而技法的流播和画像主题的选择以及构图特征的形成是否有必然的关联？以孔子见老子图的构图和主题来说，我一时还无法找到证据可以证明，山东早期的孔子见老子画像是受到南阳类型区的影响；以东汉晚期而言，也不易证明山东以外地区的孔子见老子图又必是渊源自山东类型区。前文已经指出，四川唯一一件与孔子有关的画像石，构图上和其他区域的都不相同；河南所见，有类似的，也有不同的例子。例如南阳杨官寺的基本构图与山东的孔子见老子图类似，但洛阳的和新野的却又有不同。

简言之，在技法上或许各地原本有同也有异，随着区域交流增加，有越来越多的作品明显同时运用了阴线刻、剔地凹或凸面刻、浅和深浮雕，不易再在技法上分出彼此。此外，以壁画、砖画的彩绘技法和色彩而言，两汉三四百年间山东、河南、陕西、甘肃和内蒙古的差异其实也不明显。不可否认区域间也确实存在着传播。杨爱国和郑岩根据画像题记都曾力证山东的石匠曾走出山东，远赴今天的河北和陕西，杨爱国和我曾推测河南安阳出土的"曹操墓"画像石源自山东。① 我又曾推断陕西靖边的孔老壁画在构图特色上和

① 杨爱国，《幽明两界：纪年汉代画像石研究》，页 132—135；郑岩，《视觉的盛宴——"朱鲔石室"再观察》，《台湾大学美术史研究集刊》41（2016），页 90—91 注 102；邢义田，《汉画、汉简、传世文献互证举隅》，页 307 注 36。

河南博物院藏孔老画像砖应有一定的关系。① 陕西绥德、靖边，内蒙古和林格尔的画像虽在构图上和山东地区所见相似，它们是不是一定受山东地区的影响？仍需要更多的材料，更仔细地比对和论证，目前还无法做太多的推测。

以构图而言，我倒疑心上述这么广泛区域内的孔子见老子图不见得一定是"来自"某类型区或"流播"到另一区，而可能是有共同的图谱来源。由于源头相同，相隔辽远的山东、内蒙古和陕北等地区才会约略在同一时期，也就是西汉中晚期出现了具有共同构图特征的孔子见老子图。也因为各地的工匠和作坊据图谱依样画葫芦，山东嘉祥一地和附近出土的孔子见老子画像面貌在近百年间竟然相沿少变。当然也有少数因地方性的传统和不同的作坊或工匠，多少有些风貌上的出入。但在构图特征上，总体而言，共通性明显大于变异性。在画像主题的选择上，各地偏好则有异有同。例如山东多历史故事，河南多神异，四川多日常生活的描绘，但孔子见老子和项橐这一主题却普遍出现。这从图谱来源相同，或许比较容易解释。关于图谱的来源和重要性，后文将有进一步的讨论。

这里需要先提一些不得不思考的问题：汉代以历史人物为主题的画像很多，相对于这些人物故事，以孔子、孔子弟子或与孔子有关的题材为画像主题者，居于什么样的地位？其中与孔子有关的故事又何以独多孔子见老子和项橐？这个故事画像在齐鲁之地是否具有与在其他地区不同的意义？如有不同意义，其异何在？如果相同，又为何如此？长期以来大家无不同意以孔子为代表的儒家思想

---

① 参本书《过眼录》第 21 节。

在东汉已居于主导地位，巴蜀、关中、关东都盛行儒学，为何在今四川、陕西、河南的墓葬和祠堂中，与孔子有关的主题装饰比山东地区少？今天山西、河北和安徽地区也出土不少汉画像石或壁画，但几乎完全无例可考？又众人皆知，东汉谶纬之学盛行，纬书描述孔子体貌大异于常人，明显企图为孔子塑造一个如同三代圣王，具有天命，所谓"素王"独特的形象。但为何画像中的孔子不但不像"王"，反而与常人或汉代儒生士大夫的体貌和装束几乎无别？孔子和老子是画像的关键人物，又是不同思想流派的开山祖师，为何画工、石匠却少有意图去突显二人内在或外在的差异或人物的个性？还有很多相关问题可以继续罗列。我相信如何回答上述问题，对了解西汉中晚期至东汉末年画像石、砖和壁画流行地区的社会风尚、思想状态都十分重要，也都值得做更多的思考和讨论。

三　孔子见老子画像的社会、思想史意义

汉代距离孔子的时代约五六百年，比两千年后的今天要近得多。那时能见到的有关孔子及其弟子的事迹或故事，都远多于今天。近数十年出土的战国至汉代简帛典籍中有颇多故事和孔子相关，而为传世文献所无。汉代人根据所见所闻，如果要在画像上表现孔子的事迹或故事，可以选择的题材很多。稍稍回顾孔子的一生，从他的出生和身世、求师问学、周游列国、入仕为官到失意返鲁，教授弟子和编订《诗》《书》《易》《礼》《春秋》等。单单从弟子记录他的言行就有太多太多的故事可以"可视化"成为图像。例如武氏祠曾出现他处所无，唯一和何馈（即《论语·宪问》提到的荷蒉）有关的孔子画像。奇怪的是除了这一例，今天所能察考到的七十多件汉代墓室、石椁、祠堂画像和墓室壁画中为什么偏偏独多孔子见老子这一个故事？即便其中有偶然的成分，我相信仍然是有意选择的结果。

这样选择的因素应该很多，今天已难以完全明白。其中的关键似乎应该在于孔子见老子故事具有解读上的多样可能性，在思想和社会意涵上比其他孔子的故事都要丰富。祠墓主人及其家人选择这一题材，比较能够从多重的角度做不同的解释，或做各种性质的自我延伸或投射，满足主观或客观的需要。以下各节将分别剖析这一

多样可能性。

1. 汉人心目中的孔子和老子（附：晏子、周公、左丘明）

汉人心目中的孔子和老子本来就是面目多端，且随时代而有多层次的变化。这是一个大问题，不是目前这篇小文所能完整处理的。以下仅就与画像相关者，略提几点观察。

首先必须指出，如果要探讨汉人心目中的孔子与老子，近代学者喜欢争论的问题——历史上是否真有老子其人？老子与老聃是否为同一人？孔子和老子孰先孰后或同时代？孔子事实上是否曾问礼于老子？等等——其实都变得不那么重要。重要的是汉代人如何"相信""想象"或"看待"孔子和老子，他们又以为孔子和老子之间有什么样的关系，并将他们所相信的反映在画像上。换言之，本文关切的并不是所谓的历史客观事实或所谓的"真相"，而是如何透过传世、出土文献和画像一窥汉代人主观的想法或想象。

一般而言，汉代人相信确有老子或老聃其人，也相信孔子曾向他求教、问礼或问道。就可考的资料来看，孔子见老子或老聃传说的一大来源是《庄子》。《庄子》外篇《天地》《天运》《天道》《田子方》《知北游》都有孔子见老聃的故事。《天道》篇提到老子时，或称老聃，或称老子；《天运》篇中老聃与老子两个名字交互出现在同一段落的对话中。这两篇都将老聃和老子当作同一个人。《吕氏春秋·当染》提到"孔子学于老聃"。《礼记·曾子问》有曾子问礼，孔子以"闻诸老聃曰"作答数事。《韩诗外传》卷五也说"仲尼学乎老聃"。《史记·老子韩非列传》则说孔子适周，"问礼于老子"。太史公于同传又提及周太史儋，于太史儋与老子是否为一人，不敢定。史公谓孔子之后一百二十九年，有周太史儋，"或曰儋即老子，或曰非也，世莫知其然否"。又《孔子世家》谓孔子"适周问礼，盖见老子云"，于孔子所问对象是否为老子，亦出以疑设语气。此后，《新序·杂事五》《潜夫论·赞学》《白虎通·辟雍》和掺杂有早期材料而成书或晚的《孔子家语·观周》，都说孔子学乎老聃。《论衡·知实》则说孔子"见老子"。

老聃是否即老子，汉代一般人似乎不像太史公那般深究。汉画像榜题以目前所见都题作"老子"，无一作"老聃"。可知汉代文献虽多称孔子学乎老聃，实则汉人多视老子与老聃为一人。桓帝时，陈相边韶作《老子铭》，以为孔子"年十有七学礼于老聃。计其年纪，聃时已二百余岁，聃然老旄之貌也。孔子卒后百廿九年，或谓周大史儋为老子，莫知其所终"。他基本追随司马迁之说，不曾质疑孔子是否问礼于老子，甚至以"聃然老旄之貌"解释两百多岁的老聃之所以得名。① 又《战国策·楚策四》有老莱子教孔子，《庄子》杂篇《外物》也有孔子问老莱子的事。不过，《史记·仲尼弟子列传》谓孔子严事老子、老莱；《汉书·艺文志》有《老子》，另有《老莱子》十六篇。武氏祠石刻既有老莱子娱亲，也有孔子见老子的画像。可见汉代人一般或不区分老子与老聃，却明白将老子和老莱子当作两个不同的人看待。②

---

① 洪适，《隶释》卷三，洪氏晦木斋刻本，页一下。
② 但也有不同的看法，参李零，《郭店楚简校读记》（北京：北京大学出版社，2007 增订本）附录二《老李子老莱子——重读〈史记·老子韩非列传〉》，页 198—202。

　　总之，不论孔子见老子或老聃是不是事实，这事在汉代既见于经书，也见于史传、杂记，汉代人几乎没有不相信的。《礼记·曾子问》郑玄注谓："老聃，古寿考者之号也，与孔子同时。"郑玄之语应足以反映一种东汉中晚期普遍的认识。据说，与边韶先后的孔融往见李膺，以李君通家子弟通报求见。膺"问曰：'高明祖父尝与仆有恩旧乎？'融曰：'然。先君孔子与君先人李老君同德比义，而相师友，则融与君累世通家。'众坐莫不叹息"（《后汉书·孔融传》《世说新语·言语》）。孔融的回答和"莫不叹息"的众人也反映出汉代士人将老子与孔子同时代而相师友一事视为当然。以孔子见老子入画像，是将他们相信、熟悉和喜欢的一个故事视觉形象化，殆无疑义。这是论孔子见老子画像的社会和思想史意义，需要指出的第一点。

　　其次，我们需要看看汉世所传诵老子与孔子故事的具体内容，从这里不难见到他们之间的关系可以有多方面的意义。有关的故事主要见于《庄子》外篇、《史记》和《礼记》。今本《庄子》外篇中的故事可以说都是庄周一派弟子为张扬己说而刻意编派出来的。如果太史公所记老聃或李耳的儿子曾为"魏将"是可信的，老聃或李耳只可能是远在孔子之后的战国时人，孔子和老聃事实上不可能见面问礼。[①] 先秦诸子书中将不同时代的人编派在一起而借题发挥的不一而足。《庄子》一书这么说，当时的人并不会觉得特别奇

---

① 相关的讨论与意见极多。钱穆，《孔子与南宫敬叔适周问礼老子辨》，《先秦诸子系年》（香港：香港中文大学，1956），页4—8；高亨，《史记老子传笺证》，《老子正诂》（北京：中国书店，1988），页153—187。钱主孔子见老子一事不可信，高主必有其事。仅举二说为代表，因非本文主旨，不多申论。

怪，汉代人一般也并不深究。只有实事求是的司马迁会注意到时代上的矛盾。他收录孔子问礼于老子的传说，只得借用传说中老子有百六十余岁，或言二百余岁之说来弥缝两人间的时代差距。

《庄子》书中相关故事的共同特点是孔子成为老聃或其他人教训或挪揄的对象。外篇《天地》有"夫子问于老聃"，关于辩者"离坚白"说的一段。这个"夫子"据陆德明说是仲尼，后世注家都没有异议。[①] 仲尼问："有人治道若相放，可不可，然不然。辩者有言曰：'离坚白，若县寓。若是则可谓圣人乎？'"所谓"可不可，然不然""离坚白"等语明是《秋水》篇所记公孙龙之言。春秋时代的孔子不可能向老子请教战国时人的说法。战国时人编派故事不顾时间倒置，本是常事。老聃的答话，除了批评这些辩者是"劳形怵心者也"，也告诉孔子应"忘乎物，忘乎天，其名为忘己。忘己之人，是之谓入于天"，将孔子大大教诲了一番。

《庄子》里的老聃见解超人一等，孔子只有受教听命。《天道》篇说孔子打算将自己所修的书，藏于周室。子路建议往见老聃，孔子同意。奈何老聃不许。孔子于是演说"十二经"，老聃嫌其太芜谩，令言其要旨。孔子说"要在仁义"，老聃于是又教其"放德而行，循道而趋，已至矣，又何偈偈乎揭仁义，若击鼓而求亡子焉？意，夫子乱人之性也"，将孔子又教训了一顿。陆德明《释文》"十二经"下云"说者云：'《诗》《书》《礼》《乐》《易》《春秋》六经，又加六纬，合为十二经也。'一说云：'易上下经并十翼为十二。'又一云：'春秋十二公经也。'"王叔岷《庄子校诠》以

---

① 参王叔岷，《庄子校诠》（台北："中央研究院"历史语言研究所，1988），页437—438。

为"《释文》前说是"。^① 如十二经为六经加六纬，则这个故事有可能掺杂有汉代的成分。王先谦即认为十二经为"汉人语"。^②

《天运》篇有四段孔子及弟子与老子对话的故事，大体上都是借老聃之口，阐述道家的道理，并奚落孔子和他的弟子一番。其中有一段"孔子见老聃而语仁义"，老聃的答话和《天道》篇所记的语句有些不同，意思基本上则一致。《天运》篇另有三段为《天道》篇所没有的记载。一段是"孔子行年五十有一而不闻道，乃南之沛见老聃"，老聃告以"道"不可献，不可进，不可告人，不可与人。另一段是"孔子见老聃归，三日不谈。弟子问曰：'夫子见老聃，亦将何规哉？'"，孔子答以"吾乃今于是乎见龙"云云。孔子将老聃比为龙一事，也见于《史记·老子韩非列传》《论衡·知实》等汉代记载。还有一段是子贡听了孔子的回答后，也去见老聃，问三皇五帝之治。老聃答以三皇五帝之治，"乱莫甚焉"。子贡闻之，"然立不安"。最后一段是孔子以六经问老聃，老聃以为六经乃"先王之陈迹也"，孔子为之不出三月。后复见老聃曰："丘得之矣。……久矣夫丘不与化为人，不与化为人，安能化人！"老子曰："可。丘得之矣！"这一段显示孔子对老子的道理全然臣服。

《田子方》篇有一段老聃新沐，方被发而干。孔子往见，老聃为言何为"游心于物之初"，何为"至人"之方。孔子出，以告颜回曰："丘之于道也，其犹醯鸡与！微夫子之发吾覆也，吾不知天地之大全也。"这一段也是表现孔子自惭对道的认识不过是瓮中小

---

① 王叔岷，《庄子校诠》，页488。
② 同上书，页474。

虫之见，如果不是老子的开导，则不知天地之大。《知北游》则记孔子问老聃何为"至道"，老聃为之申说至道之"崖略"。

总之，《庄子》外篇的这几段故事，无不在借老聃之口，以道家的道理，奚落甚或羞辱孔子一番。顾颉刚先生以为这是战国末，老子一派不敌儒家，为争"学术的领导权"，乃"有计划地宣传"老子为孔子之师。①不论事实是否如此，这些故事流传到汉世，影响了汉代人对孔子和老子的认识，则无可怀疑。②

大致来说，孔子在汉世虽随着儒学的发达，地位日高，不过并没有像汉世以后达于绝对独尊的地位。对汉代儒生而言，孔子是尧、舜、禹、汤以降，古圣的最后一位。他能成为圣人，是因为他"修成康之道，述周公之训"（《淮南子·要略》）。在汉儒的心目中，周公的地位极高。《史记·太史公自序》里司马谈曾说"天下称诵周公"，而孔子是追随周公的，所谓"孔子习周公者也，颜渊习孔子者也"（《法言·学行》）。汉儒以为追随古圣，效法的对象可因本身身份而有区别。盐铁之议时，文学说："夫为君者法三王，为相者法周公，为术者法孔子，此百世不易之道也。"（《盐铁论·刑德》）为君、为相和为术者身份地位不同，几可视为三等；其所法之三王、周公和孔子的地位，也就有别。

文学的"三等说"颇为写实。在汉代，士大夫的确常以"法三王"勉励天子；汉天子如武帝，也以"五帝三王之道"为念，因而

①　顾颉刚，《秦汉的方士与儒生》（台北：里仁书局，1985），页38—39；谢祥皓，《略谈〈庄子〉中的孔子形象》，《齐鲁学刊》5（1985），页86—90。
②　关于《庄子》在汉代的流行，可参王叔岷，《淮南子与庄子》，《清华学报》新二卷一期（1960），页69—81；饶宗颐，《战国西汉的庄学》，《选堂集林：史林》（台北：明文书局，1982），页149—156。

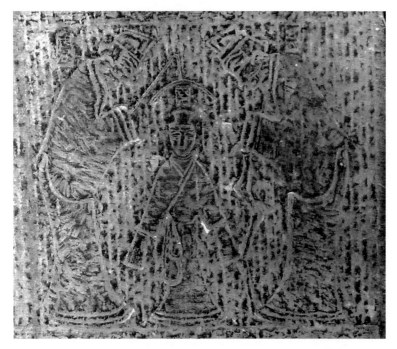

图 16　山东嘉祥武氏祠藏 周公辅成王有榜自左至右周公、成王、召公画像

诏举贤良对策。周公制礼作乐，辅佐成王，乃属为相之事。武帝临终以周公辅成王图赐霍光（图 16），即以周公期许霍光；位居宰辅的霍光或王莽，也以周公自勉或自视。所谓为术者，是指以一般依经术用世的儒生。汉世儒生师法孔子，立德修身，以求学而优则仕。其尤优者如果有"周、召之德""周、召之风"，则可位极人臣，为丞相或三公。《古文苑》卷十收有董仲舒《诣丞相公孙弘记室书》说"君侯以周、召自然休质，擢升三公"，就是一例。在师法不同的观念下，周公的地位无疑较孔子高。

汉人常并称"周、孔",甚至镜铭里也有"圣人周公鲁孔子"的话；^①称述上先周后孔，非出偶然。汉人相信周公制礼作乐，为礼乐之制作者；礼坏乐崩之后，孔子从周，传述礼乐，其功自非周公之匹。

这一点从汉代对周、孔的礼祀待遇也可看出端倪。献帝时，益州太守高朕曾在成都文翁石室旁修周公礼殿，据他的《修周公礼殿记》，周公礼殿"始自文翁"。^②如果这个说法可信，汉代自文翁开始的郡国学是以周公为礼祀的对象。高朕"循旧，筑周公礼殿"^③已在汉末，没有提到是否另有孔子礼殿。据《汉书·梅福传》，直到成帝时，仲尼之庙尚"不出阙里"。阙里者乃孔子家庙，无关乎国家祀典。一直到汉末桓、灵之世才受到国家支持，由地方为孔庙置一百石卒史，掌领礼器。

如此，汉世地方上或有周公礼殿，除阙里之外却可能一直没有孔子庙。《玉海》卷五十七"汉礼殿图·文翁学堂图"条引《益州记》云："成都学有周公礼殿……益州刺史张收画盘古、三皇、五帝、三代君臣与仲尼七十弟子于壁间。"据宋代黄休复所著《益州名画录》引《益州学馆记》，张收是西晋太康时人。^④又《学馆记》谓高朕修周公礼殿，仲尼七十二弟子图即绘在周公礼殿的梁上。《学馆记》所记如可信，对孔子及弟子的礼祀明显是附属于周公之下。《续汉书·礼仪志上》载："明帝永平二年三月，上始帅

---

① 汉许氏镜，见冯云鹏、冯云鹓辑：《金石索》，《续修四库全书》（上海：上海古籍出版社，1995 年），影清道光滋阳县署刻后印本，页 257。
② 《隶释》，卷一，页十三下。
③ 同上书，页十三上。
④ 黄休复，《益州名画录》，收入卢靖辑，《湖北先正遗书》（沔阳：卢氏慎始基斋，1923），卷下，页六下。

群臣躬养三老、五更于辟雍，行大射之礼。郡、县、道行乡饮酒于学校，皆祀圣师周公、孔子，牲以犬。"这种学校礼祠，周公、孔子并列，甚至以周公为主、孔子附属的情形，相沿甚久，直到唐代才完全转变。[①]

老子在先秦典籍里一直是一位富于智慧，较孔子高明的人物。这不只在前引的《庄子》外篇中是如此，《韩非子》之《解老》《喻老》两篇也将老子所说的"无为"视为法治的最高境界。在《吕氏春秋·贵公》中还有一个有趣的故事：

> 伯禽将行，请所以治鲁。周公曰："利而勿利也。"荆人有遗弓者，而不肯索，曰："荆人遗之，荆人得之，又何索焉？"孔子闻之曰："去其'荆'而可矣。"老聃闻之曰："去其'人'而可矣。"故老聃则至公矣。天地大矣，生而弗子，成而弗有，万物皆被其泽，得其利，而莫知其所由始。此三皇五帝之德也。

《贵公》篇的作者借孔子回应遗弓佚事及老聃评孔子的回应，以彰显老聃的境界比孔子更为高远，更大公无私。[②]

这几十年来，战国晚期的简帛典籍出土越来越多，也有很多简帛书籍流入市场又被上海博物馆、清华大学和安徽大学等学术单位

---

① 参仁井田升原著、栗劲等编译，《唐令拾遗》（长春：长春出版社，1989），《学令第十》，页 175；《通典》，《十通》本（上海：商务印书馆，1935），礼十三，吉十二，"孔子祠"条。相关研究可参黄进兴，《优入圣域：权力、信仰与正当性》（台北：允晨文化公司，1994；西安：陕西师范大学出版社，1998；北京：中华书局，2010）、《皇帝、儒生与孔庙》（北京：生活·读书·新知三联书店，2014）。
② 《公孙龙子·迹府》有仲尼评论遗弓类似的故事，但重点不同，不赘。

收购并研究。其中一个为人瞩目的现象是典籍内容基本上多与儒、道两家有关。湖北荆门郭店一号楚墓出土竹简中即有三种简式不同的《老子》，辑入《语丛四》的部分则有和《庄子·胠箧》相同的残文，另外更有很多和儒家有关可考或失传的篇章。相关讨论极多，论文专书以千数，这里不拟赘述。总之，汉初崇尚黄老，老子地位之高自不待言。属于文帝时代的长沙马王堆墓出土帛书中有两种《道德经》以及数种与黄帝有关的抄本，却只有《周易》一种与孔子有关的典籍。这就颇能反映哪一派才是汉初思想的主流。

武帝以后，儒学虽渐盛，司马迁作《史记·老子韩非列传》，收载孔问礼于老子的传说，并且记载老子教诲孔子应"去子之骄气与多欲，态色与淫志"。孔子归告弟子："吾今日见老子，其犹龙邪！"《孔子世家》则记载了老子对孔子另一番不同的教诲。司马迁在《老子韩非列传》的太史公曰里评论老、庄、申、韩之旨皆原于道德，"而老子深远矣"。他特别推崇老子，又将孔子安排入世家，对孔子也不可谓不尊。太史公崇道又尊儒，汉世儒生实际上一般也是如此。

不过这里不得不先辨明一事。司马迁在《老子韩非列传》里有这样几句话："世之学老子者则绌儒学，儒学亦绌老子。'道不同不相为谋'，岂谓是邪？"这几句看来似乎表示儒道之相绌不相谋，其实可能话中有话，另有所指。景、武之世，窦太后好《老子》书，召问博士辕固，固曰："此家人言耳。"太后大怒，乃使固入圈击彘（《汉书·儒林传》）。约略同时，窦婴、田蚡、赵绾等人"务隆推儒术，贬道家言"（《汉书·田蚡传》），这种朝中贵人儒道不相谋的态势结果掀起一场政治上的大风暴。窦婴、田蚡和赵绾被逐的被逐，免官的免官。司马迁所谓"世之学老子者"云云疑非泛指，而暗指窦太后一帮人；所谓"道不同不相为谋"，和当时朝廷当权各派的崇儒或隆道风波有一定的关联。因此我们不宜从司马迁这些话去推论汉初儒生的一般态度。

老子和孔子的人生与政治思想固然有不小的歧异，但是汉初学者从韩婴、贾谊、陆贾到一代大儒董仲舒都受到黄老不小的影响。他们并不排斥老子，甚至将老子所说的融入自己的思想。[①]汉儒几乎无人不读《道德经》。《汉书·艺文志》收有《老子邻氏经传》《老子傅氏经说》《老子徐氏经说》，大儒刘向也有《说老子》四篇。流传到现在的还有《老子河上公章句》和严遵的《道德指归》。汉人将老子五千言和五经一样称作"经"，为之作经传、经说和章句，这是《艺文志》著录中儒家以外诸子所不曾享有的待遇。由此可见老子在汉代的特殊地位。

东汉以后，儒学大盛，黄老仍受喜爱。[②]到画像发达的东汉桓、灵时期，老子的地位变得更高。桓帝曾两度遣人祠老子于苦县（《后汉书·桓帝纪》）。又据《三国志·仓慈传》注引《孔氏谱》："汉桓帝立老子庙于苦县之赖乡，画孔子象于壁；（孔）畴为陈相，立孔子碑于像前，今见存。"画孔子像于老子庙壁，可见汉末以来老子高涨的地位，孔子不过是附属陪庸。[③]但桓帝永兴元年也曾应鲁相

---

① 金春峰，《汉代思想史》，页52—71。

② 钟肇鹏，《论黄老之学》，《世界宗教研究》2（1981），页75—98；吴光，《黄老之学通论》（杭州：浙江人民出版社，1985）。关于汉初的儒道之争，可参熊铁基，《秦汉新道家略论稿》（上海：上海人民出版社，1984），页146—159。

③ 按郦道元注，杨守敬、熊会贞疏，段熙仲点校，陈桥驿复校，《水经注疏》（南京：江苏古籍出版社，1989），卷二十三《濄水》，桓帝建和三年孔畴立孔子碑于老子庙前（页1945），又提到老子庙侧有孔子庙。杨守敬以为"庙"为"像"之误字。参饶宗颐，《释、道并行与老子神化成为教主的年代》，《燕京学报》新12期（2002），页1—6。

乙瑛的要求，为曲阜的孔庙置百石卒史，主领礼器。献帝时孔子庙
毁于火。这引起魏文帝的关注。黄初二年，文帝"令鲁郡修起旧庙"
(《魏书·文帝纪》)。黄初三年，文帝又告豫州刺史："老聃贤人，
未宜先孔子。不知鲁郡为孔子立庙成未？汉桓帝不师圣法，正以嬖
臣而事老子，欲以求福，良足笑也。"① 文帝的话其实反映了孔子庙
火灾后失修，以及老子受欢迎，地位"先"于孔子的情形。②

　　大概从先秦以来，不论儒、道都以为治身之道与治国之道是相
通的，而治国可以从治身做起。③ 在治国与治身两方面，根据汉人
的记述，老子都有超越孔子之处。儒家言治国，重视礼制。在太史
公的记载中，老子是周的守藏史，比孔子更熟知古代的礼制。《礼
记·曾子问》记录有四处曾子问礼，孔子以"吾闻诸老聃曰"来回
答的事。孔子言礼，以老聃为据，读礼的汉代儒生如何能不承认老
聃在礼制上的地位？白虎观议经，大儒论丧服，征引的仍不外是

---

① 　高楠順次郎、渡辺海旭編輯，《大正新脩大藏經》(東京：大正一切经刊行會，
1924—1932)，第五十卷史传部二《续高僧传》卷廿三《周新州愿果寺释僧勔传五》，
頁 630。

② 　按魏文帝时，鲁相上言汉旧有孔子庙，今未有命祭之礼，宜给牲牢，长吏奉祀，
文帝下三府议。司空崔林议以为："今周公已上，达于三皇，忽焉不祀，而其礼经亦存
其言。今独祀孔子者，以世近故也。以大夫之后，特受无疆之祀，礼过古帝，义逾汤、
武，可谓崇明报德矣，无复重祀于非族也。"(《三国志·魏书·崔林传》)崔林指出独
祀孔子，礼过古帝，并非孔子有独高的地位或贡献，仅仅是因为"以世近故也"。这反
映了汉末至魏一部分士大夫对孔子的态度。换言之，魏文帝令修孔子庙，可能并不意
味着独尊孔子，只是认为孔子地位应在老子之上，却非必超越其他古圣。这种态度，
后来的裴松之十分不满。裴松之注认为孔子"逾于群圣"，而崔林"守其蓬心以塞明
义，可谓多见其不知量也"。从这里也可以看出孔子地位的提升是一个缓慢的过程，至
少在汉末至魏，还不能真正完全超越群圣，达于独尊。

③ 　关于这一点，冯友兰的讨论甚为精辟。参冯友兰，《中国哲学史新编》第二册(北
京：人民出版社，1984 第二版)，页 197—215。冯先生认为黄老之学的要点即在将治
身与治国联结起来。又可参金春峰，《汉代思想史》，页 381。

《曾子问》孔子闻诸老聃的几句（《白虎通·丧服》）。

在治身方面，儒家言修身，着重的是从正心诚意开始，成就道德上的修为；老子及道家着重的是长生久视，甚或超脱物外，成仙不死。在这方面，对一般人而言，老子之说无疑要比孔子之说更具吸引力。事实上汉儒除重修身，也讲养生。《韩诗外传》卷一谓："君子……以治气养性，则身后彭祖；修身自强，则名配尧禹。"《春秋繁露·循天之道》一篇说的更完全是养生之术。王充在《论衡·道虚》中反神仙，但他晚年也养气自守，爱精自保，着《养性》之书十六篇，"庶冀性命可延，斯须不老"（《论衡·自纪》）。

虽然如此，传说中讲求长生养寿之术的老子，其魅力无疑在孔子之上。《史记·老子韩非列传》说："盖老子百有六十余岁，或言二百余岁，以其修道而养寿也。"《老子》第五十九章言"长生久视"之道。后来的神仙家大约利用这样的传说和记载，将老子神仙化。据说刘向作《列仙传》，即列老子于传中。《隋书·经籍志二》杂传序说："刘向典校经籍，始作《列仙》《列士》《列女》之传。"《抱朴子内篇·论仙》则较详细地说刘向《列仙传》有仙人七十余人，"自删秦大夫阮仓书中出之，或所亲见，然后记之"。秦大夫阮仓不知何许人，或是秦代时人。刘向校书秘阁，利用阮仓的书删辑成《列仙传》。阮仓书中是否列有老子，不可知；但将老子当仙人或知长生不死之术者看待，在刘向以前已然。至少司马迁写《史记》时，老子已经是一位知修道养寿，或言二百岁，"莫知其所终"的神秘人物。

东汉以后，黄帝和老子在当时许多人心中都是掌握长生之术的人。《论衡·道虚》篇说："世或以老子之道为可以度世，……夫人以精神为寿命，精神不伤，则寿命长而不死。成事：老子行之，逾百度世，为真人矣……或时老子，李少君之类也，行恬淡之道，偶其性命亦自寿长。"世人以老子为李少君之类，是认为老子乃知神仙术的方士；称他为度世的真人，则明明视老子为神仙了。桓帝延熹八年祀老子，就不是因为崇拜老子的治术，而是如《续汉书·祭祀志》中所说因"好神仙事"。

老子在东汉被认作知仙术，或长生不死的神仙，甚至是超越神、人之上，与道俱化的宇宙主宰。这可以从边韶的《老子铭》和序清楚地看出来。《老子铭》序说：

> 其二篇之书，称天地所以能长且久者，以不自生也。厥初生民，遗体相续，其死生之义可知也。或有浴神不死，是谓玄牝之言。由是世之好道者，触类而长之。以老子离合于混沌之气，与三光为终始。观天作谶（缺）降斗星，随日九变，与时消息，规矩三光。四灵在旁，存想丹田，大一紫房，道成身化，蝉蜕渡世。自羲农以来（缺）为圣者作师……①

据好道者的推衍，老子不但是"道成身化，蝉蜕渡世"的仙人，更"与时消息，规矩三光"。与时消息者，超越时间，故能在古今之间幻化无常，自羲农以下，历为圣者之师；规矩三光者，统御日、月、星，成为天、人的主宰。这是老子不同于一般神仙，而

_____

① 《隶释》，卷三，页一下至二上。

图 17　山东滕州市官桥镇车站村出土的东汉石椁画像

且超越一般神仙之处。边韶在铭辞中接着说老子"出入丹庐，上下黄庭。背弃流俗，舍景匿形。苞元神化，呼吸至精。世不能原，卬其永生"。又说："羡彼延期，勒石是旌。"这些话流露出当时人所看重的乃老子长生不死的一面。

边韶作《老子铭》在桓帝延熹八年。这时正是汉末各种画像流行的主要时期。较边韶为晚，灵、献时代的高诱注《吕氏春秋·不二》篇说："关尹，关正也，名喜，作《道书》九篇，能相风角，知将有神人，而老子到。喜说之，请着《上至经》五千言，而从之游也。"姑不论《上至经》之名是否有误①，高诱称老子为神人，可见老子在东汉，至少在好道者的心中是以神人、真人或仙人的姿态存在。

---

① 北京大学藏汉简《老子》有简背标题曰"老子上经"和"老子下经"，颇疑此处"上至经"或为上下经之讹。参北京大学出土文献研究室编，《北京大学藏西汉竹书（贰）》（上海：上海古籍出版社，2013）。

　　边韶对老子的记述和高诱的注，是我们了解当时人们喜以老子入画像的第一手好资料。好长生求仙的不只桓帝一人，而是普遍的风气。《牟子理惑论·序》提到灵帝以后，天下大乱，北方异人往交州者颇多，"多为神仙辟谷长生之术，时人多有学者"。又说："为道者或辟谷不食，而饮酒啖肉，亦云老氏之术也。"老氏即老子。从此可知老子在桓、灵之世的形象。这时流行的孔子见老子图，不论其实质或象征意义至少有一部分必须从老子知长生不死，乃神人或仙人这一角度去理解。①

　　更有甚者，不少人相信孔子及弟子早已成了神仙。孔子被神仙化并不出奇。1981 年山东兖州农业技术学校出土的西汉中晚期石椁上，孔子和老子分别出现在不相连的左右画框中，画面结构颇为

---

① 《牟子理惑论》的著作时代颇有争论，汤用彤以为乃汉末之书（《汉魏两晋南北朝佛教史》，长沙：商务印书馆，1938，页 73—80），吕澄以为系晋宋之间的著作（《中国佛学源流略讲》，北京：中华书局，1979，页 23—27）。吕澄如此主张，主要是因为书中提到与佛教有关的部分颇多错误可疑之处。不过他也承认书中所述的许多情况与汉末相合。我相信用《牟子理惑论》所述来讨论汉末风气应不离谱。此外，《老子河上公章句》《老子想尔注》都是可以看出老子神仙化的好材料，但是这两种书的成书时代争议太多，暂时不论。参王明，《〈老子河上公章句〉考》，载《道家和道教思想研究》（北京：中国社会科学出版社，1984），页 293—323；金春峰，《汉代思想史》，页 377—394；饶宗颐，《老子想尔注校笺》（香港：方继仁，1956），页 87—101；《老子想尔注考略》，《选堂集林》上，页 329—359；楠山春樹，《老子伝説の研究》（東京：創文社，1979），頁 21—198、239—272。关于边韶的《老子铭》，可参楠山春樹，《邊韶の老子銘について》，《東方宗教》11（1956），頁 41—60；刘屹，《论老子铭中的老子与太一》，《汉学研究》21:1（2003），页 77—103。关于老子的神仙化，可参 Anna K. Seidel, "La divinisation de Lao tseu dans le taoisme des Han,"（Paris: École franc aise d> Extrême-Orient,1969）p.71，此书有日文版《漢代における老子の神格化について》，載吉岡義豊、ミシェル・スワミエ編修，《道教研究》第 3 冊（東京：豊島書房，1968），頁 5—77；砂山稔，《道教と老子》，載福井康順等監修，《道教》第 2 巻（東京：平河出版社，1983），頁 5—37；楠山春樹，《老子伝傳説の研究》，頁 301—348；姜生，《汉画孔子见老子与汉代道教仪式》，页 46—58。

类似。他们身旁各有鸟，有似龙似虎或无以名之的异兽和缭绕的云气纹 [这样有云气纹的孔子、老子画像也见于前引陕西靖边汉墓壁画（图 2.1—2.2）、河南博物院藏画像砖以及山东滕州市官桥镇车站村出土的东汉石椁（图 17）]。熟悉汉代装饰艺术的人都知道，飞鸟、珍禽异兽和云气是汉人用以描绘或衬托祥瑞、天上、非现实世界或神仙世界不可少的组件。被这些衬托着的老子无疑已被视为神仙中人，而有类似衬托的孔子，恐怕也不再是凡夫俗胎了。[①]

征之西汉中晚期开始大为流行的谶纬图书，这时的孔子被某些人神仙化，应属自然之事。《牟子理惑论》甚至说："道家云：'尧、舜、周、孔、七十二弟子皆不死而仙。'"《牟子理惑论》成书的时代难定，不过去汉末不会太远；其所引录的道家之说，应该不是凭空虚构，无中生有。如果《牟子理惑论》所引确能反映汉末某些人的认识，则孔子见老子一事在儒生口中是去问礼，在方士或好道者口中就很可能是去问神仙了。齐地本是方士和好道者的故乡，齐鲁相连，这一带如果曾经有缙绅不言、司马迁不录、与孔子相关的奇谈异说，一点不足为怪。孔子见老子图大量出现在齐鲁一带汉末的画像里，正可反映它能符合不同想法之人的不同想象和需要。

神人或仙人和凡人最大的不同在凡人有生必有死，而神仙乃超脱于生死之外。以孔子为代表的儒家哲学，基本上重视"生"，对"死"采存而不论的态度。孔子说："未知生，焉知死？"（《论语·先进》）死后是否有知？是古人常提出的一个疑惑。这个问题，从汉人的记载看来，孔子也是有意避开不谈。《说苑·辨物》

---

① 详见邢义田，《汉画解读方法试探——以捞鼎图为例》，《画为心声：画像石、画像砖与壁画》，页 429—431。

有一段子贡问死后是否有知的故事：

> 子贡问孔子："死，人有知将无知也？"孔子曰："吾欲言
> 死者有知也，恐孝子顺孙妨生以送死也；欲言死者无知，恐不
> 孝子孙弃不葬也。赐欲知死人有知将无知也，死徐自知之，犹
> 未晚也。"

类似的问答也见于《论衡·薄葬》和《孔子家语·致思》。为
了维系今世的孝道，儒家固然可以避开死后世界的问题不谈，但这
就不能减轻人们面对死亡的恐惧，也不能满足人们对死后世界的好
奇或降低疑虑。作为神人，离合于混沌之气，与三光为终始，蝉蜕
渡世的老子，在安慰死者和死者亲属的作用上，要较孔子和他的教
诲高出多多。《老子》五千言教人长生久视之道，第七章谓："天
地所以能长且久者，以其不自生，故能长生。是以圣人后其身而身
先，外其身而身存。"若不能师法天地之长久，也可以视"生"如
在天然的束缚（天弢、天袭）之中，忽焉一时，本不足惜，死乃大
归，事之自然，又何哀何悲？《庄子·知北游》孔子问老聃至道的
一节中，老聃即明白揭示了生死的意义：

> 人生天地之间，若白驹之过郄，忽然而已。注然勃然，莫
> 不出焉；油然漻然，莫不入焉。已化而生，又化而死，生物哀
> 之，人类悲之。解其天弢，堕其天袭，纷乎宛乎，魂魄将往，
> 乃身从之，乃大归乎。

图 18　和林格尔汉墓壁画线描图局部

汉代墓室或祠堂中的孔子见老子图，是否也在显示一生服膺儒教又心羡老子的墓主及其同一社会阶层的人，在人生的最后阶段，也要像孔子一样，向神人老子问问最后的归宿，寻觅些许心理的慰藉呢？我相信这是汉墓装饰在无数可选择的孔子故事中，独钟孔子见老子故事的关键理由。

另外在思想或社会史的意义上必须一考的是出现在孔子众弟子行列中的人物——晏子。晏子及其著作在汉代很受欢迎。他不但出现在孔门弟子的行列中，也曾出现在晏子用计以二桃杀三士的故事画像里（图 18）。孔门七十二弟子中本无晏子，晏子在有些传说中甚至是孔子之师。但画像为何置他于弟子的行列里？今本《晏子春秋·外篇第八》有这样的故事，孔子曾以"吾师"称赞晏子：

仲尼之齐，见景公而不见晏子。子贡曰："见君不见其从政者，可乎？"仲尼曰："吾闻晏子事三君而顺焉，吾疑其为人。"晏子闻之，曰："婴则齐之世民也，不维其行，不识其过，不能自立也。婴闻之，有幸见爱，无幸见恶，诽谤为类，声响相应，见行而从之者也。婴闻之，以一心事三君者，所以顺焉；以三心事一君者，不顺焉。今未见婴之行，而非其顺也。婴闻之，君子独立不惭于影，独寝不惭于魂。孔子拔树削迹，不自以为辱；穷陈蔡，不自以为约；非人不得其故，是犹泽人之非斤斧，山人之非网罟也。出之其口，不知其困也，始吾望儒而贵之，今吾望儒而疑之。"仲尼闻之，曰："语有之：'言发于尔，不可止于远也；行存于身，不可掩于众也。'吾窃议晏子而不中夫人之过，吾罪几矣！丘闻君子过人以为友，不及人以为师。今丘失言于夫子，讥之，是吾师也。"因宰我而谢焉，然仲尼见之。[①]

孔子因失言，称晏子为师，并谓"君子过人以为友，不及人以为师"，可见《晏子春秋》一方面显示晏子在行事和见解上高于孔子，另一方面也表露孔子"三人行必有我师"的谦逊态度。类似的故事也见于《韩诗外传》卷四：

晏子聘鲁，上堂则趋，授玉则跪。子贡怪之，问孔子曰："晏子知礼乎？今者晏子来聘鲁，上堂则趋，授玉则跪，何也？"孔子曰："其有方矣，待其见我，我将问焉。"俄而晏子

---

① 吴则虞撰，《晏子春秋集释》（北京：中华书局，1962），页 500—501。

至，孔子问之。晏子对曰："夫上堂之礼，君行一，臣行二。今君行疾，臣敢不趋乎？今君之授币也卑，臣敢不跪乎？"孔子曰："善！礼中又有礼，赐，寡使也，何足以识礼也？"《诗》曰："礼仪卒度，笑语卒获。"晏子之谓也。

《论衡·知实》曾简略提到同一个故事，并明白地说"孔子不知，问于晏子。晏子解之，孔子乃晓"。从以上流传的故事，可以知道晏子出现在汉代和孔子有关的画像中所代表的意义，可能和老子十分类似——他们都是孔子的老师。《史记·仲尼弟子列传》谓："孔子之所严事：于周则老子；于卫，蘧伯玉；于齐，晏平仲；于楚，老莱子；于郑，子产；于鲁，孟公绰。"晏子与老子并列，都是孔子"严事"的对象。孔子画像中出现晏子，似当从这个角度去理解。

不过，据先秦和汉人的记载，在汉人心目中孔子和晏子的关系，并不像上述那样单纯。晏子在不少想法和做法上与孔子并不相同。例如《墨子·非儒下》就曾记载晏子对孔子本人及其弟子的批评，甚至曾阻止齐景公以土地封赐孔子。汉人或汉以后人辑录的《孔丛子》在《诘墨》篇中甚至说："孔子、晏子交相毁也。"东汉为《孟子》作注的大儒赵岐自营冢茔，"图季札、子产、晏婴、叔向四像居宾位，又自画其像居主位"（《后汉书·赵岐传》）。他无疑熟知晏子和孔子之间的种种故事；如此选择，自然有他的用意，晏子在他心目中地位之高不难想见。赵岐崇敬晏子并非特例。《史记·管晏列传》太史公谓其曾读《晏子春秋》，又说："假令晏子而在，余虽为之执鞭，所忻慕焉。"太史公对晏子的仰慕之情，溢于言表。

我们从画像中可以看到晏子仅出现在孔子弟子之列，而没有像老子一样和孔子相对。这是什么原因呢？我猜想画像正传达了一种观点：孔子的地位或许不如周公，犹可与周公抗礼；传说中孔子虽曾问礼于晏子，晏子却仅够格为孔子的弟子。《汉书·古今人表》列晏平仲与颜渊、闵子骞、仲弓、冉伯牛同在一等，即表达了相似的观点。汉人好评价古人，但他们对古代圣贤人物的评价显然意见分歧，未曾一致；这些不一致的意见有些见于传世文献，有些则悄悄保存在画像中。

其次必须一考的是周公。周公或许也代表着同样的意义。《论语》中孔子梦见周公（《述而》）和"吾从周"的话（《八佾》），汉儒是十分熟悉的。《孟子·滕文公上》谓"陈良楚产，悦周公、仲尼之道，北学于中国"，将周公、仲尼之道视为一体。扬雄《法言·学行》谓："孔子习周公者也，颜渊习孔子者也。"在汉儒看来，周公制礼作乐，辅助成王，事功彪炳，孔子既习周公，其道相贯，周公为孔子之师不成问题。问题在晏子和周公如果都是孔子的老师，汉墓或祠堂画像为什么却安排他们在孔子弟子之列，而不像老子或项橐，出现在和孔子相对的位置上？

对这一个问题，晏子或许尚可解释，在弟子之列的周公却很不好理解。至今我还没有好的答案。仅能说孔门弟子中出现周公的例子迄今仅一见。这有可能是一时误刻，也有可能在某些汉儒心目中孔子的地位次于周公，在另一些人的心目中孔子已超越周公。1983年洛阳道北石油化工厂家属院发掘的一座西汉晚期墓中，出土一件十分完好的带铭博局纹铜镜，镜上铭文有"大哉，孔子志也"的

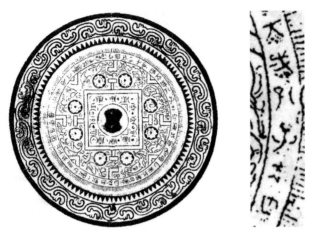

图 19.1—19.2　洛阳道北西汉墓出土铜镜及铭文"大哉孔子志也"

句子（图 19.1—19.2）。"志"字拓本不十分清晰，姑从原释。[1] 值得注意的是铭文单独提到孔子，没有周公，并在孔子前加"大哉"二字。我们知道孔子曾以大哉形容尧之为君（《论语·泰伯》《孟子·滕文公上》），达巷党人也以大哉形容孔子（《论语·子罕》），镜铭用字多少可反映孔子在不同汉人心目中的特有地位。从后世的发展看，孔子的确是逐步超越周公，达于独尊无二。

　　即便如此，仍不足以解释为何必置周公于孔门弟子之列。周公在汉代必然还有许多我们今天所不知的故事。例如日本东京国立博物馆东洋馆藏的山东沂州汉画像上有"周公""成王""南（？）公""使者""门亭长"榜题和牵虎人物，就是一个无孔子，却和周公有关，今已失传的故事。[2] 汉代还有哪些对孔子和周公关系的传

① 刁淑琴，《洛阳道北西汉墓出土一件博局纹铜镜》，《文物》9（1999），页 89。
② 参本书《过眼录》第 1 节。

说或想象？须待今后更多材料的出土和进一步的研究。

第三位应稍说明的是左丘明。据《论语·公冶长》"左丘明耻之，丘亦耻之"之语可知左丘明和孔子应约略属同一时代。在汉代人的认识里，左丘明是鲁国的太史，孔子据鲁史作《春秋》，左丘明为之作传，又曾作《国语》《世本》等。在《春秋左氏传》杜预注的序里，杜预明白说"左丘明受经于仲尼"，坐实了左丘明为孔子弟子的身份。西晋元帝时太常荀崧曾在上疏中提到"孔子惧而作《春秋》……时左丘明、子夏造膝亲受，无不精究。孔子既没，微言将绝，于是丘明退撰所闻，而为之传"云云（《晋书·荀崧传》《宋书·礼志一》）。可见左丘明不但是孔子弟子，更是传孔子之学的重要人物。虽然如此，左丘明是不是孔子的弟子，学者间一直有争议。但左丘明出现在东汉孔子画像的弟子之列，在汉人的认识里其为孔子弟子应该说是有图可证的。

2. 项橐：汉代人的幽默？

一般所谓孔子见老子画像仅是一个简称。前文已清楚指出，图像的构成除孔子和老子以外，几乎不可少的是那位站在两人中间的小童。小童是谁？为什么要在画像中安排一位小童？这对理解整个画像可能的含义关系甚大。

据文献来看，似乎有两种可能。一为孔子往见老子，小童是鲁君赐给孔子的竖子。《史记·孔子世家》谓："鲁南宫敬叔言鲁君曰：'请与孔子适周。'鲁君与之一乘车，两马，一竖子俱，适周问礼，盖见老子云。"描绘这事最完整的即前述武氏祠题有"孔子""老子"及"孔子车"的一石。石上孔子车确为一车二马，石上童子虽残泐，似即文献中说的竖子。洪适《隶续》卷十三，毕沅、阮元《山左金石志》卷七，冯云鹏、冯云鹓《金石索·石索四》，王昶《金石萃编》卷二十一，马邦玉《汉碑录文》卷一和近世容庚《汉武梁祠画像考释》[①]等等都这样解释。

不过以画像构图而言，童子如果是追随孔子见老子的竖子，则有不易理解的地方。按理竖子随侍孔子，理应跟从在孔子之后，不应昂首举手，居孔子之前，状若与孔子相对而谈论。又如果是随侍孔子的竖子，为何持一轮状物在手？也不好解释。或许因为如此，不少学者和画像著录以为童子并非竖子，而是项橐。[②] 不过他们似乎理所当然地认为画中的童子即项橐，没有举出如何将画像与文献联系起来的明确证据。为此，我曾利用新出土的画像榜题确证他就是传世文献中所说的项橐或项託。[③] 当时限于篇幅，主要根据画像本身的证据，没能多谈传世文献中的相关资料。这里做些文献

---

① 容庚，《汉武梁祠画像考释》（北京：燕京大学考古学社，1936），页 32—33。

② 对这个问题较早有详细考证的是法国的 Michel Soymié。他所写的 "L'Entrevuede Confucius et de Hsiang T'o" [*Journal Asiatique*, 242/3-4(1954), pp.31-92] 一文认为画像中的小童即项橐，不过他并没有解释为何孔子见老子、项橐会出现在同一画像中。其他例如：Käte Finsterbusch, *Verzeichnis und Motivindex der Han-Darstellungen*, band 1,（Wiesbaden: Harrassowitz, 1966），p.65；济宁地区文物组、嘉祥县文管所，《山东嘉祥宋山 1980 年出土的汉画像石》，《文物》5（1982），页 61；程继林，《泰安大汶口汉画像石墓》，《文物》1（1989），页 53；聊城地区博物馆，《山东阳谷县八里庙汉画像石墓》，《文物》8（1989），页 52；中国美术全集编辑委员会编，《中国美术全集·绘画编 18·画像石画像砖》（上海：上海人民美术出版社，1988），图版说明七"齐山孔子见老子"（蒋英炬、吴文祺）。

③ 见本书附录一《汉代画像项橐考》。

补证。

一般常提到孔子和项橐的关系，是依据以下几条资料：《战国策·秦策五》甘罗曰："项橐生七岁而为孔子师。"此事又见《史记·甘茂传》《淮南子·修务》《新序·杂事五》《论衡·实知》等篇：

> 甘罗曰："大项橐生七岁为孔子师。"
>
> ——《史记·甘茂传》
>
> 夫项託七岁为孔子师，孔子有以听其言也。以年之少为闾丈人说，救敲不给，何道之能明也！
>
> ——《淮南子·修务》
>
> 吕望使老者奋，项託使婴儿矜，以类相慕。
>
> ——《淮南子·说林》
>
> 闻丘卬对曰："不然，昔有颛顼行年十二而治天下，秦项橐七岁为圣人师。"
>
> ——《新序·杂事五》
>
> 难曰："夫项託年七岁教孔子。"案七岁未入小学，而教孔子，性自知也。孔子曰："生而知之，上也；学而知之，其次也。"夫言生而知之，不言学问，谓若项託之类也。……云项託七岁，是必十岁；云教孔子，是必孔子问之……。
>
> ——《论衡·实知》

孔子以七岁童子项橐为师之说在汉世记述中可以说不少，可是如何证明画像上和孔子相对的童子就是项橐呢？以上的材料其实都不能提供直接的帮助。有助于决疑的反而是一项较晚的记载。《玉烛宝典》卷四引嵇康《高士传》云：

> 大项橐与孔子俱学于老子。俄而大项为童子推蒲车而戏。孔子候之，遇而不识。问："大项居何在？"曰："万流屋是。"到家而知向是项子也。交之，与之谈。[1]

嵇康《高士传》应像许多古代著述一样，以网罗放失旧闻为主。项橐之所以称"大项橐"或"大项"，盖前引《史记·甘茂传》甘罗曰："大项橐生七岁为孔子师。"《索隐》："尊其道德，故云大项橐。"钱穆《先秦诸子系年考辨》附"项橐考"一节，曾引刘师培说，证"汉儒相传，殆均以达巷党人即项橐也"，"大项"盖即"达巷"转音，"殆古人实有项橐，即达巷橐，又云大项橐，其人聪慧不寿如颜回"。[2]此事又见《文选》卷二十颜延年《皇太子释奠会作诗》"庶士倾风"注引嵇康《高士传》："孔子问项橐曰：'居何在？'曰：'万流屋是也。'注曰：'言与万物同流匹也。'"《文选》注的引录虽不完全，可证此事确实原见嵇康《高士传》。嵇康时代去汉未远，所载应非自创而有所本。《高士传》所载有两点值得注意：

第一，《高士传》说项橐与孔子俱学于老子，这样就使古籍中项橐为孔子师、孔子问礼于老子这本不相干的两事发生了关联。汉

---

[1] 《玉烛宝典》（台北：艺文印书馆景印尊经阁藏日本前田家藏旧钞卷子本，1965），卷四，页十四上至十四下。

[2] 钱穆，《先秦诸子系年》，页 53—54。

代以前以及两汉文献都没有二人俱学于老子的记载。但是以二人俱学于老子的方式，将两个故事联系起来很可能是西汉中晚期已经存在的说法，本文前论靖边西汉墓壁画可证。东汉画像中孔子与项橐、老子出现于同一画面应和这样的说法有关。在画像上，孔子多与小童、老子相对，似乎是在显示孔子以项橐和老子为师或向二人求教。按理，既说孔子、项橐俱学于老子，画像上似应以孔子、项橐都面向老子才是。山东临淄和徐州白集的孔子见老子图就是这样布局。不过绝大部分画像呈现的是孔子面对老子和项橐。画像强调的重点显然不在项橐学于老子，而在显示孔子既向童子求教，也向老者问学。这样构图的思想意义将于下节再论。

第二，"童子推蒲车而戏"的记载，是证实画像中童子身份为项橐最有力的文献证据。画像里的轮状物，常作一轮或二轮，应该就是蒲车。"而戏"二字证明图中之车应是一种童子玩具，很可能就是南阳许阿瞿画像中，小儿手拉的两轮车（图 20）。蒲车据说

图 20　南阳许阿瞿画像

原是以蒲裹轮，用于封禅之礼（《史记·封禅书》）。于两汉则常用于礼迎贤士或隐者，又叫安车蒲轮或蒲轮（《汉书》之《武帝纪》《枚乘传》等）。传说中的项橐不过七岁，不可能推一部真正礼迎贤士或隐者的蒲车。画像中只是以较小的身形和手持象征性的小车玩具来表现小童，这小童应是项橐。如前所说，现今已有石刻画像和壁画榜题可以确证。文献中所说的蒲车，无疑应和画像并有出土实物可证的鸠车为同一类玩具。汉世赐七十以上老者鸠杖，鸠在汉代似应有慈幼敬老等多重的象征意义。[①]

　　将孔子师项橐、孔子问礼于老子两事联系起来，不能单凭想象，在文献上也要多少有些可供联系的线索。这些线索或许即在《论语·子罕》《史记·孔子世家》和《礼记·曾子问》。《子罕》篇说：

　　　　达巷党人曰："大哉孔子！博学而无所成名。"子闻之，谓门弟子曰："吾何执？执御乎？执射乎？吾执御矣。"

　　《史记·孔子世家》引述这一段，作"达巷党人童子曰"。这"童子"二字，梁玉绳以为"不知何据而增之"。《史记会注考证》云：《论语》无童子二字。中井积德曰：'此疑衍。'"王叔岷《史记斠证》则以为"史公必有所本"。[②] 史公所本或即当时传说中的达

---

① 参王子今，《汉代儿童的游艺生活》，《秦汉社会史论考》（北京：商务印书馆，2006），页 1—18；邢义田，《项橐手中的鸠车新考》，本书附录二；王子今，《鸠车》，《秦汉名物丛考》（北京：东方出版社，2016），页 334—338。

② 王叔岷，《史记斠证》（台北："中央研究院"历史语言研究所，1982），页 1782。

巷党人为一童子的说法。这提供了一个联系达巷党人和七岁项橐的线索。《汉书·董仲舒传》云："此亡异于达巷党人不学而自知也。"孟康曰："人，项橐也。"孟康注应即本汉儒之说而来。王先谦《补注》引沈钦韩曰："孟说本《秦策》甘罗之言，盖师说相传以为达巷党人。"以项橐为达巷党人，应如沈钦韩和刘师培所指，乃汉代经师相传旧说。此亦前引钱穆《先秦诸子系年考辨》附"项橐考"一节之所本。

　　另一联系的线索可能是经师郑玄以达巷和巷党为党名的说法。《论语》郑注："达巷者，党名也。五百家为党。"《礼记·曾子问》："孔子曰：'昔者吾从老聃助葬于巷党。'"郑玄注："巷党，党名也。"对郑玄而言，达巷和巷党皆党名。这个说法，想必也是师说相传，不是郑玄的一家之言。姑不论其说是否符合事实，也不论达巷或巷党为当今何处，以郑玄在东汉经学上的地位，他的说法在东汉必然代表了一派主要的见解，信从者必不少。因为相信孔子尝从老聃助葬于巷党，[①]而在达巷党批评孔子的党人即项橐，好事者即不难增益附会，将孔子师项橐、孔子问礼于老子两件本不相干的故事，牵连在一起，说成是孔子和项橐俱学于老子。汉人像战国时人一样，好附会增益传说，《论衡》之《语增》《儒增》《艺增》等篇都曾大加批评。在这样的时代环境下，将几个故事牵连在一起，增生出若干新枝叶，是完全可以想象的。

　　汉人相传孔子曾师项橐，项橐或即达巷党人。那么，项橐教了孔子些什么？象征什么意义呢？具体的内容，今天已无可考。

① 参陈东，《汉画像石"孔子见老子"其实是孔子助葬图》，《孔子研究》3（2016），页50—61。按助葬说可为一解，但我感觉此画像的意义应不限于此。

比较具体的只有达巷党人批评孔子"博学而无所成名"。孔子学问渊博，却没有足以树立声名的专长。孔子听到批评后，便对弟子说，我做什么好呢？驾马车呢？还是当射手呢？我还是驾车好了。这样评和答的意义，难以定说。[1] 其他如《淮南子·修务》只说孔子"有以听其言"，《论衡·实知》说项橐能以七岁教孔子，未尝入小学，证明项橐乃生而知之之类。上引董仲舒也说"达巷党人不学而自知也"。

　　汉人谈论孔子师项橐，我相信恐怕如董仲舒所说，是在说明人有生而知之者。王充主张学而后能知，以为俗说项橐生而知之乃虚妄之言。王充的驳斥适足以反映当时有很多人相信世上有生而知之的天才。孔子从而师之，则在说明凡生而知之者虽小儿，也有超越凡人的知识或能力。汉世民间有一些孔子与小儿问答，遭小儿奚落的故事。桓谭《新论》即说："余小时闻闾巷言，孔子东游，见两小儿辩斗，问其故。一儿曰：'我以日始出时近，抑日中时较近远。'一儿以日初出远，日中时近。日始出抑日中时较近。"[2]《列子·汤问》有同样的故事，小儿质问孔子，孔子不能决。两小儿笑曰："孰为汝多知乎？"[3]

---

① 这一章理学家多所发挥，不过可能本无深义。参杨伯峻，《论语译注》（台北：河洛图书出版社，1980），页93。

② 严可均《全后汉文》卷十五据《法苑珠林》卷七。上博简《凡物流形》甲本10—11号、乙本8号简有"日之始出，何故大而不炎？……"之句，刘洪涛先生疑与桓谭《新论》《列子·汤问》的故事有一定的渊源关系，参刘洪涛，《形体特点对古文字考释重要性研究》（北京：商务印书馆，2019），页252—257。

③ 对独尊儒教的儒生来说很难接受孔子知不如人的说法。唐代大儒皮日休曾引荀朗所作《荀子》，根本怀疑项託的存在："项氏之有无，亦如乎庄周称盗跖、渔父也，墨子之称墨尿、娟婵也。岂足然哉，岂足然哉？"参《皮子文薮》卷七"无项託"条（上海：上海书店重印1926年商务印书馆四部丛刊初编128，1989），页八十九上下。

　　日始出或日中较近于大地或长安，曾是汉世引起热烈讨论的问题。《论衡·说日》就曾引述当时各种不同的意见，王充也举证力辩"日中近而日出入远"。在辩论难决的情况下，很自然会有人想问问圣人孔子的意见。理论上圣人无所不知，而孔子又以博闻多识著名。结果汉代人根据达巷党人等等编造出小儿质问、孔子不能答的故事。这类笑话很受欢迎，越变越多。敦煌变文有所谓《孔子项託相问书》，述说孔子东游，遇见不止一两个而是三个小儿，增添出远多于《新论》提到的有趣问答。[①]

　　这些故事都在显示小儿之智和孔子的不如。在《庄子》书中，孔子见老子，受到道家之徒的奚落；在汉世的传说里，孔子与项橐或小儿问答，则显示出好学不倦的孔子却不如生而知之者。《淮南子·说林》说："吕望使老者奋，项託使婴儿矜，以类相慕。"高诱注："项託年七岁，穷难孔子而为之作师，故使小儿之畴自矜大也。"高诱注用"穷难"二字，值得玩味。可见在高诱的东汉末年，桓谭曾说的小儿问孔子已进一步发展成孔子被项橐所刁难或难倒。如此，汉画像里的孔子见老子和项橐，老子和项橐就有了共同的象征意义——孔子虽为大圣，也有其知不如老者和少者之处。孔子

---

① 　关于孔子和项橐故事的流行，前引 Michel Soymié 文征引丰富，可以参看；又可参《列子·汤问》，王重民编《敦煌变文集》，页 231—235；郭在贻、张涌泉、黄征，《敦煌变文集校议》（长沙：岳麓书社，1990），页 161—164。除了孔子与小儿，后世更流传孔子与桑间女问答九曲珠的佚事等等，流露出孔子之智不如一般小民。参徐俊纂辑，《敦煌诗集残卷辑考》（北京：中华书局，2000），页 699；钱南扬校注，《永乐大典戏文三种校注》（台北：华正书局，1980），《张协状元》，页 15 注 64；相关故事辑录，略参陈金文，《孔子传说中的"巧女"故事》，《齐鲁学刊》4（2004），页 9—13；李剑锋，《〈冲波传〉：一部关于孔子及其弟子故事的志怪小说》，《鲁东大学学报》（哲学社会科学版）27 卷 5 期（2010），页 64—68。

一生命运多舛，一度自嘲为丧家狗。他号称好学不倦，也鼓励弟子学为圣人，面对老子和项橐这样的神人或生而知之者，岂不再度证明他不过是人生挫败一族？其教诲不过尔尔。这对一生崇敬和师法孔圣的汉世儒生来说，在人生最后眼见自己成圣和修仙皆无望，挫折之余，或许竟是以有点阿 Q 的方式，幽孔子一默，说说孔子不如人，圣人不过如此，来安慰自己的人生挫败或未臻圆满吧。

　　以上是对汉世将孔子见老子以及孔子师项橐两个故事置于同一画像的一解。其实孔子见老子、项橐画像背后的思想因素不一，有些今天已难以完全了解或猜测。诚如有些学者所指出，这一画像应当也和圣人无常师之说有关。我曾为文指出孟子声称五百年必有王者出和人皆可为尧舜，带给汉儒很大的鼓舞。成圣可以说是汉儒普遍的梦想。圣人是生而知之者或学而后可成圣？则是汉儒热烈讨论的问题。①孔子自己以好学不倦自况，又常转益多师。子曰："三人行，必有我师焉。"（《论语·述而》），子贡曰："夫子焉不学？而亦何常师之有？"（《论语·子张》）孔子学圣问道，既无常师，自然无拘乎师之老或少。墓主或墓主家人用孔子见老子、项橐画像装饰墓壁，他们的用意似乎多少也在彰显墓主追随孔子的这种态度和精神。如圣可学，则必有师。以前我虽提到，却没多谈。现在稍加申论。

①　参邢义田，《秦汉皇帝与"圣人"》，《天下一家：皇帝、官僚与社会》（北京：中华书局，2011），页 70—73。

3. 学圣与尊师

不少汉儒相信可因学而成为圣人，学为圣人须从尊师始。孔子师项橐，问礼于老子，在画像上似乎是以这一少一老象征孔子的学圣与尊师。

汉儒深受荀学的影响。《荀子·劝学》之旨，汉儒多所承继。《荀子·劝学》篇说："学恶乎始？恶乎终？曰：其数则始乎诵经，终乎读礼；其义则始乎为士，终乎为圣人。"《礼论》篇说："学者，固学为圣人也。"《大略》篇说："故礼之生，为贤人以下至庶民也，非为成圣也（猪饲彦博曰'成圣，当作圣人'），然而亦所以成圣也；不学不成。尧学于君畴，舜学于务成昭，禹学于西王国（母）。"《修身》篇说："无礼，何以正身？无师，吾安知礼之为是也？"荀子继孟子之后，大倡学为圣人，并列举古代圣王从何师而学。不论君畴、务成昭、西王国（母）为何许人，荀子的目的显然在以圣王为例，证明须因师因学而成圣人。《荀子》大概是目前所知较早开列圣王之师名单的书。此外，《庄子·在宥》谓黄帝问至道之精于广成子，《庄子·天地》云："尧之师曰许由，许由之师曰啮缺，啮缺之师曰王倪，王倪之师曰被衣。"到了《吕氏春秋·尊师》篇，更详细列举十圣人六贤者所师的名单。汉儒承先秦余风，以为圣人必有所师，亦必尊师，已成为普遍信念。《韩诗外传》《新序》《汉书·古今人表》《潜夫论》《白虎通》等皆列举互有出入的圣贤从师名单。今略表举如下：

表一：圣贤从师表

	《荀子·大略》	《吕氏·尊师》	《吕氏·当染》	《韩诗外传》卷五	《新序·杂事五》(1)	《新序·杂事五》(2)	《汉书·古今人表》本注	《潜夫论·赞学》	《白虎通·辟雍》
神农		悉诸			悉老				
黄帝		大挠		大坟	大真	大真	封巨大填大山稽	风后	力牧
颛顼		伯夷父		禄图	伯夷父	绿图	大款柏夷亮父绿图	老彭	绿图
帝喾		伯招		赤松子	伯招	赤松子	赤松子柏招	祝融	赤松子
帝尧	君畴	子州支父		务成子附	州之父	尹寿	尹寿	务成	务成子
帝舜	务成昭	许由	许由伯阳	尹寿	许由	务成跗		纪后	尹寿
禹	西王国（母）	大成贽	皋陶伯益	西王国	大成执	西王国（母）		墨如	国先生
汤		小臣	伊尹仲虺	贷子相	小臣	威子伯		伊尹	伊尹
文王		吕望		锡畴子斯	太公望	铰时子斯		姜尚	吕望
武王		吕望	太公望周公旦	太公	太公望	郭叔		姜尚	尚父
周公		管夷吾		虢叔	管夷吾隰朋	太公		庶秀	虢叔
齐桓		管夷吾	管仲鲍叔		管夷吾隰朋				
晋文		咎犯随会	咎犯郄偃		咎犯隋会				
秦穆		百里奚公孙枝			百里奚公孙枝				
楚庄		孙叔敖沈尹巫	孙叔敖沈尹蒸		孙叔敖沈尹竺				

（续表）

	《荀子·大略》	《吕氏·尊师》	《吕氏·当染》	《韩诗外传》卷五	《新序·杂事五》(1)	《新序·杂事五》(2)	《汉书·古今人表》本注	《潜夫论·赞学》	《白虎通·辟雍》
阖闾		伍子胥 文之仪	五员 文之仪		伍子胥 文之仪				
句践		范蠡 大夫种	范蠡 大夫种		范蠡 大夫种				
孔子			老聃 孟苏夔 靖叔	老聃		老聃		老聃	老聃

　　上表从齐桓公至句践是《吕氏春秋》所谓的六贤，与本文无涉，暂不多论。其余古圣所师，各书所记不尽相同。除因传闻异辞，传刻讹误者，大致可见有三个系统：（一）《吕氏春秋·尊师》与《新序·杂事五》(1) 仅文字小异，《新序》明言引"吕子曰"，属同一系统；（二）《韩诗外传》、《新序·杂事五》(2)、《白虎通·辟雍》所记接近，属同一系统；（三）《潜夫论·赞学》提到风后、老彭、祝融、纪后、墨如、庶秀等为古圣师，与他书差异甚大，应另有来源，自成一系统。《新序·杂事》兼载异说，而《汉书·古今人表》本注也是诸说并存。《新序·杂事五》(2)说则是大体渊源自《荀子·大略》。

　　先秦古籍存者寡，佚者众。当时传说纷纭，必有多于今日所知者。例如《吕氏春秋·当染》除了说孔子"染"于老聃，还染于孟苏夔、靖叔。后二者不见于先秦他书，也不见于汉世文献，其事遂佚。《史记·仲尼弟子列传》谓："孔子之所严事：于周则老子；于卫，蘧伯玉；于齐，晏平仲；于楚，老莱子；于郑，子产；于鲁，孟公绰。"《史记》所本即不同于《吕氏春秋》。纷纭的众说中，唯孔子师老聃或老子一事，各家记载一致。这个说法不但道家之徒，儒生自荀子以后也几乎无不接受。这是汉世孔子见老子画像出现的基本背景。

　　上表古圣所师的对象，有一个有趣的共同点，即这些古圣都是儒家心目中的古圣人，但是他们所师的人物，除了一些今天已不知其事迹的，几乎全是道家、阴阳家或神仙家中的人物。黄帝所师的力牧、大（太）山稽见《列子·黄帝》和《淮南子·览冥》。《列子·黄帝》言黄帝召天老、力牧、太山稽，告以"养身治物之道"。《淮南子·览冥》谓黄帝治天下，力牧、太山稽辅之。马王堆汉墓出土《老子》乙本卷前古佚书《十六经》部分，即有黄帝与"力黑"（按即力牧）、"大山之稽"论道之言。其思想在道、法之间。[①]敦煌汉简中也发现力墨与黄帝问答残文，罗振玉以为即兵家《力牧》。[②]《汉书·艺文志》兵阴阳有《力牧》十五篇，《风后》十三篇。又道家有《力牧》二十二篇。颛顼所师的老彭，疑即彭祖。马骕曰："即彭祖，陆终子也。"梁玉绳谓："老彭疑彭祖之裔，旧以为即彭祖。恐非。"[③]《世本》谓彭祖寿八百岁。《庄子·刻意》谓吐故纳新，熊经鸟申，"此道引之士，养形之人，彭祖寿考者之所好也"。彭祖乃流传已久，道家所乐道养生一派的传奇人物。1984 年湖北江陵张家山出土简《引书》言导引养生之术，开宗第一句即说

---

① 国家文物局古文献研究室编，《马王堆汉墓帛书·壹》（北京：文物出版社，1980），页 62—80。

② 参罗振玉、王国维，《流沙坠简》（上虞罗氏宸翰楼影印，1914），小学术数方技书考释，术数类，页四下。

③ 见王利器、王贞珉，《汉书古今人表疏证》（济南：齐鲁书社，1988），页 150。

"此彭祖之道也"①，马王堆帛书《十问》也有王子巧父问彭祖养生之事，即为明证。②

帝喾师赤松子。赤松子乃传说中的仙人。张良欲从赤松子游，学辟谷道引轻身（《史记·留侯世家》）。帝尧所师之务成子附，或即务成子，或曰帝舜所师之务成昭，应为同一人。马王堆帛书《十问》作"巫成招"，谓："巫成招□□不死。巫成招以四时为辅，天地为经，巫成招与阴阳皆生。阴阳不死，巫成招兴（与）相视。有道之士亦如此。"③据此，务成子似为随阴阳不死之神仙。《尸子》谓："务成昭之教舜曰：'避天下之逆，从天下之顺，天下不足取也；避天下之顺，从天下之逆，天下不足失也。'"（《荀子·大略》杨倞注引）。这里务成昭显示的也是道家避世的思想。《汉书·艺文志》小说家有《务成子》十一篇，五行家有《务成子灾异应》十四卷，房中家有《务成子阴道》三十六卷。从此可见务成子应属道、神仙、阴阳五行等家依托的人物。

帝尧所师之子州支父或州之父，及帝舜所师之许由，见于《庄子·让王》及《吕氏春秋·贵生》。《让王》谓："尧以天下让许由，许由不受。又让于子州支父。"子州支父以有幽忧之病，未暇治天下，不受。《吕氏春秋·贵生》所载相同。其不受天下，盖因贵生。如此，子州支父似乎也是重贵生一派的道家人物。据《庄子·天地》，许由师啮缺，啮缺师王倪，王倪师被衣。啮缺、王倪、被衣

① 张家山汉简整理组，《张家山汉简〈引书〉释文》，《文物》10（1990），页 82。
② 马王堆汉墓帛书整理小组编，《马王堆汉墓帛书·肆》（北京：文物出版社，1985），页 148—149。
③ 同上书，页 149。

又见《庄子》之《知北游》《齐物论》《应帝王》《徐无鬼》，都是道家传说中的人物。以上黄帝至帝舜，其所师可考者几全是与道家有关的人物。神农所师之悉老，颛顼所师之绿图或禄图，禹所师之西王国、大成贽、墨如等俱无可考。西王国疑应作西王母，国、母字形近或字坏而讹。从这些人名看来，似乎也像道家或神仙家口中之人。《太平广记》引葛洪《神仙传》"老子"条说："老子者，……颛顼时为赤精子……帝喾时为禄图子，尧时为务成子。"这些人物后来都被附会成老子的化身。陈盘先生曾考证，以为禄图即绿图，禄图子系禄图加一"子"字，颛顼师绿图，是秦汉间方士的附会。[①]

　　这是一个颇耐人寻味的现象。为什么在战国末，会在《荀子》《吕氏春秋》等书中出现古圣尊奉道家人物为师或问道的说法？前贤曾以为战国末以来，老子一派不敌儒家，为争"学术的领导权"，乃"有计划的宣传"老子为孔子之师。但以上种种是不是都能这样解释？《吕氏春秋》属杂家，著书的吕门宾客思想背景复杂，或尚可说；《荀子》成于荀子及其弟子之手，儒家后劲为何说帝尧师君畴，帝舜师务成昭，禹师西王国（母？）显然不好解释。汉代以后儒、道仍见争衡，互有消长。这是儒生和方士有意识地、集体性地争领导权吗？又是谁在"有计划"地如此"宣传"？《荀子·大略》所言儒、道师从关系要如何理解才较妥当？是否如学者指出荀子曾受庄学影响[②]，或荀卿弟子有濡染道说者？但这又要如何解释《荀

---

① 陈盘，《古谶纬书录解题（一）》，收入《古谶纬研讨及其书录解题》（台北编译馆，1991），页260。

② 何志华，《相信与驳诘：荀卿对庄周言辩论说之反思》，《中国文化研究所学报》65期（2017），页1—19。

子·解蔽》指责庄子"蔽于天而不知人"？为何《庄子·让王》说帝尧师子州支父或州之父，帝舜师许由，《荀子·大略》却说尧师君畴，舜师务成昭，二者如此不同？我一时没有好的答案，需要大家更深入地思考和研究。无论如何，这里所要强调的是最后一位，也是最重要一位以道家人物为师的就是孔子——孔子师老聃。这在战国末至汉代儒道消长的思想发展历程上，应有相当重要的象征意义。

4. 图谱的两个传统和圣人是否可学

圣人是否可学是汉儒关心的大问题，《韩诗外传》《淮南子》和《论衡》等书都曾讨论。一般汉儒虽相信圣人可学，但也有圣人天生、非学可至的说法。这种说法和强调圣人异相、圣人出于天命的谶纬之学有密切的关系。

汉代画像受到不同时代思想的影响，形成不同的图谱传统。汉代图谱虽然都已失传，和孔子见老子图可能有关的图谱记载却有两条。一条见《汉书·艺文志·六艺略·论语》有《孔子徒人图法》二卷。据王先谦《汉书补注》引沈钦韩之说，颇疑《孔子徒人图法》应为刘向歆父子据秘府图谱所辑。另一条见《隋书·经籍志一》谶纬之书"《孝经内事》"条注："梁有《孝经内事星宿讲堂七十二弟子图》一卷。"这两种图法，可能即源出不同的传统。

沈钦韩以为《孝经内事星宿讲堂七十二弟子图》本于《孔子徒人图法》。这个说法有待商榷。《艺文志》王先谦《汉书补注》引沈钦韩曰：

> 隋志《孝经内事星宿讲堂七十二弟子图》一卷，盖本诸此而别标诡异之名。《史记仲尼·弟子传》赞云："弟子籍出孔氏，古文近是。"《文翁石室图》七十二弟子旧有图法，皆出壁中者也。

又引叶德辉曰：

> 今汉武梁祠石刻画像有曾子母投杼，闵子御后母车及子路雄冠佩剑事，冠作雄形，可想其遗法。

沈钦韩以为《孝经内事星宿讲堂七十二弟子图》本于《孔子徒人图法》而别标诡异之名。此说之非，陈盘先生已尝驳之。陈先生《古谶纬全佚书存目解题》考《孝经内事星宿讲堂七十二弟子图》甚详，[①] 其要点有三：

（1）意其内容，大抵是谓孔子与其徒某也为某星精，表状奇特，异乎常流之类。

《春秋演孔图》曰："孔子长十尺，大九围，坐如蹲龙，立如牵牛，就之如昴，望之如斗。"（御览人事部十八引）

《论语摘辅象》曰："子贡斗星绕口，南容井口。"（御览人

---

① 陈盘，《古谶纬全佚书存目解题》，收入《古谶纬研讨及其书录解题》，页751—759。

事部八引）。"颜渊山庭，日角，曾子珠衡，犀角。"（古微书引）"樊迟山额，有若月衡，反宇，陷额。"（御览人事部五引）"如此之等，盖即其遗说也。"《风俗通义》佚篇云"子路感雷精而生"（书钞百四六引），殆亦《星宿讲堂》旧文也。（页753）

（2）两汉之世，撰集孔子师徒遗事与夫刻图画像，故成为一种风气……《孝经内事星宿讲堂七十二弟子图》，意即此种风气下产物。虽晚见于著录，料至少亦不失为东京之旧也。（页753—754）

（3）《星宿讲堂七十二弟子图》必有关涉星宿之神话，如上文所述，此谶纬家说法，则与《孔子徒人图法》有别矣。（页754）

陈先生的这三点结论，可谓确切不移。由此可知，孔子及其弟子在汉代的形象至少有谶纬家和非谶纬家两派的不同；又基本上今文家言谶纬，古文家不言。值得注意的是作为儒家最重要象征的孔子，在汉画像中所呈现的面目，可以说完全没有谶纬家说的痕迹。以下先来看看谶纬家对孔子及其弟子形象的描述。

孔子的形象，除了陈先生前文引述的，还可以做以下的补充：

孔子海口，言若含泽（《太平御览》卷三六七引《孝经援神契》;《艺文类聚》卷十七引无"言若"二字，《古微书》收入《钩命决》）

仲尼斗唇，舌理七重，吐教陈机授度（《御览》三六七引《孝经钩命决》）

仲尼龟脊（《御览》卷三七一引《孝经钩命决》）

夫子辅喉（《御览》卷三六八引《孝经钩命决》）

夫子骈齿（《御览》卷三六八引《孝经钩命决》）

仲尼虎掌，是谓威射（《御览》卷三七〇引《孝经钩命决》）

（孔子）生而首上圩顶，故因名曰丘云（《史记·孔子世家》，《史记索隐》："圩顶言顶上窳也，故孔子顶如反宇。反宇者，若屋宇之反，中低而四傍高也。"）

孔子长九尺有六寸，人皆谓之长人而异之（《史记·孔子世家》）

孔子反宇，是谓尼父（《纬书集成》卷四上，《春秋演孔图》，页5）

孔子长十尺，海口尼首，方面，月角日准，河目龙颡，斗唇昌（白）颜，均颐辅喉，骈齿龙形，龟脊虎掌，胼胁修肱，参膺圩顶，山脐林背，翼臂注头，阜脥（颊）堤眉，地足谷窍，雷声泽腹，修上趋下，未（朱）偻后耳，面如蒙倛，手垂过膝，耳垂珠庭，眉十二采，目六十四理，立如凤峙，坐如龙蹲，手握天文，足履度宇（字），望之如朴（仆），就之如升，视若营四海，躬履谦让，腰大十围，胸应矩，舌理七重，钩文在掌，胸文曰：制作定，世符运。（《纬书集成》卷四上，《春秋演孔图》，页5—6）[1]

---

[1] 《路史》谓孔子生有异质，凡四十九表，反首、张面、大角云云，又谓"事详《世本》"，实与《春秋演孔图》所述大同小异。见张澍《世本》稡集补注本，收入《世本八种》（下）（台北：西南书局影印1957年上海商务印书馆本，1974），页106。

综合以上的描述，孔子身高近十尺（约230厘米！），腰大九围或十围（《庄子·人间世》云"絜之百围"，陆德明《释文》引李颐云"径尺为围"），头顶中凹，面如彭蜞一样的小螃蟹（蒙俱据梁启雄《荀子简释》引高亨说即"彭蜞"。《世说新语·纰漏》："蔡司徒渡江，见彭蜞，大喜。"刘孝标注："《尔雅》曰：'蟛蜞小者劳。'即彭蜞也，似蟹而小。"），手垂过膝，耳垂珠庭（珠庭，一说即天庭，指两眉间前额隆起部分。《初学记》卷九引《洛书》："黑帝子汤长八尺一寸，珠庭。"），眉十二采，唇如斗，背脊如龟，手掌如虎，又"海口""辅喉""骈齿"，"坐如蹲龙"，"立如牵牛"。此类形容有些是相术中的术语，意义难明，不必指实。不过，他们的确借用龙、虎、龟、彭蜞、牛等动物形象的特征，异常的尺寸、形状和色彩去联想孔子五官面貌之异乎常人。如果将这样的形象刻石或绘于墙壁，不知将是什么样的怪物？汉代刻石与壁画中满是神怪之物，石工画匠完全不缺刻画怪异形象的技术和经验。但在迄今所知的汉画像石、砖和壁画中绝不见和上述形象相近或相合的孔子。

再看孔子的弟子，在纬书中也是各具异相。[①]除陈先生前文所引，再略举若干其他资料如下：

> 樊迟山额，有若月衡，反宇陷额，是谓和喜。（《御览》卷三六四，《纬书集成》卷五，页9）

[①] 亦可参钟肇鹏，《谶纬论略》（沈阳：辽宁教育出版社，1991），页99—115。

子夏日角大目（《纬略》卷七，《纬书集成》卷五，页 10）

子张日角大目（同上）

仲弓钩文在手，是谓知始；宰我手握户，是谓守道；子游手握文雅，是谓敏士；公冶长手握辅，是谓习道；子贡手握五，是谓受相；公伯周手握直期，是谓疾恶

澹台灭明歧掌，是谓正直（《御览》卷三七〇，《纬书集成》卷五，页 9）

子贡山庭斗绕口（《文选》卷四十六《王文宪集序》引《摘辅像》。李善注云："谓面有三庭，言山在中，鼻高，有异相也。故子贡至孝，颜回至仁也。"）

以上这些描述无非在说他们具有异能异相，故能成就非常的德行。但是在汉画像中，我们也找不到具上述异相特征的孔门弟子。前文曾提到，除子路和颜渊在服饰或体形上自有特色，孔子和其他的弟子与一般常人无异，都没有外貌上的特征。谶纬之学盛行于东汉，而东汉的孔子及弟子画像不受谶纬说的影响，宁非耐人寻味的怪事？叶德辉谓可从武梁祠曾子、闵子骞、子路等图想见《孔子徒人图法》，与愚意正合。迄今可考的两汉孔子及孔门弟子画像所根据的可能就是与刘向、刘歆父子所辑《孔子徒人图法》有关的图谱。《孔子徒人图法》与谶纬家的《孝经内事星宿讲堂七十二弟子图》不同，在后者的图法中才可能见到各具异相的七十二弟子，可惜完全失传。

《孔子徒人图法》有两卷，作者不明。这可能不是某一人所作，而是长久以来无数画工相传依据的图谱，经刘向、刘歆父子整理而

辑成的两卷。① 汉初刘邦曾图张良之像而为司马迁所见，文帝曾于未央宫承明殿命画工图屈轶草、进善旌、诽谤木等，东汉王延寿曾亲见西汉景帝程姬之子恭王刘余所立的鲁国灵光殿，长篇描述灵光殿如何"图画天地，品类群生"。他提到千变万化的"杂物奇怪，山神海灵"，也指出有"黄帝唐虞"和"淫妃乱主，忠臣孝子，烈士贞女"。这些图画应都曾有谱可据，非一时新创。② 至少灵光殿的"伏羲鳞身，女娲蛇躯"已造型稳定，与后来两三百年的伏羲、女娲画像一脉相承。近年江西南昌出土的海昏侯刘贺墓，约略和刘向同时。

----

① 关于图谱相传，旧作《汉代壁画的发展和壁画墓》页 37—39 曾经论及，这里可以做一些补充。《国语·周语下》太子晋之言曰："若启先王之遗训，省其典、图、刑法，而观其废兴者，皆可知也。"韦昭注："典，礼也；图，象也。"顾颉刚《壬寅夏日杂钞》谓："观此，可见古代统治者除以文字记其训教、典礼之外，又有图画像先代之废兴，以为己身之鉴戒。此为过去事实之图，武梁祠、孝堂山所画即其遗型。"（《顾颉刚读书笔记》卷八上，台北：联经出版公司，1990，页 6030）这种至少从西周以来即已开始，下及东汉的图画传统，中间的历程也有迹可寻。《韩非子》之《用人》《大体》《守道》各篇都提到人主利用图、书著功臣之名以"结德"。马王堆帛书《九主》谓："从古以来，存者亡者，□此九已。九主成图，请效之汤，汤乃延三公，伊尹布图陈策，以明法君、法臣。"（《马王堆汉墓帛书·壹》，页 29）帛书中的佚文，完全证实了刘向《别录》有关"九主者有法君、专君、授君、劳君、等君、寄君、破君、国君、三岁社君，凡九品，图画其形"（《史记·殷本纪》裴骃《集解》引）的记载。这是战国时代的策士利用图画，以明君臣存亡之象。马王堆三号墓帛书有《九主图》残片，可惜太残，仅见若干图形。更为普遍的或许是图画古代贤不肖的典型人物。据说西汉初，梁孝王游于忘忧之馆，羊胜为作《屏风赋》，其辞曰："……饰以文锦，映以流黄。画以古列，颙颙昂昂。藩后宜之，寿考无疆。"（《西京杂记》卷四）忘忧之馆的屏风有古列之画，所谓"古列"即古代的典型人物。成帝幄坐旁的屏风上，也有戒淫乱的纣醉踞妲己作长夜之乐图（《汉书·叙传上》）。成帝游于后庭，尝欲与班倢伃同辇，倢伃谓："观古图画，贤圣之君皆有名臣在侧，三代末主乃有嬖女，……"（《汉书·外戚传下》）这些古今图画应该都有长久相沿的粉本图谱。新近刊布江西南昌海昏侯刘贺墓出土的漆衣镜框背板上也有孔子及弟子像和文字，属于同一传统。参王意乐等，《海昏侯刘贺墓出土孔子衣镜》，页 61—70、50。

② 邢义田，《汉代壁画的发展和壁画墓》，《画为心声：画像石、画像砖与壁画》，页 10—13。

刘向生于昭帝元凤四年（公元前 77 年），刘贺墓出土木牍上有宣帝元康四年（公元前 62 年）纪年，元康四年时刘向不过十五岁，他的《孔子徒人图法》必然还没编成。墓中有漆衣镜框背板，框板上有文有图，文图都与孔子及弟子有关，无论图文都嗅不出一丝图谶之学的气息。东汉初张衡说："图纬虚妄，非圣人之法。……刘向父子领校秘书，阅定九流，亦无谶录。成、哀之后，乃始闻之。"（《后汉书·张衡传》）。从此可知，刘向、刘歆父子辑订的《孔子徒人图法》应据秘府旧藏，而与后来才兴起的图谶无关。

刘向除了采辑旧有的图谱，可能也曾创作了若干新谱。《御览》卷七〇一引刘向《七略别传》曰："臣与黄门侍郎歆以《列女传》种类相从为七篇，以着祸福荣辱之效，是非得失之分，画之于屏风四堵。"按《汉书·楚元王传》谓："向睹俗弥奢淫，而赵、卫之属起微贱，逾礼制，向以为王教由内及外，自近者始，故采取《诗》《书》所载贤妃贞妇，兴国显家可法则，及孽嬖乱亡者，序次为《列女传》，凡八篇，以戒天子。"《楚元王传》只说作传，没说作图。不过，《艺文志·诸子略·儒家》有刘向《列女传颂图》，可见除了作传，应曾另作图画，图画乃供绘于屏风等之上。北京大学藏秦简中有和女教相关，拟名为《善女子方》的篇章。[1]如果这批竹简可信，其时代应远远早于刘向，可证刘向作女教书应早有前例可循。是否有更早的女教图画？虽无实证，我倾向于相信应曾存在。

据说刘向也曾作《孝子传》,《孝子传》也有图。《太平御览》

---

① 参北京大学出土文献研究所，《北京大学藏秦简牍概述》，《文物》6（2012），页 67。

卷四一一曾录刘向《孝子图》两则。旧作《汉代壁画的发展和壁画墓》论汉代壁画发展，曾指出和林格尔小板申汉墓壁画和武梁祠石刻中的人物与故事，和刘向《列女传》《孝子传》重复的很多。我相信经刘向整理的《孔子徒人图法》和其他由他编辑或新创的图画一样，曾经成为具有权威性的图谱而流传四方。东汉中叶，梁商之女年幼时"常以列女图画置于左右，以自监戒"（《后汉书·皇后纪下》"顺烈梁皇后"条），她的列女图画是否本于刘向，不得而知，但谢赫《画品》"戴逵"条谓戴"善图贤圣，百工所范"。① 刘向之图应也曾为百工所范吧。

　　汉代另一项与图谱有关的记载发生在东汉明帝时。据张彦远《历代名画记》，明帝雅好画图，别立画官，"诏博洽之士班固、贾逵辈，取诸经史事，命尚方画工图画，谓之画赞"（卷三《述古之秘画珍图》"汉明帝画宫图"条）。以经史中的故事作画，恐怕不仅仅是因明帝雅好图画，更是一次别有企图的行动。这个行动的原因应和明帝对传世既有的图谱有所不满有关。相传的旧谱没有表现谶纬及古文经中对刘氏重建政权有利的解释。光武以赤伏符受命，力倡谶纬之学。明帝承业，续加张扬。永平三年八月，他因《尚书璇机钤》谓"有帝汉出，德洽作乐名予"，遂改郊庙乐为大予乐，乐官为大予乐官，"以应图谶"（《东观汉记·明帝纪》《后汉纪·明帝纪上》《后汉书·明帝纪》）。当班固因私改国史，将系狱京兆之前，另有扶风人苏朗伪言图谶，死狱中（《后汉书·班固传》）。可见明帝像光武一样重视图谶，不容他人随意议

---

① 《全齐文》卷25，（东京：中文出版社，1981），页 8 下。

论。永平中，班固与贾逵"并校秘书，应对左右"（《后汉书·贾
逵传》），班固为学"博贯载籍，九流百家之言，无不穷究。所学
无常师，不为章句，举大义而已"（《后汉书·班固传》）。他的治
学，正是钱穆先生所说的"古学"一派；①贾逵则家传古文学，尤
明《左氏传》《国语》，为之《解诂》五十一篇，献上，明帝重之，
写藏秘馆。古文家本不言谶纬，贾逵本也不信谶纬，却迫于"时
宜"，大谈《左氏》之合于图谶。②他迎合时宜、以言图纬的态度，
从他对章帝的条奏可以清楚看出：

> 臣以永平中上言《左氏》与图谶合者，先帝不遗刍荛，省
> 纳臣言，写其传诂，藏之秘书……又五经家皆无以证图谶明
> 刘氏为尧后者，而《左氏》独有明文。五经家皆言颛顼代黄
> 帝，而尧不得为火德。《左氏》以为少昊代黄帝，即图谶所谓
> 帝宣也。如令尧不得为火，则汉不得为赤。其所发明，补益实
> 多。（《后汉书·贾逵传》）

贾逵说的"五经家"是指讲章句的今文学家。明帝重视贾逵的
《左氏解诂》，很明显是因为贾逵"言《左氏》与图谶合者"。《后汉
书·方术传序》说："光武尤信谶言，士之赴趣时宜者，皆骋驰穿
凿，争谈之也。"又说："郑兴、贾逵以附同称显。"

明帝令贾逵与班固重新图画经史，其目的很可能即在张扬图谶
于刘氏有"补益"之处。贾、班二人问对于明帝左右，可以想见除

---

① 钱穆，《两汉经学今古文平议》（台北：三民书局，1971），页210—214。
② 同上书，页222—223。

了遵从帝旨，配合上意，不可能有其他选择。举例来说，为配合汉家火德之说，图写古帝王，就必然要加上少昊氏。我们在《汉书·古今人表》，看到班固将少昊金天氏列为上上等的圣人。[①] 而据张彦远《历代名画记》所说，曹植上承明帝时贾、班之图，为魏国邺都宫室壁画作画赞中即有《少昊赞》，明白说少昊"祖自轩辕，青阳之裔。金德承土，仪凤帝世"。[②]

贾、班受明帝之令作图，势必要不同于旧图谱，其不同的关键应即在牵合古文，尊尚谶纬。他们强调的不外汉膺天命，受命之圣人具有异相，等等。班彪《王命论》即力言汉高祖膺天命，故而"体貌多奇异"，"神武有征应"（《汉书·叙传上》）。班固治古学，然承父彪之业，难以立异。他对其余古圣形貌的主张，亦可由此推知。贾、班之图未见传世，难言究竟，不过《孝经内事星宿讲堂七十二弟子图》如陈盘所说是谶纬家的作品；这一类作品应和贾、班之图所强调的相近，而与《孔子徒人图法》异趣。

贾、班之图，据张彦远《历代名画记》卷三所记，有"五十卷，第一起庖牺，五十杂画赞"。武梁祠石刻有一连串的古圣王图，每图有赞，其第一图即伏戏仓精。伏戏也就是庖牺。其第二图以下，依次是祝诵（即祝融）、神农、黄帝、帝颛顼、帝佶高辛、帝尧、帝舜、夏禹、夏桀。这里的古帝王系统，以颛顼继黄帝，没有少昊，正如前文引贾逵所指，是今文学家的说法。今文学家多言图

---

① 邢义田，《秦汉皇帝与"圣人"》，《天下一家：皇帝、官僚与社会》，页71—72。
② 张彦远《历代名画记》卷三《述古之秘画珍图》谓："《汉明帝画宫图》五十卷。第一起庖牺，五十杂画赞。汉明帝雅好画图，别立画官，诏博洽之士班固、贾逵辈，取诸经史事，命上方画工图画，谓之画赞。至陈思王曹植为赞传。"

纬，而武梁祠古帝王的形象和图纬的描述到底有没有关系呢？①

　　我们不妨先来看看纬书中如何形容这些古帝王。祝平一曾将相关资料详细列表，②以下仅略举较具特色的部分：伏羲"龙身牛首，渠肩，达掖，山准，日角，岁目珠衡，骏毫翁鬣，龙唇龟齿，长九尺有一寸"（《春秋纬合诚图》）。神农"长八尺有七寸，宏身而牛头，龙颜而大唇，怀成钤，戴玉理"（《孝经援神契》）。黄帝"身逾九尺，附函挺柔，修髯花厦，河目龙颡，日角龙颜"（《孝经援神契》）。颛顼"并干，上法月参，集威成纪，以理阴阳"（《春秋元命苞》）；"戴干，是谓崇仁"（《春秋演孔图》）；"戴干，是谓清明"（《白虎通·圣人》）。帝喾"骈齿，上法月参，康度成纪，取理阴阳"（《白虎通·圣人》）。帝尧"八尺七寸，丰下兑上，龙颜日角，八采三眸，鸟庭荷胜，琦表射出，握嘉履翼，窍息洞通。赤帝体为朱鸟，其表龙颜，多黑子，赤帝之精生于翼下"（《春秋纬合诚图》）。帝舜"龙颜，重瞳大口，手握褒"（《孝经援神契》）。夏禹"耳参漏，是谓大通"（《春秋演孔图》）；"禹虎鼻"（《孝经援神契》）。无论《演孔图》或《合诚图》，原本和《孝经内事星宿讲堂七十二弟子图》一样，应都有图。如果这些图流传下来，我们就能较清楚知道上述人物描写的确实意义。纬书中对古帝王形象的描写有很多早有渊源。例如《淮南子·修务》即已记述尧眉八彩，舜二瞳子，禹耳参漏，文王四乳等，而这些又至少可追溯到战国楚简

----

① 张彦远《历代名画记》卷三《述古之秘画珍图》提到汉末"鸿都门图孔圣七十子""鲁庙孔子弟子图"，惜皆无可考。

② 祝平一，《汉代的相人术》（台北：台湾学生书局，1990），"圣人不相表"，页207—213。

《子羔》篇和《荀子·非相》篇等。《子羔》残简已有"仁而划于背而生，生而能言，是禹也"的说法。[①]《荀子·非相》篇则提到圣人体貌异于常人而为《春秋繁露》所继承。[②] 因此汉代图谱将古帝王刻画成奇形异状，本来就有长远传说的根据。

如果比较以上纬书中对古帝王的描写和武梁祠石刻，石刻中的古帝王可以说完全没有牛头、并干、骈齿、大唇、二瞳子、三眸、耳参漏、大口、体为朱鸟或虎鼻等特征。武梁祠古帝王像中除了伏羲与女娲人首蛇身，其他都是正常的人形。伏羲和女娲被想象成人首蛇身，起源很早，且应在西汉中期图纬之学兴起以前。[③]

武梁祠伏羲图赞称伏羲为"仓精"是唯一可能与纬书有关的地方。《御览》卷七十八引《易通卦验》云"宓戏方牙苍精"；《礼

---

① 　马承源主编，《上海博物馆藏战国楚竹书·二》（上海：上海古籍出版社，2002），《子羔》篇简 10，页 193。

② 　《荀子·非相》："仲尼之状，面如蒙供；周公之状，身如断菑；皋陶之状，色如削瓜；闳夭之状，面无见肤；傅说之状，身如植鳍；伊尹之状，面无须麋；禹跳，汤偏；尧、舜参牟子。"（梁启雄《简释》本）《春秋繁露》卷七《三代改制质文》第二十三："舜形体大上而员首，而明有二童子……禹生发于背，形体长，长足胕，疾行，先左随以右……汤体长专小（卢云：专读曰团），足左扁而右便……文王形体博长，有四乳而大足……"（苏舆《义证》本）

③ 　闻一多，《伏羲考》，《神话与诗》（北京：古籍出版社，1956），页 13—14；吕思勉，《吕思勉读史札记》（上海：上海古籍出版社，1982），"伏羲考"条，页 30—32，"女娲与共工"条，页 56—64。另据马王堆一号墓帛画，人首蛇身的女娲已可追溯到西汉初，参湖南省博物馆、中国科学院考古研究所编《长沙马王堆一号汉墓》（北京：文物出版社，1973），上集，页 41；曾布川宽认为一号和三号墓帛画上的人首蛇身像都是女娲，见其著《昆仑山への升仙——古代中国人が描いた死后の世界》（東京：中央公論社，1981），頁 101—104；林巳奈夫也指出洛阳卜千秋西汉壁画墓上也有了人首蛇身的伏羲、女娲像。参所著《洛阳卜千秋墓壁画に対する注释》，载《汉代の神神》（京都：临川书店，1989），頁 281—317。其说与孙作云及卜千秋墓发掘简报作者的看法基本相同。参洛阳博物馆，《洛阳西汉卜千秋壁画墓发掘简报》，《文物》6（1977），页 9；孙作云，《洛阳西汉卜千秋墓壁画考释》，《文物》6（1977），页 18。卜千秋墓属西汉末，马王堆墓属西汉初，如此，人首蛇身的伏羲、女娲早在西汉初已有实物可考。

记·月令》云"孟春之月，其帝大皞，其神句芒"，郑玄注："此苍精之君，木官之臣。自古以来，著德立功者也。大皞，宓戏氏；句芒，少皞氏之子曰重，为木官。"郑玄精于纬书，曾注《易纬》，其注《月令》以宓戏为苍精之君，似当本于《易通卦验》。若果如此，伏羲仓精似乎是纬书中的说法。不过纬书之说是否有更古老的渊源，犹待考证。这如同武氏祠石刻榜题谓"夏禹长于地理，脉泉知阴……"，似乎源出纬书《尚书刑德放》"禹长于地理，水泉九州……"（《御览》卷二〇八引）。又纬书好言符瑞，武氏祠有符瑞图，也似与纬书有关。事实上，禹知地理，画九州，本是极古老的传说；而符瑞也可上溯西周初，汉儒不论家派，几无人不讲，陈盘先生曾有详细讨论。[①]因此，武氏祠这些符瑞图可以说并不必然出乎纬书。

　　从武氏祠的几方残碑来看，武梁、武斑和武荣的治学尚可考见

---

① 　参陈盘，《秦汉间之所谓符应论略》，《古谶纬研讨及其书录解题》，页89。关于武氏祠为何出现符瑞图，巫鸿的解释是符瑞本应出现于圣王之世，武梁画祥瑞，乃讥时君，寓意讽谏，参 Wu Hung, *The Wu Liang Shrine:The Ideology of Early Chinese Pictorial Art*, pp.96-107。又佐原康夫以为此类祥瑞图不但见于武梁祠，也见于和林格尔壁画墓。此类祥瑞在东汉已不是帝王的专利，个人的孝行也能感天而降祥瑞。蔡邕"母卒，庐于冢侧，动静以礼。有菟驯扰其室傍，又木生连理"（《后汉书·蔡邕传》），即为其例。因此墓中或祠堂的瑞应图是在显示对至孝可以通天的信念。参佐原康夫，《汉代祠堂画像考》，《东方学报》第63册，1991，页40—43。我以为佐原氏的解释较可接受。祥瑞图尚见于其他汉墓（如河北望都壁画墓、江苏邳州缪宇墓），很难说它们都是用于讽谏。此外，佐原氏之说应稍做补正，即能致祥瑞的行为除孝行以外，至少还须加上治民的功德。武都太守李翕修崤嵚之道，德治精通，曾致黄龙、白鹿、木连理、嘉禾、甘露五瑞（参《隶释》卷四，《武都太守李翕西狭颂》《李翕黾池五瑞碑》）。文献中这样的例子也很多，地方官的善政足以致瑞去灾，如《后汉书》《循吏传》秦彭条、孟尝条，《郅恽传》注引谢沈书，《鲁恭传》《卓茂传》，《宋均传》，等等。又王明编《太平经合校》（北京：中华书局，1960）卷一〇八《瑞议训诀第一百七十四》谓："故人心端正清静，至诚感天，无有恶意，瑞应善物为其出。"（页512—513）这里的人是指一般人；换言之，祥瑞在汉末的观念中，似已非天子或做官者的专利。巫鸿与佐原两人都以为祥瑞图与纬书有关，这一点则还须更进一步的分析才好定案。

一二。他们和东汉末年其他碑刻所见的人物颇为类似，并不严守今文或古文的分际，也不一定专治儒家经典，而是兼学并包。《武梁碑》说梁："治韩《诗经》，阙帻传讲，兼通《河》《雒》，诸子传记，广学甄彻（微），穷综典□，靡不□览。"《武斑碑》说斑："掌司古□，领校秘隞，研□幽彻（微），追昔刘向、辩贾之徒，比□万矣。"所谓"《河》《雒》"，"幽彻（微）"都是指图纬内典；所谓"诸子传记"指儒经以外；"追昔刘向、辩贾之徒"指武斑曾校书中秘，经学上也同于刘向、贾逵一派。武荣则"治鲁《诗经》韦君章句，阙帻传讲，《孝经》《论语》《汉书》《史记》《左氏》《国语》，广学甄彻（微），靡不贯综"。汉碑里"靡不贯综""广学甄彻（微）"这一类话虽涉夸张，不过会通兼览，不分今古，确实是东汉末年治经的风气。武荣治今文鲁《诗》韦贤章句，也讲古文《左氏》《国语》，就是明证。这样看来，由武氏子孙所修的武氏祠堂，在画像上表现纷杂，不依一家一派之言，也就可以理解。

综合武氏祠和其他可考的汉代画像观之，凡刻画古帝王或孔子及孔门弟子，在形象上几乎一律不依图纬。换言之，刘向留下的图谱较早，影响可能也较大；班固和贾逵所作并没有能后来居上，取代旧谱。这不能不说是当时人有意的抉择，反映出东汉士人一般并不真正相信孔子或其弟子如纬书所说的那样形貌怪异。也就是说他们相信圣人和圣人弟子，至少在外貌上和常人无异。[1]汉代祠堂和

---

[1]　不强调容貌外形，应是自孔子以来儒门的正宗看法。请参拙著《论汉代的以貌举人——从"行义"旧注说起》，载《天下一家：皇帝、官僚与社会》，页377—395；又战国楚简《孔子见季桓子》提到"夫子曰：仁人之道，衣服必中，容貌不求异于人"云云也可参考。释文采陈剑所释，参陈剑，《〈上博（六）·孔子见季桓子〉重编新释》，载复旦大学出土文献与古文字研究中心编《出土文献与古文字研究》第2辑（上海：复旦大学出版社，2008），页165。

墓葬艺术中充满各种形象奇怪的神禽异兽，画工石匠无疑有能力将常人外貌刻画成"非常人"，但绝不曾见容貌"非常"的孔子和其弟子。

其更深一层的意义则可以说是东汉士人相信圣人可学，圣人之所以成圣，不在异相天命，而在尊师积学。《急就篇》说："列侯封邑有土臣，积学所致非鬼神。""积学所致非鬼神"这句话同样适用于成圣一事。河北安平出土熹平五年壁画墓以这句话当作墓室砌砖排砖时用的编码，[①]反映了这一观念借《急就篇》如何深入人心。王充在《论衡》之《实知》《知实》两篇中大力抨击圣人先知和不学自知之说。他在《实知》篇一开始说：

> 儒者论圣人，以为前知千岁，后知万世，有独见之明，独听之聪，事来则名，不学自知，不问自晓，故称圣，（圣）则神矣。

接着王充举了三个谶书里孔子预知始皇"上我之堂，踞我之床，颠倒我衣裳，至沙丘而亡"，"董仲舒乱我书"，"亡秦者，胡也"的例子，他抨击道："此皆虚也。案神怪之言，皆在谶记，所表皆效图、书。"他明确指出"神怪之言"，皆在谶记、图、书。这里的"书"即纬书。在《知实》篇，他举出十五个例子，力证圣人不能先知，必学而后能。他的结论是："所谓圣者，须学以圣。"（《实知》）这是儒家自孔、孟、荀以来的正宗态度，也是汉儒大多数所

坚持的态度。

图纬之学在东汉帝室鼓吹和利禄的引诱下，虽然兴盛一时，但其荒诞不可信，学者内心并非不知。或许因为如此，强调圣人异相、圣人天生的纬书图谱，虽因迎合时势而产生，大概除了用于帝王宫室，却不能得到一般士人内心真正的认同。当接近人生的终点时刻，他们不需要再去敷衍官方的神话。[①] 像武氏祠的主人们在祠堂中画孔子见老子，想要表达的毋宁是心中真正对孔子和老子的想法和期望。他们相信孔子是圣人，老子是更为超越的神人；圣人本与常人无异，可师可学，可是更希望如孔子之师老子，由学圣而学仙，超脱于生死之外。

士人基于内心的认同而不顾官方神话，这一超乎现实政治利害的独立精神，和我以前研究汉世一般墓室壁画得到的结论颇为一致。我曾在《汉代壁画的发展和壁画墓》一文中指出：

[①]　东汉谶纬之学流行，但汉末碑铭用谶纬之言的极少，从此可知汉人对图纬的真实态度。王昶在《金石萃编》卷九"韩碑跋"中说："汉时碑刻多用谶纬成文。"这仅是一种印象，并不正确。如果我们统计皮锡瑞《汉碑引纬考》和《汉碑引经文》即知引纬之数远在引经之下，而引纬多集中在少数有特殊用意的几方碑中。据《引经考》，汉碑引经次数如下：《易》144，《书》241，《诗》502，《周礼》14，《仪礼》7，《礼记》95，《左传》78，《公羊》24，《穀梁》6，《论语》205，《孝经》8，《孟子》50，《尔雅》21，共1395条。其中不少经文为不同碑多次引用，亦仅计一条。据《引纬考》，汉碑引纬共计83条，其中有一半以上，即45条集中在与孔庙有关的七方碑（34条）和两方尧庙碑（11条）中。孔庙碑为强调孔子为汉制作，大量引纬；尧庙碑乃宣扬汉家尧后，政治用意都很明显，不同于一般墓碑。另有27条出自武氏祠的祥瑞图及画像题记。除此以外，汉碑引纬的可以说极少，和引经之多不成比例。详见王昶，《金石萃编》（台北：艺文印书馆影印清嘉庆十年王氏经训堂刊本，1967），卷九，页四十上至四十下；皮锡瑞，《汉碑引经考》附《汉碑引纬考》，清光绪中善化皮氏刊《师伏堂丛书》本。又可注意，据陈侃理研究，谶纬之学因少新意对东汉儒学的影响实际上相当有限，汉末虽有郑玄用纬注经，其实已经没落，请参陈侃理，《儒学、数术与政治：灾异的政治文化史》（北京：北京大学出版社，2015），页170—174。

　　地方壁画可考的，如豫州刺史嘉美陈寔之子孝行，"表上尚书，图像百城，以厉风俗"。益州刺史张乔因从事杨竦平夷乱有功，不及论功而卒，张乔"深痛惜之，乃刻石勒铭，图画其像"。从张乔以及前引各条资料可知，图画忠孝节烈之士，通常由县令、郡守、刺史为之，或上奏尚书，由天子明令褒扬。不过，汉末也有地方人士私自为之的。例如，南阳延笃遭党事禁锢，卒于家，"乡里图其形于屈原之庙"。又皇甫规妻立骂董卓，死于车下，"后人图画，号曰礼宗"。蔡邕死狱中，兖州、陈留间，皆画像而颂焉。由此可见，图画人物以表扬典型不单靠官方的力量。官方的图画不出官室、宗庙、地方官衙和学校。图像人物能深入乡里，真正普遍开来，有赖以儒教为己任的地方儒士。

　　延笃、皇甫规妻与蔡邕三例不但说明这点，而且还有一个值得注意的共同点，亦即这三人都是现实政治下的牺牲者。延笃因党祸受禁锢，皇甫规妻迫于董卓淫威而死，蔡邕因与董卓关系而为王允所杀。三人皆执着于儒教规范，或忠或节，不苟同于现实权势。不苟同于现实权势者反受到褒扬，可见东汉士人品鉴人物、画像立赞，自有一个以儒家伦理为核心的标准，而超乎现实政治之外。[①]

要谈汉代士人的集体自觉或谈汉代于"治统"之外是否隐然独立存在一个后世常说的"道统"，我认为东汉末年大量的壁画和画像石、

---

① 参邢义田，《画为心声：画像石、画像砖与壁画》，页19—20。

砖是还待大大挖掘的材料。

最后必须一提，诚如前文所说，孔子见老子画像中的人物都以常人之姿出现。画像无意于刻画个别人物在容貌上具有个性的特征，主要反映他们在特定意义脉络下所扮演的角色、理念和道德典型。孔子、项橐和众弟子固无异相，被视为神仙的老子也没有被刻画成有羽翅、长耳、瘦削的神仙。这种情形其实也见于一般的汉代故事画像。

汉代人物故事画像背后的思维模式和《史记》《汉书》《列女传》《孝子传》等汉世人物传记显露的，基本上没有差别——一言以蔽之，彰显典型或突出样板以达教化的意义大于其他。为达教化，首重建立典型。画像人物即便有时有少许外形特征（例如孔子身形有时较为高大，老子手持曲杖……），仅仅是出于典型塑造的需要，而不在于刻画出人物真实的面貌或个性。因此汉代画像里的人物几无表情，与其说是有血有肉的人，不如说是戴着面具或代表一定典型的脸谱。由于图谱出自如刘向之类重视教化的士子儒生，画像也就反映了和传记文献一致重典型、轻个性的思维和表述倾向。

5. 墓主身份与"邹鲁守经学"

从汉世丧葬的风俗来看，汉代墓葬画像在构图上受到图谱的影响，在内容上，则和作坊传统、墓主或其家人的意愿有密切关系。以有限的例证而言，孔子见老子题材的选择，似又与儒生或官僚身份的墓主最有关系。

　　两汉竭生送死之风盛行，相关论述已多，可以不赘。[①]这里想要强调的是汉人颇多预营坟冢，而丧葬方式除受流行风气影响，家人通常多尊重死者遗令行事。预营坟冢之风，上自天子，下及臣民。汉帝即位后修陵，自不待言；一般大臣自营茔地者，两汉皆有其例。西汉如霍光、张禹，东汉如冯衍、赵岐、孔耽，宦者则有侯览、赵忠。[②]天子和士大夫如此，社会豪富之民，必亦如之。《太平经·冤流灾求奇方诀第一百三十一》谓："愚人不肯力学真道善方，……争置死地，名为冢，修之治之以待死，预作死约及凶服，求死得死，有何可冤哉？"[③]所谓"待死""预作"可见经营冢墓于在世之时。凡这类自营冢墓的布置装饰，颇可在相当程度上反映墓主的意愿与思想。赵岐自为寿藏，"图季札、子产、晏婴、叔向四像居宾位，又自画其像居主位，皆为赞颂"（《后汉书·赵岐传》），又《水经注疏》卷三十四《江水二》谓赵岐冢乃"岐平生自所营也。冢图宾主之容，用存情好，叙其宿尚矣"，即明白说赵岐所图乃"用存情好，叙其宿尚"，表达自己的"情好"和"宿尚"。我这样强调，并无意否认墓主家人因其他动机而有所增饰或减损。过去拙文即曾指出："墓中壁画和雕刻的目的是多方面的，死者和家属亲人都借此得到不同需求的满足。"[④]

　　不过，画像装饰一旦格套化，画像所代表的意义与个人和家属意图的关系往往变得间接，甚至模糊，反映特定时空下，特定人群

---

① 　杨树达，《汉代婚丧礼俗考》（台北：华世出版社，1976），页124—132。
② 　同上书，页147—149。
③ 　王明，《太平经合校》（北京：中华书局，1960），卷九十，页341。
④ 　邢义田，《汉代壁画的发展和壁画墓》，《画为心声：画像石、画像砖与壁画》，页44。

的风尚和心态的意味反而较为浓厚。倘使如此，今日所见的汉墓画像是否能像赵岐那样确切反映墓主的想法，就要看个别情况，打上不同程度的折扣。

如今可考的七十余件孔子见老子画像，其墓或祠堂主人绝大部分不可考。即便极少数出于考古发掘，知道墓主的身份（例如和林格尔小板申壁画墓），也没有任何画像以外的线索可以推证画像主题和墓主意图的关系。若干近世出土、有发掘报告的，墓主也几不可考。更何况例如在嘉祥纸坊和宋山发现的，原是三国至魏晋时期墓利用汉代旧墓或祠堂的石材重砌。[①] 原墓主的身份已不可能知道，而新造墓者在乎的是石材，也非石上的画像内容。因此有同一墓画像内容重复、时代不一的情形。唯一的例外是嘉祥五老洼所发现的。[②] 这墓也是三国至魏晋时利用汉墓旧材修建墓室。它利用的画像石共十五方，其中有孔子见老子图的两块（第七、九石）和一块上刻楼阁、阁中坐一人、旁刻"故太守"的，在风格上完全一致。换言之，这墓的石材如果原出自汉代某太守的祠堂，其祠堂以孔子见老子图为饰，就多少可以推想祠主和画像的关系。[③]

---

① 嘉祥县文管所，《山东嘉祥纸坊画像石墓》，《文物》5（1986），页31—41；嘉祥县武氏祠文管所，《山东嘉祥宋山发现汉画像石》，《文物》9（1979），页1—6；济宁地区文物组、嘉祥县文管所，《山东嘉祥宋山1980年出土的汉画像石》，页60—70；据蒋英炬先生的研究，上述宋山两批材料彼此关联，他并据以复原了三座小祠堂，参蒋英炬，《汉代的小祠堂——嘉祥宋山汉画像石的建筑复原》，《考古》8（1983），页741—751。根据蒋先生的复原，孔子见老子图分别出现在二号及三号小祠堂。

② 朱锡禄，《嘉祥五老洼发现一批汉画像石》，页71—78。

③ 我必须承认将榜题刻在画面上不合汉代画像题刻习惯，也很可能是三国魏晋时人补刻的。但他们离汉世未远，其所以题刻"故太守"三字有一个可能是他们知道这类画像所呈现的应是那类人物的身份。可是如此解释又衍生了新的问题：既然利用前人石材为何要补刻榜题？又为何会出现"十一月"和"丁卯"等等不规范的刻字？仍不好解释。

　　如果将五老洼的汉墓和墓主明确可考的武氏祠、和林格尔壁画墓，以及有"二千石"等榜题可以推知墓主身份的孝堂山石祠合而观之，可以发现这类墓和祠主的共同身份是儒生或儒生兼官员。武氏祠有残碑，墓主身份明确。武梁、武斑、武荣皆治经学，前文已说过。其中武梁和武荣还是"阙帻传讲"的经师。他们之中除武梁为从事掾，州郡召请，辞疾不就以外，武斑曾为敦煌长史，武荣为执金吾丞。另一位武开明曾举孝廉，除郎谒者、大长秋丞、长乐大仆丞、吴郡府丞。武氏一门可说是汉末标准的儒生官僚家族。和林格尔壁画墓的墓主从壁画内容和榜题可以知道，他曾教授经书（中室北壁绘有横舍，一人坐方榻上，其左右及舍外有门徒，榜题"□□少授诸先时舍"，缺二字，原发掘报告补作"使君"，疑即墓主），曾为孝廉、郎、西河长史，历任行上郡属国都尉、繁阳令到使持节护乌桓校尉。[①]墓主读经仕宦的情形和武氏诸人十分类似。孝堂山石祠的墓主身份从墓地及祠堂规模、"二千石"榜题，以及出行车骑布局都可以推定为太守、县令长或僚属一类地方官吏。[②]我们虽然不能从以上少数墓和祠主做一般性的推论，不过儒生和官僚身份的墓和祠主选择孔子见老子图为画像题材，应该最为顺理成章。

　　其次，因孔子见老子画像发现的地区集中于山东，我们不能不注意汉代在思想和风俗上的区域性。汉人常说："百里不同风，千里不同俗。"（《汉书·王吉传》《风俗通义·序》。银雀山汉简

---

① 　内蒙古自治区博物馆文物工作队编，《和林格尔汉墓壁画》（北京：文物出版社，1978），页10—18。
② 　关于孝堂山石祠墓主身份，有不同意见。我以为蒋英炬先生所论最可从，参氏著《孝堂山石祠管见》，页214—218。

0823："……古者百里异名，千里异习。"）《史记·货殖列传》和
《汉书·地理志》记载各地风俗之不同就是大家都熟悉的例子。《汉
书·地理志》记政区划分，以郡国为单位，言风俗则舍郡国，而以
秦、魏、周、韩、赵、燕、齐、鲁、宋、卫、楚等春秋战国以来的
旧国为单位，分法和《史记·货殖列传》相同。从此可见政治上的
变动或政区划分或可于一夕之间，而一地风俗文化的特色往往持续
极久，并不随政治的异动而同步变化。从春秋战国以来，儒学的大
本营即在齐鲁。秦汉一统，齐鲁仍为儒学的中心，齐鲁儒生对儒学
鼻祖孔子的尊崇和感情，相沿数百年，是其他地区所不能及的。这
应是孔子见老子画像独多于今山东地区的一个重要原因。

　　孔子鲁人，一生并不得志，鲁人特别敬重之。《史记·孔子世
家》有一段重要的记述，最能道出其人受尊崇，其学在鲁绵延不
绝的情形：

　　　　孔子葬鲁城北泗上，弟子皆服三年……。弟子及鲁人往
　　从冢而家者百有余室，因命日孔里。鲁世世相传以岁时奉祠
　　孔子冢，而诸儒亦讲礼乡饮大射于孔子冢。孔子冢大一顷。
　　故所居堂弟子内，后世因庙藏孔子衣冠琴车书，至于汉二百
　　余年不绝。高皇帝过鲁，以太牢祠焉。诸侯卿相至，常先谒
　　然后从政。

　　鲁世世奉祠孔子，至于汉二百余年不绝，以至刘邦过鲁，为拉
拢人心，亦须以太牢祠礼。《史记·儒林列传》和《史记·叔孙通
传》特别记述鲁地儒学之盛：

及至秦之季世，焚《诗》《书》，坑术士，六蓺从此缺焉。陈涉之王也，而鲁诸儒持孔氏之礼器往归陈王。……及高皇帝诛项籍，举兵围鲁，鲁中诸儒尚讲诵习礼乐，弦歌之音不绝。（《史记·儒林列传》）

鲁地儒生除了往归陈涉，如叔孙通之流也持其术，先求售于项梁、怀王，再降于汉王。他降汉时，跟从的儒生弟子有百余人之多（《史记·叔孙通传》）。可见确如史迁所说，"天下并争于战国，儒术既绌焉，然齐鲁之闲，学者独不废也"（《史记·儒林列传》）。这也是为什么汉初弛挟书之禁，儒经复出，而《诗》《书》《礼》《易》《春秋》之传几全自齐鲁。

儒学在齐鲁为数百年的旧业，自汉中央设太学、地方立郡国学以后，始渐普及于各地。前文提到河南洛阳一座西汉晚期墓中曾出土一方铜镜，镜铭曰："……大哉，孔子志也；美哉，宣易负也；乐哉，居毋事也……"[1] 铜镜是批量生产的日用之物，镜铭中出现孔子，这意味着孔子的教诲和地位已相当普遍地深入人心。虽然如此，儒学在各地深入的程度和对各地社会风俗造成的影响，恐怕都还无法和齐鲁相比。

这一点可由司马迁所见，得到证明。他曾亲自到鲁地观风，"北涉汶、泗，讲业齐、鲁之都，观孔子之遗风，乡射邹、峄"（《史记·太史公自序》）。他见"仲尼庙堂车服礼器，诸生以时习礼其家"，感动到"祗回留之不能去"（《史记·孔子世家论》）。他

---

① 刁淑琴，《洛阳道北西汉墓出土一件博局纹铜镜》，页89。

在《货殖列传》里说："邹、鲁滨洙、泗，犹有周公遗风，俗好儒，备于礼，故其民龊龊。"成帝时，朱赣条风俗，其言鲁地之俗，本于史公而稍详，并谓："今去圣久远，周公遗化销微，孔氏庠序衰坏……丧祭之礼文备实寡，然其好学犹愈于它俗。"（《汉书·地理志下》）这里说的周公遗风、遗化，据《地理志》是因"周兴，以少昊之虚曲阜封周公子伯禽为鲁侯，以为周公主。其民有圣人之教化"。孔子学周公，周公之化由孔子继承而光大，造成鲁人好儒、好学、重丧祭礼仪的特殊风教。这是和其他地方不同，也是令来自关中的司马迁印象深刻之处。他在《游侠列传》提到与高祖同时的朱家，特别说："鲁人皆以儒教，而朱家用侠闻。"大约与司马迁同时或稍早的邹阳说："邹鲁守经学，齐楚多辩知，韩魏时有奇节。"（《汉书·邹阳传》）可见鲁地以儒教为特点，不是史迁一人的偏见。

儒学随着五经博士、太学和郡国学的设立以及无数经师的私人教授，渐渐成为遍及全国的显学。经师从此源出各地，不再限于齐鲁。不过，齐鲁为周、孔之教的旧地，仍是经学重镇。东汉鲁国孔僖世传《古文尚书》《毛诗》。其长子长彦，好章句学；次子季彦守其家业，门徒数百人。（《后汉书·儒林传上·孔僖》）北海郑玄、任城何休也都是一代大儒。齐鲁人对孔子的一份特殊感情，终两汉没有改变。东汉以降，地域观念更趋浓厚，重视表扬乡邦人物是十分普遍的风气。[①]《隋书·经籍志二》说："后汉光武始诏南阳，撰作风俗，故沛、三辅有耆旧节士之序，鲁、庐江有名德先贤之赞，

---

① 　参刘增贵，《汉魏士人同乡关系考论》，《大陆杂志》，84:1（1992），页 14—24；84:2（1992），页 81—96。

郡国之书，由是而作。"由此观之，齐鲁之士与孔子同乡，以孔子为荣，没有不标榜孔圣的道理。今天可考的孔子见老子画像，以出于嘉祥、泰安、滕州、临沂、泗水、汶上等鲁国旧地附近的最多，并非偶然的现象。

四 结论：仍然待解的谜

汉代画像石、砖和壁画不仅是汉代艺术的重要组成部分，也是了解汉代社会生活和文化思想的宝库。本文以孔子见老子画像为例，试图以有榜题的为准，找出此图的基本构图格套或模式。目前可考的孔子见老子画像以在山东发现的最多，其构图特色主要在于：

1. 孔子与老子相对拱身而立，中间立一面对孔子的小童。这三人是基本构成人物。孔、老二人身后的弟子可有可无，并非构成图像的必要因素。

2. 老子常持曲杖，小童常持一轮状玩具，孔子则或有鸟（雁或雉）在手，但这些也不是必然出现。

3. 孔子、老子在容貌、表情、衣冠或身材上通常没有明显的特征，甚至几乎相同，仅身材上孔子和老子有时比众弟子高大，或孔子较老子和众弟子高大，在视觉上突显出孔、老才是主角。子路和颜渊的衣冠、身材与姿态反而特色较显著。

4. 在整体构图上，以侧面的孔子、老子、小童以及人数不定的众弟子在同一底线上，水平一字排开为最常见。

以上这些构图特征见于西汉中晚期的汉墓壁画和东汉初的孝堂

山石祠，也见于建在百余年后的武氏祠。这意味着汉代画匠作画，通常墨守图谱成规，在构图上才出现了这样明显的延续性。在汉画中，孔子见老子、孔子见项橐的画像可以各自附加弟子而出现，也可以合在一起出现。以目前所见，各自出现的例子远不及合在一起出现的多。由于各自出现的只有两三例，而这两三例的断代都不清楚，我们还无法确定各自出现的画像是否必早于两个故事合在一起的。从风格上看，各自和合在一起的画像不无可能同时存在。换言之，东汉营建墓室的主人和工匠在两者之间，可有选择的余地。

和孔子相关的故事甚多，汉人独喜以孔子见老子一事入画，可能是因为这个故事在汉代人的认识中具有多面性。它可以随墓主或家人的理解，做不同或多重的解释。它可以象征学圣与尊师，也可以因汉人视老子如神仙，象征由学圣而成仙的追求。墓主追求的道，可以是儒家理想中的道，也可以是道家或神仙家的道。所谓"朝闻道，夕死可矣"，他们如同孔子之闻道于老子，不论其道为何，可依个人心之所安去解释，然后安心地走向人生的终点。

本文考证孔、老二人中间的小童应是项橐，他象征着生而知之。孔子以他和老子这一少一老为师，象征圣人无常师。在汉人的传说中，孔子虽为大圣，却也有不如这一老一少之处。对一生向往成圣的士子儒生而言，这幅画像中的大圣有不如人处，项橐乃生而知之者，如此学圣不成，非己之过，也就不那么感到遗憾了。可是另一方面，汉代士人又坚信圣人与常人无异，有为者亦若是。因此图纬内学所强调的圣人具天生异能异相之说，似乎不那么受欢迎；图纬书中描绘的异相圣人也就不曾出现在汉代的画像中。以目前可考的有孔子见老子画像的墓葬或祠堂而言，墓主身份皆属儒生或儒生兼官僚。汉代儒学大兴，流播各处，不过齐鲁毕竟是儒学的发源地。在地域观念深重的东汉，孔子见老子画像独多于今山东地区，应与孔子乃鲁人、弟子多齐鲁所产、儒学与齐鲁之地渊源较深这三点有关。

回到画像本身，还有以下几点需要一提。第一，不论墓室或祠堂，可供制作画像的墙、梁、柱，在空间上都是有限的。画像题材必然经过考虑和选择。巫鸿先生曾正确地指出，要了解选择画像背后的思想，须从墓室或祠堂所有画像的整体去观察。他研究武梁祠画像，发现画像是由石室顶的符瑞，山墙顶的神仙世界和四壁的人间故事，表现出汉人所认知的一个宇宙整体。各部分的画像并不是相互独立，而是彼此关联的。[①] 孔子见老子图虽有它本身的意义，不过也必须和墓室或祠堂其他的画像联系起来，才能更好地掌握它在整体画像中的作用。

举例来说，常和孔子见老子画像相伴出现的就是"周公辅成王"图。周公辅成王图有明确的格套，它也和孔子见老子图一样，是汉代画像中几乎唯一一个有关周公的题材。[②] 这个题材有时单独出现，有时与孔子图同见于一墓或一祠堂。它们共同反映了汉儒对

[①] Wu Hung, *The Wu Liang Shrine:The Ideology of Early Chinese Pictorial Art*, pp.69-70、218-230。土居淑子的《古代中国的画象石》（京都：同朋舍，1986）也认为祠堂或墓中画像虽各有象征意义，但彼此系关联不可分的整体，除了出行图，其余画像基本上是在表现墓主在死后世界的生活与期望，参见 51—61、191—196。

[②] 傅惜华《汉代画象全集》二编曾著录沂州（临沂）出土，今藏于日本东京帝室博物馆（现称日本东京国立博物馆）东洋馆的一石（图 214），上有"周公""成王""南（？）公""使者"和"门亭长"榜题以及一只似由人牵引的老虎。我曾亲见此石，榜题清晰，但画面构图与常见的周公辅成王图不同，述说的故事无可考，也不见有其他类似的画像。参本书《过眼录》第 1 节。

周、孔的尊崇。尤其重要的是周公辅成王画像，以个人所知，目前可考的绝大多数见于山东和徐州一带。[①] 如果将两图合而观之，更可以证明周、孔二人和齐鲁旧国的地域性关系。当然随着儒学成为仕宦的钥匙，儒生成为官员的主体，官方图谱的流传，相关画像也多多少少在其他地方有了踪影。[②] 蜀郡文翁石室可能很早就有了后人记述中的周公礼殿，但殿中原本是否有图画，图画是何模样？后人的相关传述有几分可信？如今都已难以评估。

第二，在画像整体的布局上，通常墓室顶部或山墙顶是以西王母或再加上东王公为代表的神仙世界，其下层或有象征占问生死或成仙的六博图、捞鼎图，[③] 或即刻画孔子见老子。孔子见老子意味学圣、学道与尊师，这代表着凡人，尤其是士子儒生在人世间活动和追求的极致，因此常被安排在表现人间活动画像的最上层。典型例证见于武氏祠。这种布局虽然不是一律，不过其象征意义十分值得注意。

如果从迄今可考的所有汉画像来看，不论石刻或壁画，画像中

---

① 徐州之例见武利华编，《徐州汉画像石》（北京：线装书局，2001）图20，有"周公""成王"榜题。陕北神木大保当汉墓也见一例，参康兰英、朱青生主编，《汉画总录·米脂绥德神木卷》，页165。

② 例如1975年陕北子洲县淮宁湾出土的墓门右立柱画像石上层即有颇典型的周公辅成王图，参《中国画像石全集》第5册，图191。但陕北迄今似仅见此一例。

③ 曹植《仙人篇》谓："仙人揽六着，对博太山隅。"见逯钦立辑校，《先秦汉魏晋南北朝诗》（北京：中华书局，1983），页434。汉画像中的博弈图，或作仙人博弈，或有神兽在旁，当与曹植诗中所显示的信仰有关。在汉人的信仰里，太山（泰山）主人生死，博于其旁，似意味以六博博生死。又个人相信捞鼎图和神仙信仰有关。在一些刻画较细致的画像中，鼎中有一龙探头而出（如武氏祠左石室图）。汉人传说黄帝曾铸九鼎，又曾乘龙升天，求鼎得龙，即寓求仙之意。《史记·封禅书》载齐人公孙卿言，即见鼎与求仙的关系。其详细参拙文，《汉画解读方法试探——以"捞鼎图"为例》，《画为心声：画像石、画像砖与壁画》，页398—439。一些不同的解释可参 A. Bulling, "Three Popular Motives in the Art of the Eastern Han Period: The Lifting of the Tripod.The Crossing of a Bridge.Divinities," *Archives of Asian Art*, vol. XX , 1966/1967, pp.26-34。

势力最庞大、流传最普遍的主题毫无疑问是象征生命原始、再生和不死的伏羲、女娲和西王母、东王公。①前引西汉海昏侯刘贺墓所出漆衣镜框背板题铭中有孔子和弟子的图像和文字，但西王母和东王公也双双出现在《衣镜赋》里。②总体来看，孔子受欢迎的程度远不如伏羲、女娲和西王母、东王公。孔子见老子对相信神仙、一心期望不死的汉人而言，除了学圣尊师，更重要的意义可能在孔子也要向神人老子求仙问道。老子由凡人而成仙，他掌握着凡人成仙的秘诀；通过他，则有希望进入上层西王母的不死世界或回到生命的源头——伏羲和女娲。齐人本以好神仙著名，孔子见老子画像具有多方面的象征意义，也寓意求仙，它大量出现在齐鲁之地应不难理解。一生服膺儒教又希冀成仙不死的墓主及同一阶层的士人，在人生的最后不免要再一次向孔子看齐，虚心面对甚至跪伏在神人老子的脚

---

① 相关研究极多，无法一一细举。这些神仙不但大量出现在画像中，也大量见于汉镜，应是汉代最具势力的信仰。参孙作云，《洛阳西汉卜千秋墓壁画考释》，页 17—22；《文物》编辑部，《关于西汉卜千秋墓壁画中一些问题》，《文物》11（1979），页 84—85；刘志远、余德章、刘文杰，《四川汉代画像砖与汉代社会》（北京：文物出版社，1983），页 131—142；吴曾德，《汉代画像石》（北京：文物出版社，1984），页 105—113；李淞，《论汉代艺术中的西王母图像》（长沙：湖南教育出版社，2000）；曾布川宽，《昆仑山への升仙》；森雅子，《西王母の原像》，《史学》56 卷 3 期（1986），页 61—93；林巳奈夫，《汉代の神神》第二、四、五、七章；小南一郎，《西王母と七夕伝承》（東京：平凡社，1991）；Suzanne E. Cahill, *Transcendence & Divine Passion: The Queen Mother of the West in Medieval China*（Stanford: Stanford University Press, 1993）。2000 年以前较详细的研究书目可参前引李淞书所附参考文献。此后有如 Elisabeth Benard and Beverly Moon eds., *Goddesses Who Rule*（NewYork:Oxford University Press, 2000）；Victor H. Mair, *Contact and Exchange in the Ancient World*（Honolulu: University of Hawaii Press, 2006）。中文著作参石红艳、牛天伟，《中国汉画文献目录》（南阳：南阳汉画馆，2005）。刘子亮、杨军、徐长青，《汉代东王公传说与图像新探——以西汉海昏侯刘贺墓出土"孔子衣镜"为线索》，《文物》11（2018），页 81—86。

② 衣镜赋释文详见前引王意乐等，《海昏侯刘贺墓出土孔子衣镜》，页 64。

下，一探人生终极的秘密，寻觅些许心理的慰藉。汉墓装饰在无数可选的孔子故事中，独钟孔子见老子故事的关键理由，或即在此。

第三，本文虽尝试疏解汉代孔子见老子图的多重意义，事实上仍有不少矛盾和未解之谜，有待进一步思考。较明显的例如：如果我们以为汉人所熟知的孔子见老子与项橐的故事，具有孔子不如老子或项橐，而对孔子加以嘲笑的意味，这样的图像反而绝大多数出现在以孔子为荣的齐鲁，不是很奇怪吗？又如果我们以为老子在汉末被当作神仙或超乎神仙的人物看待，为什么在画像上的老子形象和孔子相类，都戴进贤冠，衣儒生之服，而不像汉人想象中身形瘦削，长耳又四肢带羽的仙人或羽人？如果东汉画像依据的图谱源自刘向，而已列老子于《列仙传》者又可能是刘向，难道《列仙传》中的老子在形貌上和常人无异？随着两汉老子形象日趋神仙化，为何其外形不见随之变化？从和林格尔墓壁画的整体内容看，孔子见老子的部分是和其他孝子、孝女故事图置于同一壁面空间，仅以淡淡不完整的横线隔开。这部分壁画的目的怎能说成是在歌颂老子或取笑孔子，而不是总体表现对儒家道德典范人物的服膺？类似的布局也见于《汉代画象全集》二编图 219 的山东临沂画像（图 21.1—21.2）。画中左上端有清晰的老子、孔子及榜题和居中矮小的项橐，其右有双人对坐饮酒以及最少四位手持鸠杖的老者在观赏他们前方的百戏。百戏场面的左前方则有一辆朝右驶来的马车和从骑。最前方则见一人持刀搏虎。[①] 在这样的布局中，老子、

① 颇疑持刀搏虎是当时百戏中表演“东海黄公”的故事，因为其旁正有乐舞表演，持刀搏虎是表演的一部分。东海黄公故事和百戏的关系详参邢义田，《东汉的方士与求仙风气——肥致碑读记》，《天下一家：皇帝、官僚与社会》，页 571。

图 21.1　山东临沂画像

图 21.2　前图局部

孔子和项橐都好像是居于边缘的布景或道具，画面述说的重点明显不在于歌颂老子或取笑孔子。对以上这些问题，这篇小文其实都无法完满回答。

　　或许如前文所说，某一画像单元一旦和其他画像单元连接，即可能融入或合而成为一个更大的画像结构，分润或衍生出新的意涵。另一个可能是某种画像母题一旦被反复制作，变成了一种程式或格套，原本的寓意就趋于淡化或表面化。石工画匠无非是迎合时尚流行或共同认可的格套，将若干常见或受欢迎的套装画面拼凑在一起，工匠和委造者双方都不再那么在乎其原有的寓意，装饰意味反而变得较为浓重。

　　另一种可能是某些人物的造型或构图布局一旦固定即不易改变。这有点像后世戏曲中的关公以红脸、曹操以白脸为造型，固定下来百年不能变；一变，演员和观众反都不能接受。以孔子、老子和项橐的造型来说，在迄今可考的例子中用以辨别身份的不是他们的面孔或身体的外观特征，而是（1）榜题、（2）三人的相对位置或布局结构以及（3）是否持直或曲杖，是否有雉或雁鸟在手，是否手牵鸠车或玩具车。这些在西汉中晚期形成后，可能就像红脸关公和白脸曹操那般难以改变。

　　此外，或者也可以说孔子、老子和项橐的形象在汉人心目中相当复杂，他们三人可以是两两组合，也可以三人在同一个叙事脉络，彼此之间的关系和意义不必然相同，老子的形象也不存在简单的线性发展——由人而神仙，叙事主轴——问礼、问道、求仙、尊师或嘲讽在不同人的心目中并不是非此即彼，而是共存而分量不一。再者，汉代孔子见老子画像固然因为图谱和传统而有相似的布局特征，当事的墓主、家人和作坊固然分享一些共同的习俗和信念，实则我们不可忘记，每一座墓葬或祠堂也是个别和独立的存在，不免会因墓主、家人和作坊间复杂的关系和互动，导致画像表现有了或多或少的差异，其间出现不谐，甚至矛盾，并不是那么不可想象或不可解释。

以上仅就孔子见老子画像的存在和矛盾做了较为表层的疏理。深一层看，墓葬艺术在根本上是反映了某个时代人们为解答生命谜语而做的种种试探。这个谜语包括今生的意义、死后的状态以及身前死后的关系，至今没有人能完整解答，也没有任何答案获得古今中外一致的同意。汉世墓葬艺术所能反映的答案，应该曾在相当长的时期内解答了什么，获得地方官吏和儒生士人阶层相当程度的认可。不论象征今生成就的周公或孔子，或象征生而知之的项橐，或今生之人可如老子化为不死的神仙，都颇曾安慰了那个时代这一阶层的生人和死者。不过这些答案必然仍有不够完美和解释未尽的部分。因为完美的最后答案并不在凡人的手里。情、智有限的凡人，面对生死之谜，除了世世代代苦苦追寻，别无他法。

当某个时代对生死问题的想象或获得多数人认可的答案，受到其他新思想或新想象的刺激和挑战，渐渐不能令人满意时，反映想象或答案的相关图像就会自墓葬中渐渐消失，并被其他浮现的新答案和象征所取代。魏晋南北朝以后，儒家思想遭到空前的质疑和冲击，佛教和老庄思想转盛，孔子见老子、项橐画像随之变形转化 [如南朝墓的 "竹林七贤与荣启期" 砖画、唐墓所出 "孔子与荣启期（奇）答问" 铜镜]，或者根本就从墓葬艺术母题中失去了踪影。①

再换一个角度看，以上所谓未解的矛盾也可能根本不是矛盾。因为不论古今，人们其实一般并不完全依据理性而行事，常常感情用事，生活在矛盾里而不自觉，也无不安之感。尤其是在面对生死的问题上，既有理性面，也无疑有信仰和情感面。生死答案背后的因素极为复杂，不是人人能梳理清楚，也不是人人在意于全然了悟。今人看见的矛盾，在古人的认识里可能是矛盾，也可能根本不是矛盾，或者古人自有可以接受或心安而为今人不知的另外一番解释。反而是今天的历史学者多强调客观、理性和逻辑，有意或无意地避谈主观的情感和难以捉摸的人性，见到于"理"不合的矛盾，心不自安，力图对"不合理"做"合理的"解释。如此常常落得合了自己的"理"，而与古人的心思或情感无关。比方说，今人难以理解老子《道德经》明明斥责"礼"乃"忠信之薄而乱之首"，为什么汉人还会津津乐道并相信老聃知礼？更在一部部的典籍里大谈孔子向老子或老聃问礼的事？再例如，为什么孔、孟明明力倡治人者应以民意为本，却又不承认众庶百姓能自我管理而成为权力的主

---

① 例如洛阳博物馆编，《洛阳出土铜镜》（北京：文物出版社，1988），图 87、89；《陕西历史博物馆馆刊》9（2002），页 33 补白《孔子问答镜》。在此之前荣启期已出现在《淮南子》、《说苑·杂言》、《孔子家语·六本》、《列子》、《水经注》"汶水"条，以及南京西善桥南朝墓出土的竹林七贤模印砖上。可见孔子遇荣启期故事源自汉世而流行于南北朝。此外可注意《历代名画记》卷七提到晋世仍有王廙画孔子十弟子图，戴逵画孔子弟子图，南北朝有宋之陆探微画孔子像、十弟子像，他也画荣启期孔颜图，宗炳画孔子弟子像，梁之张僧繇将仲尼十哲和卢舍那佛像同绘于江陵天皇寺。梁武帝觉得奇怪，为何在释门内画孔圣，僧繇说："后当赖此耳。""及后周灭佛法，焚天下寺塔，独此殿有宣В像乃不令毁拆。"从以上记述可见孔子和弟子画像虽传之不绝，但或依存于佛寺，或有了新的组成人物——荣启期；孔子、老子和项橐的组合图画却不再见于南北朝至唐代的记载。

体，必待圣王的教化而后可？今人看来难解，古人却安之若素上千年，一直到唐、宋才有人试图解释。[①]汉代画像中所谓的矛盾或许也是如此。今人如何尽可能放下自己的眼镜，透过例如画像石、画像砖、壁画之类的视觉性材料和传世或出土的文字，设身处地，将心比心地去参透古人内心的所信所思所感，所谓"他人有心，予忖度之"（《诗经·小雅·巧言》)，仍然是一个艰难的课题。

后记： 此稿初成于 1990 年，因许多疑惑迟迟找不到令自己满意的答案，也就常年弃之箧笥。如今退休，时不我与，也终悟答案并不在自己的手上，不如公之于世，由世之高贤继续探索吧。

> 1990.6.3 上篇初稿，9.27 增补，10.27 三订，
>
> 12.3 四订，1991.1.19 五订，3.6 六订
>
> 1991.11.12 下篇初稿，12.24 二稿，1992.1.15 三稿
>
> 2016.11.4 上下篇合一，2017.11.30 再订

[①] 据楠山春树的研究，较早对这一矛盾提出看法的是北宋的张载，其后朱子也企图解释。张、朱之后，直至近世，发表意见的甚多。详参楠山春树，《禮記曾子問篇に見える老聃について》，载池田末利博士古稀紀念事業會實行委員編，《東洋學論集：池田末利博士古稀紀念》（廣島：池田末利博士古稀紀念事業會，1980)，頁 345—360。中译有李今山译《〈礼记·曾子问〉篇中的老聃——论老子传的形式》，载冈田武彦等著、辛冠洁等编，《日本学者论中国哲学史》（台北：骆驼出版社，1987）。余英时在其大作《朱熹的历史世界：宋代士大夫政治文化的研究》（台北：允晨出版公司，2003）頁 234—236 指出，唐代陆贽早已企图调和矛盾而为宋儒张载、程颐和朱九渊等所继承。我曾继而讨论他们所谓的调和其实并没有能够真正化解矛盾。参拙著《〈太平经〉里的九等人和凡民、奴婢的地位》，《天下一家：皇帝、官僚与社会》，頁 606—608。

下编

———

画像石过眼录

编前小语

　　历史论著一般并不会这样连人带事地叙述田野考察的经过。我这么做，主要是因为不能忘怀几十年中曾有那么多自各方面协助我的师长、朋友和学生。人数多到不易一一列名，只能借着叙述考察过程和刊布照片，留下他们的名和事，以表达我最诚挚的感谢。没有他们，不可能有这本书。令我伤感的是岁月催人，不少师友如刘敦愿、万树瀛、宋守亭、朱锡禄已归道山，思忆起他们的热情和音容笑貌，一幕幕犹如昨日。

　　在史语所读画的几十年中，林明信、丁瑞茂和陈秀慧曾先后协助我整理史语所藏的汉画拓本，慷慨分享他们田野考察的成果和研究的心得，提供我疏忽的材料。研究路途上相当寂寞，有他们相伴，变得无比幸福。

　　另一方面，依一般学术著作惯例，本不须附那么多本应省略的资料照片。本编刻意多附，是希望读者能见到不同的拓片版本，能用拓片和原石照片对比或看清一般图录书中缺乏的细节，也希望有心的读者留意那些不易见或根本不见于他处的资料，今后能循线继续深入追索。

　　第1—27节读画过眼录写于多年以前，虽时有增补，仍多遗漏。这些年来各地所出孔子见老子画像石刻和壁画颇为不少。其中以2014年王培永所编《孔子汉画像集》收录各地文博单位及民间私藏的孔子见老子画像石七十余种为最新，规模可谓最大。所录颇多我不曾见过，有些真伪难辨，有些是否宜视为孔子见老子画像还可斟酌。本书不打算一一述及。第28—30节写于2015至2016年间，仅仅记录1998、2010年若干亲自见到的，以及因好友之助而获得照片或拓本电子文件的孔子见老子画像石。

末了，我要特别谢谢维红在2016年10、11月陪我访学海德堡大学期间，耐心阅读本书全稿，并提出有益的修改意见。

1.

日本东京国立博物馆藏山东嘉祥孔子见老子
及周公辅成王等画像

　　1992 年 8 月 14 日上午参观上野公园内的东京国立博物馆东洋馆。 在二楼见到两排罗列的汉代画像石、砖。画像砖来自河南，画像石来自山东长清孝堂山、嘉祥、鱼台、晋阳山慈云寺天王殿、沂州等地。孝堂山者出自孝堂山下石祠，共三石，于明治四十一年（1908 年）由日人藏田信吉发掘并携返日本，原藏东京帝国大学工科大学，今归东京国立博物馆（图 1.1—1.2）。

图 1.1—1.2　孝堂山下石祠原石

图 1.3　东京国立博物馆东洋馆藏原石

图 1.4　杨依萍线描图

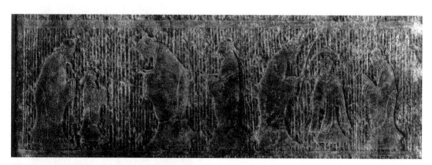

图 1.5　原石局部

图 1.6　作者线描图局部

有关孝堂山石祠最早的报道见关野贞《後漢の石廟及び畫像石》[①]。晋阳山者出自济宁西北三十里慈云寺天王殿内外壁，共六石，以纹饰为主，报道见关野贞同一文。[②]鱼台县画像有一石，以舞乐杂技为内容。[③]又沂州一石，为罗振玉所赠，内容为羊头与人物。[④]

最引起我注意的是出自嘉祥的孔子见老子画像。15日曾再到东洋馆仔细考察，并作笔记。回京都后，通过永田英正教授协助，向博物馆申请，得到此石全石及局部照片各一张（图1.3、1.5）。这是我关注汉代画像以来，亲自见到的第一种孔子见老子画像原石。完全没有想到竟然是在日本，心中不无感慨。文物流失海外，是祸是福，有时真不好说。

有关此石较早的著录应为大村西崖的《支那美术史·雕塑篇》（以下简称《大村》，1915，图257）及前引《關野》书（页101—102）。《大村》谓此石为内堀维文所藏。石高三尺一寸五分（约90.5厘米），宽二尺三寸二分（约70厘米）（页80—81）。《關野》将此石列为东京帝室博物馆藏画像石之第四石。据其著录，此石高三尺一寸四分（约90.3厘米），宽二尺三寸三分（约70.2厘米），微有不同。

此石缺左下一小角，画面仍保存相当完整良好。全石以竖线刻纹为底，不完全平整。雕刻技法是在不平整的石面上，以阴线凹

---

① 《國華》19编，1909，页195—199。
② 《國華》20编，1909，页107—108；又见關野贞，《支那山東省に於ける漢代墳墓の表飾》（以下简称《關野》），1917，頁76—78；傅惜华，《汉代画象全集》二编，1951，图35—39。
③ 《關野》，頁97。
④ 同上书，页104。

下刀法整平画面主体；边缘部分刻得稍深，并以平滑的弧度向中央转浅，使主体略略有些立体感。画面主体的细节另以阴线刻出。全石画面平均分为上下四层，每层以横线隔开，每层各有主题（图1.4）。

最上层以西王母为主题；西王母戴胜居中端坐，右侧有面向西王母、拱手跪姿人物二，人首兽身怪兽一；左侧有面向西王母、同样姿势人物二，鸟首背羽人身怪兽一。这些人物和怪兽手中都捧有植物类的东西，状似仙草。下一层为出行图，人物车马皆左向，前有徒步扛戟前导二人，单马轺车上有二人，马车后有从骑一人，从骑似受惊做前足跃起状（马做前足跃起状的构图又见《汉代画象全集》初编，图184、193）。

第三层画像左右有两个主题，右侧为周公辅成王，左侧为孔子见老子。周公辅成王图共由三个人物组成：成王身材较矮小，居中，戴山形王冠，面朝前拱手；右侧一人侧面朝成王，手中捧有简册；左侧一人朝向成王，手持华盖。孔子见老子图由四个人物组成：老子在左侧，侧面向右，戴进贤冠，有须，身微拱，拱手，有曲杖在手；老子之前有昂首披发拱手面朝右小童一人；孔子侧面向左，身躯微拱，较老子稍高大，戴进贤冠，拱手，手中有一鸟；孔子身后有弟子一人，身躯大小与老子相若，戴进贤冠，拱手，手中有简册。

最下一层为狩猎图。左侧有一人牵一猎犬向右，右侧有一人扛毕（捕兽器）左向，另一人持杖（或称殳），二人之前有两只往左奔驰的猎犬，中间有三只向左奔逃的兔子。

这一石非经科学发掘，缺少出土资料可以查考。《大村》说出土于济南府附近，《關野》说出于嘉祥县，确实地点已难查考。可是从石刻技法看，这石和《中国画像石全集》①第2册或《山东汉画像石选集》②所收嘉祥县嘉祥村所出一凹面线刻画像，或1983年于嘉祥纸坊镇敬老院出土一石③十分接近（图1.7—1.9）。嘉祥村一石分上下五层，上两层为西王母及怪兽，下两层为车马出行，最下一层为狩猎图。这一狩猎图和东京博物馆者在构图上几乎完全一致，稍不同处在嘉祥村一石只有右侧最边一人所持者似为弩而非杖（殳）。两石的时代应该十分接近。东京博物馆的说明标示时代为后汉，2至3世纪，应是不错的。又此图和《汉代画象全集》二编（1951）所收晋阳山慈云寺天王殿一石（图34），无论在内容（西王母、车马出行、狩猎）和刻法上都十分接近。

东京这一幅孔子见老子图较引人注意之处，是在将周公辅成王的画面和孔子见老子的画面左右并置于同一层。以我所知，这样处理的较少见。1983年嘉祥县纸坊镇敬老院出土两石，两石上分别有构图极为类似的孔子见老子、项橐以及周公、召公辅成王画像。更重要的是其上分别有"老子""孔子"和"周公""召公""成王"的榜题。④这不但明确无误地证实画像的内容，更可以从构图和技法上推证东京这一石应来自嘉祥。

1993.1.27；1996.5.16

---

① 济南：山东美术出版社，2000。
② 济南：齐鲁书社，1982。
③ 参《中国画像石全集》第2册，图125。
④ 参《中国画像石全集》第2册，图114、115。图1.8、1.9。

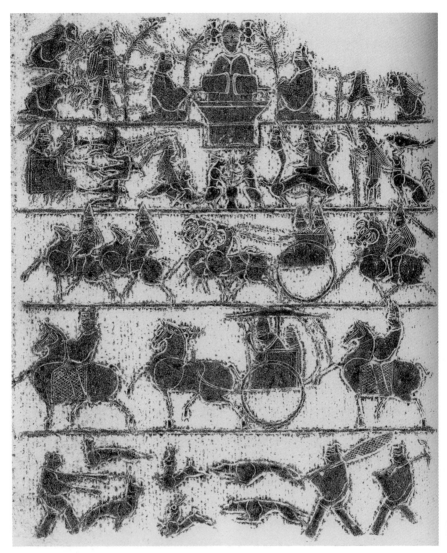

图 1.7　嘉祥纸坊镇敬老院出土画像石

图 1.8—1.9 前图局部

　　1992 年参观东洋馆时已注意到有周公辅成王以及另一方《汉
代画象全集》二编（图 214）曾收录过有周公榜题的画像石。可惜
当时拍照失败。2009 年 1 月 20 日有缘再访东洋馆，终于用较好的
相机拍下较清楚的照片。两方周公画像都有些特色，值得注意。其
中一方最上层是西王母图，其下一层即周公辅成王，最下层为车马
出行图（图 1.10—1.11）。周公辅成王图左侧有三位持笏朝右站立
的人物，右端成王较矮小，正面朝前，头戴所谓的山形冠，腰系
绶带，两手下垂，成王右侧一人站立，手持华盖，造型都属常见。
唯成王左侧一人头似戴武冠，以下跪的姿势手扶着成王。这实属
仅见。这石说明牌仅注明来自中国山东省，属后汉 1 至 2 世纪，
没有其他信息。

　　另一方画像石则注明由罗振玉氏寄赠，石出山东沂州。这一石
明显是山东东汉石室墓常见的门楣石，左端有一极大高浮雕的羊头
（图 1.12—1.13）。羊头下及右方有凹下阴线刻的人物。人物画面已
残泐严重，但"周公""成王""南（？）公""使者""门亭长"榜
题都算完整清晰。周公辅成王图在山东的汉画中有相当明确一致、
格套化的表现方法。成王身形较矮小，居中，正面朝前，头戴山形
冠；两旁各有侧面拱身的人物，其中一人或持华盖，遮在成王的头
顶上。但是出土于山东临沂附近的这件画像，图中一人正面朝前，
榜题"成王"；其左侧有一人戴冠，侧面朝向成王，榜题"周公"
（图 1.14）。这些布局都和常见的周公辅成王图相近。但是成王右侧
的一人，却一手后扬，一手牵一只虎纹斑斑的老虎，朝左面对着成
王，榜题不太好辨认，可能是"宗公""泉公"，汉隶"宗""泉"
二字字形上几不可分，傅惜华释为"南公"（图 1.15）。在周公的

图 1.10　东洋馆藏周公辅成王画像石

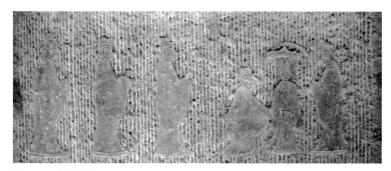

图 1.11　上图局部

图 1.12　东洋馆藏山东沂州画像石

图 1.13　《汉代画象全集》二编附图

图 1.14　周公 成王

图 1.15　"南（？）公"及榜题局部放大

图 1.16　使者　　　　　　　　　　　　图 1.17　门亭长

左侧还有跪着的一人，面朝左，伸手向前，榜题曰"使者"（图1.16）。再向左，有一人，石残，榜曰"门亭长"（图1.17）；其左又一人，无榜。这方画像石并不完整，左端似乎还有其他的刻画。以残存的部分来说，如果没有榜题，单从常见的格套，我们无法肯定画中周公和成王的身份。当初之所以加上榜题，可能就是因为它的布局和内容，和一般的周公辅成王图颇有所不同，是描述另一个和周公有关的故事。可惜画面中各部分人物相互之间是否有关或无关，难以确认。"宗公""泉公"于传世文献完全无可考。南公之释如果正确，可以推想的是周公、成王和牵虎的南（宗/泉）公似乎应属同一个主题单元，但主题为何，南（宗/泉）公为何人？又为何牵虎？因乏他例，也无法确定。《史记·项羽本纪》谓："居鄡人范增，年七十，素居家，好奇计，往说项梁曰：'陈胜败固当。夫秦灭六国，楚最无罪。自怀王入秦不反，楚人怜之至今，故楚南公曰"楚虽三户，亡秦必楚"也。'"《汉书·艺文志》"诸子略"阴阳家条著录有《南公》三十一篇，并谓乃"六国时"著作。这位六国时的南公是不是画像中的南公？和周公有何关系？惜无可考。这样和周公成王有关的画像，在布局上不同于一般格套的，还有一例见于徐州汉画像石艺术馆，将于《过眼录》第30节另述。

2017.3.11 增修

2.

日本天理参考馆藏山东汶上孙家村孔子见老子画像

    1992 年 8 月 9 日从京都赶往心仪已久的天理参考馆。先乘近铁到奈良，再转车到奈良县所辖的天理市。出站遇雨，雨中步行约两公里到天理参考馆。天理教主张诸教合一，曾广搜世界各地的宗教文物，有关中国的收藏十分丰富。不巧遇上参考馆因熏蒸杀虫闭馆，只得于 29 日再去一趟（图 2.1）。在参考馆二楼收藏中国文物陈列室外的走廊上，见到从汉代到隋唐时代墓室画像石、砖及造像碑十余件（图 2.2—2.3）。汉代的画像砖有河南所出以双马、鸟、树为内容的空心砖，千秋万岁方砖，五铢钱纹方砖。另一重要

图 2.1　天理参考馆大门外

图 2.2　天理参考馆二楼走廊

的收藏为山东滕县董家村所出，曾为清金石大家端方所有，《汉代画象全集》二编曾收录（图54），但题为"今不知所在"的荅子管仲画像。此石的重要性在有清晰的榜题"管仲""管仲妻""荅子母""荅子""大鸿胪（胪）"等。

　　在此最引起我注意的当然还是山东汶上孙家村所出的孔子见老子画像。此画像中腰横向断裂为二，傅惜华《汉代画象全集》二编曾收录上下拓本各一，注明拓本一长 57.5 厘米，宽 92.5 厘米，另一长 57 厘米，宽 92 厘米，并于八十八号石附说明云："此拓本与第八十七号，原为一石，今断二方。"据《全集》二编所收录，与此二石同出的，应还有图八十九的一方。据协助我取得这些画像照片的佐原康夫教授告知，这三方画像石都在日本。其中相连的两方藏在天理参考馆，另一方在东京某私人收藏家手中。目前这相连的两石上下相接置于一处展出。佐原请天理参考馆的小田木治太郎先生帮忙，为我取得参考馆此石全部及局部照片（图 2.3、2.5）。以下说说我观察原石所得的印象。

　　天理参考馆所藏两石呈黄褐色。石的四周和中腰断裂的边缘都略有残损，右下角有一稍大的残缺，唯画面主体大致完好。在雕刻技法上，此石和第 1 节所述东洋馆藏嘉祥一石相同，都属凹面线刻，并以阴线刻出细部；唯一不同在这石的底完全平整，底上没有竖线刻纹。这石的一个重要特点在画面布局。它不像一般山东画像石作横向平行的画面分隔，上两层在近中央处，将分隔的横线变化成阶梯状，一方面适合安排画面，另一方面也使得整个画面不至于因一律平均分隔而显得死板单调。

　　画像石的最上层，以阶梯为界分为两部分。右侧在较矮的阶梯上有三人，居中一人身形较魁梧，正面朝前，头戴不知名之冠，两眼圆睁，髭须四张，衣右衽，两脚着长靴及膝，两手持一弯曲物，部分似藏于身后，其状若蛇。左右各一人，面容与居中者相似而冠形不同；二人皆右手高举，左手低垂，做奔走状；右侧一人左手握一柄，柄上为何，因石残不可知，似为有柄武器；左侧一人腰配长剑，右手持一鸟。总之，这三人着短衣，持武器，身份似为力士或武士。

较高的阶梯上则由七人组成孔子见老子图。老子在最右侧，侧面向左，拱身，戴进贤冠，手持一曲杖。和老子同向的是一身形较小，昂首拱手的童子；和童子相对的是孔子。孔子身躯较老子略大，侧面向右，戴进贤冠，微微弓身，拱手，手中有一鸟。孔子身后有同方向侧面弟子四人。紧跟在孔子后、身材较矮小的是颜回，其余三人造形相同，一律捧牍在手，弓身拱手，戴进贤冠。

下一层占据的画面最大，也以阶梯横线分成两个主题画面。其上部为谒见图。图中主角是左侧面向右，身形较其他人都大，戴冠凭几跽坐的主人。他身后有三位站立而侍的侍者，其二人持牍，一人持长杖，杖端有一物，疑为节。面对主人的是两位持牍跪拜的人，他们之后还有同方向，在阶梯下站立，戴进贤冠，腰佩绶带，拱手持牍，等待进谒的人物四位。阶梯下则为升鼎图。在一拱桥上，两侧各有四人正合力拉绳索，绳索绕过立于桥中央的辘轳，系着从水中上升的鼎，鼎中有一龙头伸出，咬断了一边的绳索。桥下有二裸身游泳的人，仰头伸手正协助将鼎抬起。水中有两尾左向，五尾右向游水的鱼。最右侧有两位面朝左持牍的人物，似正在观看这捞鼎的一幕。由于布局的巧妙，龙头上方，两位跪拜的人物和受

图 2.3　天理参考馆藏原石正面

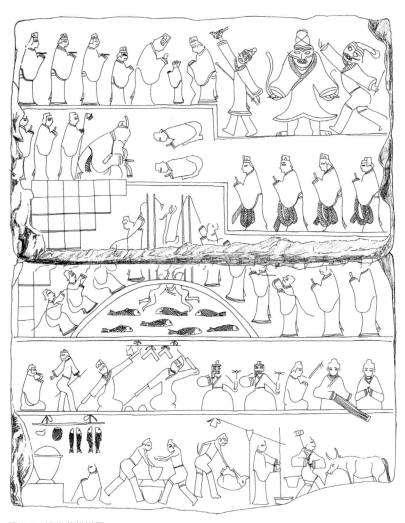

图 2.4　杨依萍线描图

图 2.5　前图原石侧面

拜的主人似乎也正在观看捞鼎。左侧有六乘四格形成的倒阶梯状方格，这一形式在山东许多升鼎图中都曾出现。例如孝堂山石祠，和有章和元年题记的南武阳功曹阙（分见《汉代画象全集》初编，图15、210）。但它代表的意义，尚难确定。有人以为这是表示岸边。

再下一层是横向一字排开的舞乐图。共有舞者和乐者九人，自左至右，或吹埙，或挥舞鼓槌，或击磬，或双手持短槌击地上两半圆形乐器，或吹排箫，另有持手鼓的两人，吹竽一人，鼓瑟一人，最右一人持何乐器不明，似为吹笛。

最下一层为庖厨图。共有人物六人。最左侧一人，正面对灶上的釜甑，手持一杖，观看火候；其上悬有倒挂的双鱼两组和其他不明的肉食，其右有两人相对正在糟床上沥酒，再右有一人持刀宰猪，再右一人正以桔槔入井打水，最右侧一人则举椎椎牛，其身后有一准备盛血的盆。

孔子见老子画像在整个画像石的左上角，虽在最上层，却似乎并不居于整个画面的主体。占据画面最多的反而是升鼎的场面，这是值得注意的地方。此外，孔子见老子部分，居中的小童并不像其他画像，手中没有持一玩具车，东京国立博物馆的一石也没有（《过眼录》第1节图1.3）。上层力士造型和《汉代画象全集》初编收录，嘉祥刘村洪福院所出一石极为类似（图2.6、2.7）。中间力士所握的弯曲物，在洪福院一石上是完整刻画在力士的身前，看来似乎像弓，实际是蛇。这可以从《南阳汉代画像砖》图185所录一砖上之力士一手握蛇头，一手握蛇尾的清楚刻画得到证明。洪福院一石的下层也有构图相近的升鼎图，不多述。山东画像石中常见庖厨图，参考馆这一石的庖厨场面十分典型。例如其中沥酒的场面即

图 2.6　嘉祥刘村洪福院画像石史语所藏拓本

图 2.7　杨依萍据史语所拓本作线描图

见于《汉代画象全集》初编，图 163、170、171；二编，图 6；《山东汉画像石选集》，图 88、135、144 等。

　　研究汉代画像石以来，第一次见到原石不是在画像石的原乡——中国，而是在异域日本的东京和天理。内心有一种兴奋，也有一缕莫名的伤感。这些先祖的杰作不是该留在中国吗？为何流落他乡？回首 20 世纪中原大地上的波波浩劫，又不免为这些流落，却逃过劫数的文化瑰宝感到庆幸。毕竟因此，于世纪之末，我们得以相见。

1993.1.28 初稿，1997.5.16 改稿，

2003.10.2 三稿，2016.7.31 补图增修

　　后记：感谢东京国立博物馆、天理参考馆提供照片，也感谢永田英正、佐原康夫和小田木治太郎先生的协助。以上两节原刊香港《九州学林》2 卷 2 期（2004），页 313—325。

3.

山东长清孝堂山石祠

　　1992 年 9 月 19 日上午，由山东省文物管理局张钢先生陪同，小赤驾驶文物局苏联造小轿车从济南西南奔长清。两地相距五十余公里，9 点半出发，11 点到。沿途乡村景色优美，多为平原和低矮

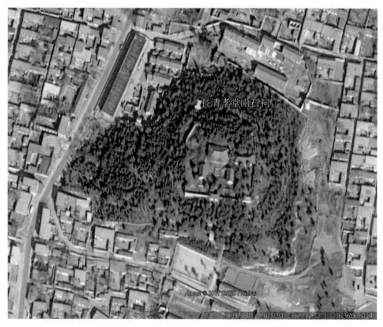

图 3.1　谷歌地球所见的孝堂山（北纬 36°23′55.72″ 东经 116°36′06.64″）

图 3.2　从丘下看孝堂山石祠院墙

的丘陵，公路平坦宽阔。孝堂山在长清南二十余公里孝里村的一小山丘上（图 3.1—3.2），山下孝里村的民屋多以石砌墙，与一般村屋用土和用砖的情形不同。此地从古至今出产丰富的石材，当是汉代画像石墓出现的重要条件。

孝堂山石祠，当地人称为郭巨庙，至今仍受乡民崇拜。我们参观时，就有孝里民妇携香烟一包，来拜"郭巨爷爷"。郭巨庙原规模甚大，目前只有石祠保留下来。1908 年 9 月，关野贞曾亲访"郭巨庙"。根据他的记述，孝堂山在山东肥城西南约七十里之孝里铺。全山为石灰岩所构成，郭巨庙在山顶。庙内石室有近世砖瓦筑成的套堂覆盖，套堂后有高十尺许（约 3 米），径东西廿九步、南北廿六步之小坟。套堂前七十尺八寸（约 21 米）处有石垣，其下廿七尺（约 8.2 米）处有露出地表隧道之盖石。距隧道西卅八尺四寸

图 3.3　与宋守亭先生合影　孝堂山石祠在此背后建筑内

（约 11.5 米），另有一稍小的隧道。关野在报道中附有孝堂山远望、孝堂山石室套堂照片，孝堂山石室坟墓及东西隧道平面图。[①] 时经八十余年，孝堂山周围景观及石祠本身已令人有沧海桑田之感。

　　关野所说的隧道，是受了赵明诚《金石录》中"隧道尚存"说法的影响。根据蒋英炬先生的调查，隧道实际上是湮没的石室墓。[②] 石祠本身不大不高，须弓身而入。石祠目前罩在另一建筑之下，受到保护。石祠外有院落，院落四周放置不少与郭巨庙有关的后代碑刻。负责管理石祠的宋守亭先生和其老伴住在院中的另一栋小屋里（图 3.3）。承宋先生好意，带我观看院落之外原郭巨庙的柱础遗痕。

① 《後漢の石廟及び畫像石》，《國華》19 编，1909，頁 189—195。
② 《孝堂山石祠管见》，《汉代画像石研究》（北京：文物出版社，1987），页 207—209。

其原有规模，今人唯能于想象中得之。关野所说的"隧道"或石室墓，也都在院外。那些仅存的痕迹被划在保护范围之外，可以想见，不久必将消失于天地之间。

宋先生热爱孝堂山石祠，管理石祠已数十年，平时并不开放石祠供人参观。据说他人有些固执，许多人因他拒绝，想看都看不成。为防看不成，张钢事先特别准备了一张文物局给宋的公文，如此我们不但顺利入内参观，并能够进入石祠内（祠门外立有"禁止入内""严禁拍照"木牌），仔细观看壁上的画像，夙愿因而得偿（图 3.4—3.10）。2010 年我率学生再访石祠，石祠门口已架起玻璃板，完全进不去了，大家只能看到石祠外观和玻璃壁柜里展示的拓片。这当然是为加强保护。然而如果拓片能说明一切问题，大

图 3.4　石祠正面

图 3.5　石祠西侧外墙有北齐武平元年（570 年）陇东王感孝颂

图 3.6　石祠斜西侧

图 3.7　石祠斜东侧

图 3.8　石祠东侧

家又何必千里迢迢走这一趟？已不在那儿的守亭先生不知赞成如此吗？如今回头看日记，那天中午请张钢、小赤和守亭夫妇在他们住处吃饭，小赤从村中买来四菜和三瓶啤酒，守亭老伴做酱油葱花鸡蛋汤，大家边聊边吃到下午 3 点多，十分开心。这对老夫妇的厚实，令我至今难以忘怀。

孝堂山石祠石材呈黄褐色，画像雕刻技法属平面阴线刻，石面平整，画像是以极浅的细阴线刻出，辨识和摹拓都很不容易（图3.10、3.11）。除了原有的画像，因石祠受到注意极早，后世胡乱的刻画不少，十分可惜。自宋代赵明诚以来，历经著录，近代有关研究也不少。以孔子见老子画像来说，这一部分过去的人较为忽略。1961 年，罗哲文先生发表《孝堂山郭氏墓石祠》[1]，记述祠中画像，即没有提到孔子见老子的部分。1984 年，李发林先生发表《孝堂山石室画像旧拓校勘和墓主问题》[2]，才提到石祠北壁有孔子见老子画像的存在，文中除了记述画像内容，并附拓片复印件。1987 年文物出版社出版的《汉代画像石研究》收有蒋英炬先生《孝堂山石祠管见》一文，也记述了这一画像，不过没有附拓片。另外，信立祥先生在其大作《汉画像石的分区与分期研究》[3]一文中，曾附孔子见老子画像的局部线描图。李发林文所附拓片，限于印刷条件，清晰程度不理想；信立祥线描图并不全面。经我仔细比对，有些地方还可略做增补修改。2017 年文物出版社出版了蒋英炬、吴文祺、信立祥、杨爱国四人合编的《孝堂山石祠》，才有了十分清晰的图

---

① 《文物》4、5（1961）。
② 《考古学集刊》第 4 期。
③ 《考古类型学的理论与实践》（北京：文物出版社，1989）。

图 3.9　石祠东侧

图 3.10　原石画像局部

版和线描图。

先说孔子见老子画像在石祠中的位置。这一点李发林先生记录得很清楚，是在石祠北壁，也就是面对祠门的内墙上（图 3.10）。北壁内墙长一说 3.80 米（蒋英炬），一说 3.805 米（罗哲文）；北壁上部中央有三角石梁分隔，下部相连，其上满是画像和纹饰。这些画像和纹饰自上而下的排列顺序是：

（1）双层车马，"大王车"榜题在这一层的最左端（图 3.11—3.12）

（2）斜线花纹

（3）五铢钱纹饰

图 3.11　北壁局部 下层为车马出行 其上为孔子见项橐、老子

（4）长尾凤鸟花纹

（5）两层建筑，左中右各一栋

（6）孔子见老子及弟子图

（7）车马出行图

从整个画面看，孔子见老子画像是在北壁的下部，仅高于最低的车马出行画面，但贯穿北壁的东西两段墙。李发林先生曾详记孔子见老子画像的内容，我先引用他的记述，再做些补充：

> 北壁东段……孔子和老子位置稍偏左，孔子颈项背后，有"孔子"两个隶书刻字，字体与"大王车""胡王""成王"相同，当系原刻。孔子面向右，老子面向左，均穿着宽大的衣服，头戴进贤冠，手扶杖。孔子的杖是直的，老子的杖下部是ξ形。孔子身后有学生六人（还有二十五人在北壁西段，东、西两段是一个整体），他们均手捧简牍，面向右立。老子身后则有十四名学生，也手捧简牍，面向左立，孔子和老子之间，尚有一个儿童，面对孔子，伸开双手，应是项橐……北壁西段……所刻是孔子学生，亦均手捧简牍共二十五人，其中一人身材矮小。均面向孔子站立。[1]

可以补充的是孔子手中有一鸟，鸟头露出，十分清楚。蒋英炬文提到孔子"手行贽礼"，指的就是手中或为雁或雉的鸟。孔子身后共有三十一名弟子，李文说东段有六人，西段有二十五人，是正

---

[1] 《孝堂山石室画像旧拓校勘和墓主问题》，页 314。

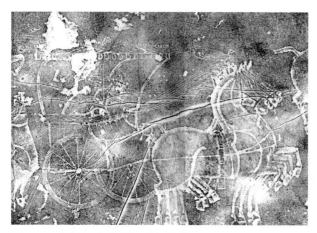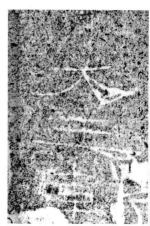

图 3.12—3.13　宋守亭赠大王车拓片局部

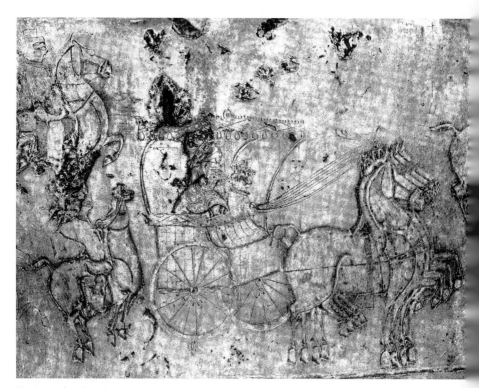

图 3.14　大王车照片

确的；蒋英炬文记为三十人，少算了一人[①]。另外，可补正信立祥线描图的是弟子手中皆捧有简册，十分清楚，线描图未将简册完全摹出。其次，线描图看起来像是将直杖绘置于小童的手中，实应握于孔子手中才正确。此外，值得注意的是，此图孔子和老子的身形比所有的弟子都稍大，而孔子又较老子稍高大。在其他的汉画中并不一定如此。

孝堂山孔子见老子画像的特殊价值在于：

第一，孔子身后有明确"孔子"二字榜题，证明这样构图的画像就是孔子见老子图。

第二，孝堂山石祠完整，我们可以知道孔子见老子画像在石祠中所居的地位，也可以知道它和其他画像的相对关系，这对探讨汉画像中孔子见老子这一主题可能有的意义十分重要。

第三，孝堂山石祠因有顺帝永建四年（公元129年）题记，可知其建成年代应在东汉初到顺帝初。这为研究汉画像，尤其是孔子见老子图的出现，提供了一个重要的参考定点。东京和天理两石在这方面的价值不及孝堂山画像。

第四，孝堂山石祠较早，在画像中孔子手持直杖，后来的这类画像中，孔子多不持杖，只有嘉祥五老洼和纸坊等地发现的画像有同样的现象。纸坊有一石，孔子甚至和老子一样持曲杖。[②]可见孔子持杖画像可以在孝堂山找到渊源。

1993.1.28；1996.5.16；2017.7.15 补附图

----

① 蒋英炬，《孝堂山石祠管见》，页217。
② 嘉祥县文管所，《山东嘉祥纸坊画像石墓》，《文物》5（1986）。

后记：本文写成后，1993年8月赴夏威夷大学访问研究。10月间忽接孝堂山宋守亭先生一信，附赠拓制甚精的孝堂山石祠孔子见老子局部拓片一张（图3.15）。他并不知道我在国外，其信由王汎森兄自台湾转寄。这真是一份意外的礼物。因为据我所知，孝堂山石祠的画像虽然传拓甚多，但是孔子见老子这一部分长期为人所忽略。李发林先生首先报道，但所附拓影因制版欠佳，不易辨识。我根据他的拓影所作的摹绘也就不够完整。现在获得的拓片虽非全豹，却是孔子见老子图最主要的部分。尤其可贵的是原石刻画的线条极为浅细，拓制十分不易，拓片却出人意料地精细，纤毫毕露。拓片原长68.5厘米，宽27厘米。因为有了这一份清晰的拓片和《孝堂山石祠》一书清晰的图版（图3.16），可以做以下的几点补充：

（1）老子颔有刻画细致、向前微飘的长须；孔子面孔下半部略有缺损，但可以肯定没有像老子一样的长须。孔子虽无长须，但手持直杖，表示见老子时的孔子，已够格为持杖的老者。因为照汉朝人以及经书（例如《礼记·王制》）的说法，五十以上的老者才持杖。直杖与曲杖可能也有不同的意义，值得进一步探究。画像作者借老子有须、持曲杖，孔子无须、行贽礼、持直杖来表现孔老二人不同的地位和身份，其刻画的细致性超越其他可考的孔子见老子图。

（2）项橐双手自窄袖中伸出，手掌前伸朝上。这样细致的刻画也是其他画像中所不曾见到的。

（3）"孔子"榜题的书法特点和石祠中"大王车"等榜题一致。"孔"字一撇的粗笔，也用镂空的线条模仿墨书的效果。从书法的特点我们可以肯定这些榜题应是同时所作。

（4）由于刻画精细，拓片又清晰，我们可以清楚看到诸弟子所

图 3.15　宋守亭赠孔子见老子画像拓片局部

图 3.16　局部照片

捧的简册有两道编绳，简册成卷地捧在手上。这对我们了解汉代的简册制度，是一份难得的图像资料。四川出土的画像所谓的讲经图砖上也有弟子捧册的描写，但可能由于磨损，册的形制不如孝堂山的清楚。四川讲经图的可贵在于上方左侧弟子手中的简册是摊开的，四至五简编在一起的情形还可以分辨出来。下侧右方弟子第一人之腰间系有削简用的削刀，十分可贵。2010 年到山东博物馆新馆见到长清孝里镇大街村汉墓出土的孔子见老子画像石，成排弟子手中也持有清晰的简册。其详见《过眼录》第 16 节记述。

1993.10.20 于檀香山；1996.5.16；2016.8.21 补

补记：从长清回济南第二、三天（9 月 20、21 日）曾两度去山东医科大学附属医院看望因心肌劳损住院疗养的刘敦愿先生。刘先生虽说养病，床上仍堆满书和资料。他当时最关心的是平阴孟庄出土尚未发表的画像，其中有男女交媾之图，十分少见。刘先生给我看了拓片和他作的线描图，送我一小张影印件。后来刘先生将意见写成论文发表，并收入 1994 年台北允晨文化公司出版的论文集《美术考古与古代文明》。1990 年夏我随史语所访问团第一次到中国大陆访问，访问济南时即曾慕名登门拜访。1992 年再去看他，他十分高兴，病中谈了两个多小时。10 月 19 日离开山东前，再到他家讨教并合影（图 3.17）。在家中见到其子刘善沂先生。当时刘善沂先生在济南市文物处工作，知我研究孔子见老子画像，赠送我孝堂山孔子见老子画像原大拓片影印本全份（图 3.18—3.19）及阳谷八里

图 3.17　在刘敦愿先生家中

庙所出孔子见老子画像原拓一份。这一份孝堂山拓片拓制精细，许多细节都显示出来，成为我当年研究汉画像最珍贵的参考之一。阳谷八里庙所出孔子见老子画像原拓将于《过眼录》第 14 节介绍。

　　2016 年 8 月我随史语所齐鲁文化研习营到山东大学，18 日由杨爱国带领，在考古系工作室见到已退休，但仍从事考古绘图的刘善沂先生。他小我一岁，精神身体两旺。2010 年夏我在山东大学考古系演讲时我们再度见面，六年后又有缘再见，十分高兴。我表达了对他和他父亲深切的感谢。在山大学生餐厅用餐毕，善沂踏着月色重回工作室。因为长年的习惯，也因为必须在 9 月底前完成系中老师交代的绘图，忠厚的他消失在知新楼的玻璃门后……

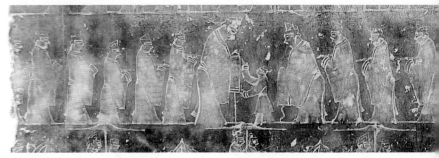

图 3.18　刘善沂赠拓片影印本 后壁之东壁

图 3.19　刘善沂赠拓片影印本 后壁之西壁

　　再补：孝堂山石祠画像中迄今难解的是祠堂后壁为何有形式几乎一致，左右中并排三幅的堂室和墓主画像？一般后壁仅有一幅墓主图而已。曾与杨爱国先生讨论此疑问，没有结论。近日臆想此或为一家族祠堂，族人或因无力像武氏祠那样为每一位先人各立一祠，而是建一祠供三人合用。为示祠堂所奉祀的先人有三，因而将表现受祀者的格套式图像重复了三次。可惜没有其他案例，无法确证，姑录所思，备考。2017 年 7 月杨爱国寄下新出《孝堂山石祠》，本文得以再稍增删修改，谨此致谢。《孝堂山石祠》刊出的周公辅成王图，其上有笔画工整优美的"成王"榜题（图 3.20），值得在此补录。

2017.7.7

图 3.20　周公辅成王

4.

山东泰安岱庙藏泰安大汶口汉墓孔子见老子画像

1992 年 9 月 22 日上午 9 点半，文物局张钢和小赤开车来历山剧院招待所，接我南下泰安岱庙。我想一访岱庙，是因为从报道中知道这里藏有新发表的孔子见老子画像石。1989 年第 1 期《文物》上刊载泰安市文物局程继林的《泰安大汶口汉画像石墓》发掘简报。简报中提到该石墓画像中有孔子见老子的部分，有"孔子"榜题，并附有拓片，可惜图版很不清楚。简报中还提到该石自 1984 年起在岱庙陈列。为一探庐山真面目，趁南下曲阜之便，中途经泰安一观。济南和泰安间公路修筑甚好，行车一小时余即抵泰安。岱庙也就是泰安市博物馆。承蒙米运昌馆长协助，开锁看了岱庙的汉画像石陈列馆（图 4.1）。馆中所收基本上是泰安旧县城及大汶口一带出土的画像石，共展出约三四十方。为防止观众破坏，在所有展出的画像石上都蒙有一层纸，观众看见的实际上是蒙在原石上的拓片。见到这样的情况，一度颇感失望。幸好参观时，馆中女拓工正将旧的拓片揭下，换上新纸重拓，得以见到部分原石的情况。又承张钢和米运昌馆长商量，赠送我拓片两张。张又私下与女拓工打交道，以人民币二十元换得较大拓片两张，包括有"庐行亭车"榜题者及大汶口孔子见老子拓片。大喜过望（图 4.2—4.3）。

图 4.1　作者与张钢（右）、小赤（左）合影于岱庙汉画像石陈列馆门口

图 4.2　大汶口孔子见老子拓片　局部

图 4.3　作者线描图

　　岱庙藏石一般呈黄褐色，雕刻技法复杂而成熟。以孔子见老子画像来说，技法以减地平雕为主，也有浅浮雕、阴线刻。基本上是在修整平滑的石面上打样后，背景部分以刀浅浅减剔，欲求表现的主体保留，并以阴线刻出细部。但也有一部分，如云纹，不减地，只以阴线刻出线条。墓中石柱刻画都减地较深，主体较为凸出，柱座刻兽则类似浮雕。如此画面不呆板，多少显出了层次变化。

　　出土孔子见老子画像的石墓，据程继林先生报道，位于泰安汶口镇东门外约半公里的汶河北岸。全墓以石材建成，墓门朝北，平面呈倒凸字形，由东、西前室，东、西耳室和东、西后室组成。墓南北长约 6 米，北端宽约 6.4 米，南端宽约 4.65 米。除两墓门外，东西前室、耳室与后室之间有门相通，画像分刻在前、后、耳室的门楣及室间的中柱上。

　　孔子见老子画像位于东前室墓门门楣。西前室墓门门楣刻的是迎宾图。孔子见老子画像高0.44米，长2.1米。原拓远比《文物》上发表的图版清晰。全画上层有高12厘米，阴线刻的云纹装饰；下层人物在同一平面上一字排开，人物基本上皆侧身侧面，部分人物的身体呈三分之二朝前，但头部仍以完全侧面的方式处理。画像右端虽较为漫漶，人数尚可估计出来。画面中共计十六人，除孔子、老子和居二人之间的项橐，老子身后有弟子二人，孔子身后有弟子十一人。人物与人物之间有供题刻用长方形的榜，但只有孔子面前的一榜，题有清晰的"孔子"二字，余榜皆空白。画像从最左侧起，有四人面朝右，余皆朝左。作为主角的老子居左朝右，孔子居右朝左，相对而立，项橐居中，与老子同方向。孔、老都戴前高后低的进贤冠，衣着基本相同，都弓身拱手，也都面无表情。不

同处在老子手持曲杖，孔子无杖但手中有二鸟，一鸟鸟头及前半身自孔子衣袖中露出。另有一鸟在后，只见鸟头。此外，孔子腰佩长剑，老子则无。项橐身形较小，昂首披发，右手持一有轮玩具车，左手高伸前指，状若与相对的孔子交谈。老子身后二人，戴进贤冠，弓身拱手，手中无物。孔子身后弟子造像基本相同，也无物在手。唯身后第二人做回首状，右手持笏上举。程继林报道孔子身后第一人戴平帻，不确。他戴的很清楚仍是前高后低的进贤冠。孔子身后第三人，身材特矮，冠梁特高。这种造型的人物已发现多件，应是晏子（如此造型而有"晏子"榜题的一石今藏山东博物馆，参见本书《过眼录》第 15 节）。孔子身后的第六人头戴鸡冠，腰佩猳豚，身着大袖短衣，从其他有榜题的画像可证，必是子路无疑。其余弟子在造型上都颇为一律，不细述。

根据程继林先生的推断，这一石墓在时代上应属东汉晚期，与武氏祠时代相近。这方孔老画像值得特别注意之处在它于墓中所居的位置。它刻在最显要的墓门门楣上，显示出这一主题对墓主可能具有的重要意义。其次，孔子佩剑也是我当年所读汉画中仅见的二例之一（另一例见纸坊镇敬老院所出，详见本书《过眼录》第 8 节）。后世孔子画像如相传顾恺之、吴道子所作也都佩剑（参《金石索·石索》），就不无来历。后来发现孔子佩刀或剑的画像其实颇多，但不曾见老子佩刀带剑。

1993.1.29；1996.5.16；2016.7.18

5.

山东嘉祥武氏祠孔子见老子及周公辅成王画像

　　武氏祠和孝堂山石祠画像一样早经著录，广受瞩目。到山东看汉代画像石，嘉祥武氏祠是不可不去的地方。孝堂山石祠可以代表东汉早至中期的画像，武氏祠则是东汉晚期的代表作。二者一大不同在于武氏祠是武氏家族墓地的祠堂，原本最少有三座，规模也大于孝堂山石祠。孝堂山石祠建筑尚大致完整存在，武氏祠建筑则几已全毁，只剩两石阙、一石狮和部分的画像石。近代中外学者 [费慰梅（Wilma Fairbank）、关野贞、蒋英炬、吴文祺、巫鸿] 都根据残石，做过画像及建筑配置的复原。武氏祠画像收录较全的有朱锡禄先生所编《武氏祠汉画像石》[①]。朱先生也是武氏墓群石刻的管理负责人。最新最细致的研究则属巫鸿所著《武梁祠：中国古代画像艺术的思想性》[②] 和蒋英炬、吴文祺的《汉代武氏墓群石刻研究》[③]。

　　1992 年 2 月 25 日清晨，在不到 6 点的微曦中，我怀着朝圣的心情，由社科院考古所山东队胡秉华先生陪同，乘吉普车从曲阜出

---

① 济南：山东美术出版社，1986。

② 巫鸿（Wu Hung），*The Wu Liang Shrine: The Ideology of Early Chinese Pictorial Ar*, Stanford: Stanford University Press,1989。柳扬、岑河译，《武梁祠：中国古代画像艺术的思想性》（北京：生活·读书·新知三联书店），2006。

③ 济南：山东美术出版社，1995；修订本，北京：人民美术出版社，2014。

图 5.1　赴武宅山途中所见石灰场

图 5.2　嘉祥街景
与吴先生在此街边吃包子当早饭

发，经济宁往嘉祥。约 8 点到嘉祥县，吃早饭，拜访嘉祥县文物局局长王斯才。由王局长陪同，再开车约十五公里到武氏祠所在的武宅山。往武宅山的路上，见到附近低矮的山丘全是石灰岩石，沿途有很多石材厂、石雕厂和石灰窑，乡村建筑也多利用石材，盛产石材的情形和孝堂山附近类似。(图 5.1—5.3)

　　吉普车行走在乡间蜿蜒的小路上，我留心着沿途的景致，心中毫无准备，车忽然转入路旁一院落，王局长说："我们到了。"这才惊觉我已经来到心仪已久的地方。后来从资料中得知，自 1972 年起，武氏祠画像受到保护，即存放在这个院落的陈列室中（图 5.4 ）。陈列室旁另有一长形陈列室，展出在嘉祥出土和收集来的画像石。院落入口内有新修石坊，题曰"武氏墓群石刻"（北纬 35°16′59.12″，东经 116°20′32.84″）。朱锡禄先生是这里的负责人（图 5.5 ）。他有不少画像石著作。承他好意，送我他所编的《武氏祠汉画像石》和《嘉祥汉画像石》[①] 各一本。《嘉祥汉画像石》所

---

① 济南：山东美术出版社，1992。

图 5.3　嘉祥路边的石雕厂　　　图 5.4　屋内置嘉祥武氏祠石祠画像

图 5.5　与朱锡禄先生合影

收拓片较其他报道所附的要完整，一部分也较为清晰。

　　武氏祠院落和其他村中民屋紧邻。据朱先生告知，村民造屋挖地基，经常挖到石墓，证明附近未发现的汉墓尚多。1981 年 4、5月在保管所院墙内东南部，即清理出两座石室墓（编为一号、二号），是形式稍不同、有前中后室的多室墓。两墓早经盗掘，几无

图 5.6　一号墓　　　　　　　图 5.7　二号墓

文物出土，墓内也没有画像。但我看见墓门上仍有些雕刻的花纹装饰（图 5.6—5.7）。这些发现可以证实，过去所知的武氏祠只是整个武氏家族墓园的一部分。[①]

　　现在这里存放了绝大部分武氏祠的残石画像。一方有名的孔子见老子画像则早在前清即由黄易移往济宁州学。为了看这方画像，我们特地从嘉祥返回济宁，请济宁市文物局局长宫衍兴先生协助，到济宁市博物馆参观（图 5.8—5.10）。在这里不但看到了黄易移来的孔子见老子画像，还见到了武荣碑、郑固碑、郭有道碑等著名的汉碑。据宫先生告知，民国十八年济宁县教育局局长王大恕在济宁铁塔寺东边建了一座金石馆，将原藏济宁州学明伦堂的画像及大部分的碑移至金石馆，也就是现在藏画像及碑的地点。州学明伦堂原位于此馆北偏西约三百米处，已于十余年前拆除，闻之不禁感伤。宫局长古道热肠，送我其新著《济宁全汉碑》一册，是意外的收获。武氏祠画像过去已有沙畹、瞿中溶、傅惜华、容庚等多人作过原拓著录，今人则有朱锡禄、蒋英炬等的详细报道，这里不再重

① 　两墓考古报告见前引蒋、吴《汉代武氏墓群石刻研究》，页 119—127。

图 5.9　与宫衍兴先生合影

图 5.10　背墙下侧所嵌即武氏祠孔子见老子画像

图 5.8　济宁市博物馆宋代铁塔

复。以下只着重说说我察看刻石，尤其是对孔子见老子画像的观感。

　　武氏祠石刻大概因几百年间有太多人摹拓，石面已一片漆黑。陈列室虽甚高大，窗户也不少，但画像石沿室内四墙及室中放置，在若干光线不足之处，要看清楚画面细节，十分吃力。武氏祠各室石刻因陆续修成，工匠不一，在技法上不完全一致。前、左二室都是所谓的减地线刻，刻工都极为精致。石面先打磨光洁，以规整的竖凿线剔地，前石室的凿纹较细密，左石室剔地较粗疏。减地以后使主体画面凸出，再以阴线刻出主体上的细节。以刻工之细致、画像造型之优美、榜题数量之多和题写内容之丰富而论，武氏祠无疑仍是迄今可考，所有东汉画像艺术最精彩和成熟的作品。

依据蒋英炬先生对武氏各祠画像及建筑配置的复原[①]，孔子见老子及弟子画像出现在前石室和左石室的后壁及东西壁相同的位置上。孔子、老子及众弟子一字横排，连贯三墙。这一层之下的画像是车骑图，之上的只有山墙上的东王公和西王母。在神仙之下，孔子、老子和众弟子可以说被安排在刻画人间世界的最上层。这种情形和孝堂山石祠的孔子见老子及弟子画像处于下层位置颇不相同。值得注意的是孔子见老子这一主题却不见于武梁祠。

武氏祠前石室西壁所刻弟子有廿一人，东壁有弟子十九人，后壁右段刻弟子十六人，左段为孔子见老子图，孔子身后有弟子一人，老子后有弟子三人，共有弟子六十人。左石室东壁有弟子十八人，后壁右侧有十三人，后壁左侧之石遗失，西壁弟子有廿人，至少有五十一人。这是目前所知人数最多、阵容最完整的孔子见老子及弟子图石刻。左石室后壁左侧之石虽遗失，但与前石室完整的画像比较，加上这类画像例据一定的格套，我们几可肯定遗失的一石上必有孔子与老子相见，身后各有若干弟子的画面。

武氏祠孔子见老子图在布局上和东汉其他的孔、老图有共通之处，基本都以孔、老相对拱手而揖为核心，童子项橐居中面对孔子而与老子同向，孔子身后各有弟子，所有人物水平一列横排。武氏祠孔、老图的特殊处在于孔子和老子身后多了其他画像中所没有

---

① 参蒋英炬、吴文祺，《武氏祠画象石建筑配置考》，《考古学报》2（1981），页165—184；或蒋英炬，《汉代武氏墓群石刻研究》第四章。

图 5.11　史语所藏武氏祠孔子见老子画像拓本

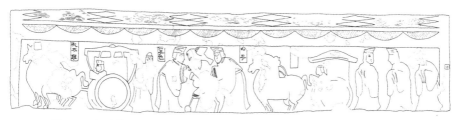

图 5.12　杨依萍线描图

的马车，除了明确有"孔子也""老子"的榜题，还有榜题"孔子车"。在济宁市博物馆的这方孔子见老子及车马画像目前嵌在陈列室的边墙上。据蒋英炬先生测量，此石宽 0.39 米，长 1.68 米。曾与此石合照一张，但因石面甚黑，照片洗出，乌黑一片，很难看出什么（图 5.10）。史语所傅斯年图书馆藏有原拓一幅，反倒十分精美（图 5.11—5.12）。

　　比较武氏祠左石室及前石室孔、老图的弟子部分，就可以发现虽同为孔子见老子画像，画匠在布局上可有部分自由发挥的空间。在前石室，孔子和老子两位主角被安排在后壁的左侧；在左石室，显然只有后壁的右侧可以安排这两位主角。再以有榜题可证、服装最特殊的子路来说，子路位于左石室后壁的左侧，却位于前石室的东壁。两石室的子路在造型上几乎完全相同，但前石室的面朝左，

图 5.13　武氏祠西阙南面　　　　图 5.14　武氏祠西阙北面

左石室的却面朝右。左石室的弟子中有四位身材较矮，其头顶的空白处，有三位是以飞鸟、有一位是以榜题补白。前石室弟子的身材被刻画得较为一致，没有太多的空白处，因此也没有补白的飞鸟。只有前石室的孔、老之间，小童较矮，在空白处刻上了一只飞鸟。此外，如果将相应的各墙画面相比较，可以说没有一个片段是完全相同的。如果再稍比较两室山墙上的东王公和西王母看似相同，却不尽相同的画面，就可以知道即使是表现同一主题，工匠只要将主题的主体结构和角色掌握住，在细节的安排上实际是不厌其变化。左石室和前石室建造时间不同，两者的画像主题颇多雷同，但在造型和布局细节上千变万化。当时的工匠应曾有意避免重复，也可能有意展示自我风格。这些都值得做更多深入的研究。

在武氏祠的石阙上还有两幅图，我怀疑是将孔子见老子的画面

图 5.15　武氏西阙南面画像　局部

分割为二而成。石阙高达 3.4 米，孔子见老子画像在阙的上部。这次考察并没有机会爬高细看，不过如果《武氏祠汉画像石》所收为新近的拓片，则这两幅画像原石的情况已明显不如早期沙畹《中国两汉石刻》[1]一书或傅惜华《汉代画象全集》二编所收的拓本。细察《全集》中两图的内容和布局，相信这原可能是依据孔子见老子的故事而来，各图仍保有部分孔子见老子图的结构特色，但也有些不同的变化。

这两图一在西阙阙身南面的最上层，一在同阙阙身北面从上往下的第二层（图 5.13—5.14）。南面一幅表现的可能是孔子见老子。左侧一人朝右，拱手，手持曲杖，这应是老子的常见造型。右侧五人朝左，戴进贤冠，拱手做施礼状；与老子相对最前方的一人应是孔子，其身后四人手持简册，应是弟子。此图令人较疑惑的是孔

---

[1]　Èdouard Chavannes, *La sculpture sur pierre en Chine au temps des deux dynasties Han*, Paris, 1893.

图 5.16　龙阳店画像石

图 5.17　《孔子汉画像集》所附拓本

图 5.18　前图局部

子的身材看起来似乎较矮，这和记载中孔子高九尺六寸不合（《史记·孔子世家》），山东汉画像中的孔子一般也刻画得较老子高大，此图颇不合当时描绘孔子的通例。朱锡禄在《武氏祠汉画像石》中对此图有不同的观察。他认为较矮的人物是跪着的。1945 至 1953 年间陈志农曾作武氏祠画像线描图，他所画这一石上的孔子即明确为跪姿[①]。从姿势上看，孔子确实是跪着。如此，此图仍以解释作孔子见老子为妥，只是孔子不像一般画像采站立之姿，而是面对老子而下跪（图 5.15）。

孔子以跪姿见老子在滕州市龙阳店所出一石上也可见到。1992 年曾有机会随蒋英炬先生同观（图 5.16—5.18）。在这一石上，孔子的跪姿十分清楚，和孔子相对的老子持曲杖；孔子身后有弟子二人：一人拱手戴进贤冠，另一人佩剑，着大袖短衣，应是子路。不过，蒋先生认为这不是孔子见老子图，因为和一般所见有异。明显的差别一则在于孔子不立而跪，二则在于没有项橐居中。可是如果我们考虑到画师可能有不止一套的图谱，孔子见老子和孔子、项橐相问原本就是两个不相干的故事，以及东汉末高涨的老子地位，那么见老子的孔子竟以跪姿出现，或图中没有项橐，并不是不可理解。至少嘉祥武氏祠和滕州市龙阳店已出现了两个孔子跪姿、没有项橐居中的例子，其可能有的意义就很值得进一步推敲。

回头说武氏祠石阙。石阙北面的一幅由四人组成。最右侧一人朝左，身材矮小，披发，一手持独轮玩具车，这是项橐的标准造型，和项橐相对的一人只可能是孔子。孔子身后弟子二人面面相

---

① 参陈沛箴整理，《山东汉画像石汇编》（济南：山东画报出版社，2012），页391。

对，似乎正在交谈。在其他的孔子见老子画像中也常有弟子相对的情形。因此，这一幅较能肯定为孔子与项橐图。朱锡禄先生在《武氏祠汉画像石》的解说中也持这种看法（页131）。

如果以上对石阙孔子见老子及孔子、项橐相问两画像的理解无误，则武氏祠除了左石室及前石室，就还有西阙上别具一格的孔子、老子及项橐画像了。如果再细考东西两阙上画像的内容和布局，我敢说建和元年（147年）造作石阙的武氏后人及石工，并不真正在乎如何在石阙上展现对受祠祀的先人有特殊意义的内容，理由如下：

第一，东西两阙画像内容颇多重复，各部画像也不一定有对称的关系。例如，东阙阙身西面第一层，东阙阙身北面第三层，西阙阙身北面最下一层都有铺首衔环。东阙在不同的位置上有二铺首衔环，与西阙的铺首衔环也不对称。东子阙阙身北面第二层有周公辅成王图，西子阙阙身南面第二层也有同样的画像。相对揖拜的人物图见于东阙阙身南面第三、四层，东子阙阙身南面第三、四层，西阙阙身南面第三层。两阙的车骑图在不同的位置共多达七处。如果耸立于祠堂之前的双阙画像真的受到重视，实难想象竟以如此草率重复的内容来填塞画面，而缺乏更有秩序的画面布局。

第二，从上述铺首衔环、人物及车骑图出现的层位看，也看不出一定的规律，颇有随意之感。以我特别注意的孔子见老子图来说，石工将通常由孔子、老子、项橐及弟子构成的画像割裂为二（也可说孔子见老子和孔子、项橐相问本来就是两个不相干的故事，其他画像将二者合而为一了），一在阙南面的最上层，一在北面的第二层。如果确曾用心布局，这两面画像至少应置于同一层位才是。

布局随意的另一个证据即阙上的两处周公辅成王图。其中东子阙北面的一处如通例，成王居中，两侧有人侧面弓身拱手施礼，其中右侧一人手持华盖；但西子阙南面的一处却将成王左侧的一人移至右边，画面变成成王在左，一人面向成王手持华盖，右侧两人相互而揖，颇失周公辅成王原本构图的意义。

再说阙是位于祠堂之前一对造型相同的建筑。双阙之间是陵园的入口。在入口的左右两阙上有石刻的铺首衔环，和一般墓门上的铺首衔环有着象征和守护入口的相同作用。汉墓双门上的铺首衔环，在布局上几无例外都是以对称的形式出现。但是武氏祠双阙上的铺首衔环，一在西阙画像的最下层，一在东阙画像的中层，在视觉上明显一高一低，并不对称。西阙铺首衔环的上层已漫漶不清，和西阙铺首衔环相对的东阙下层则是有名的造阙铭文。以上两阙这种令人感觉十分随意的布局和三座石室中画像布局的严谨慎重，大不相同。这是很有趣也很值得注意的现象。我的观察或许不对，姑且提出来，请专家指教。

1993.1.30；2016.7.20

6.

山东济宁市博物馆藏济宁市郊 城南张村孔子见老子画像

1992 年在济宁市博物馆，除见到原属武氏祠的孔子见老子画像，在博物馆另外一栋建筑里还幸运看到两方《汉代画象全集》二编曾经著录的疑似孔子见老子画像（图 6.1—6.4）。这两方旧题为济宁县城东南两城山画像（其五—其八），济宁市博物馆专家说是

图 6.1　济宁市郊喻屯乡城南张村画像石拓本

图 6.2　济宁市郊喻屯乡城南张村画像原石左端部分

图 6.3　画像左侧局部

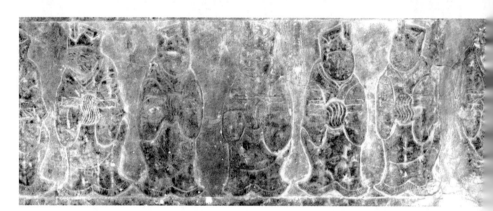

图 6.4　画像局部一

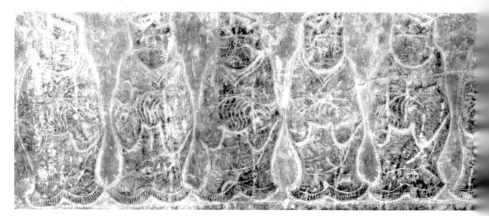

图 6.5　画像局部二

在济宁市郊喻屯乡城南张村，亢父故城南王氏家族墓地发现。

《文物》1983 年第 5 期有夏忠润先生《山东济宁县发现一组汉画像石》一文。文中报道 1973 年济宁县文化馆进行文物普查，在济宁市南约二十五公里，亢父故城附近墓群中出土了这一组汉画像石。2000 年出版的《中国画像石全集》第 2 册著录这十三石（图 3—15）的说明说："1970 年济宁市喻屯镇城南张出土。"（图版说明页 1—5）如果画像石确于 1970 年或 1973 年才挖出，为何 1950 年出版的《全集》二编老早就有著录？又据《山东汉画像石选集》的著录说明，1970 年在济宁县城南喻屯公社城南张村的一座汉墓出土十三石，并说有些画面在《汉代画象全集》二编中有片断的著录，说明此墓早已发现并有人传拓云云（《选集》，页 22）。

如果说此墓早已发现并有画像传拓，为何同样的画像，出土地点却有两城山和城南张村二说？为此我曾写信给宫衍兴先生讨教。据宫先生 1993 年 4 月 3 日回信，城南张村和两城山是不同的地点。城南张村的城不是指今天的济宁而是汉代亢父故城，在今济宁城正南，南阳湖之西；两城山在济宁东南，南阳湖东岸，两地隔湖相对。宫先生提到此墓是因民众修排水站，偶然掘出，文物部门赶到时，现场已扰乱。出土确切地点，已不明朗。不论如何，如果比较《全集》二编和我所见原石，可以明确知道它们为同一石，但现存原石下栏中央已缺损，缺损部分略呈三角形（参图 6.1）。从《全集》二编所收拓本看，拓制时的下栏中央已破成三角形，但这一三角残块原本仍然存在。

我去参观时，这两幅画像石和其他一些汉画像都嵌在博物馆一室的墙壁四周，该室已不开放展览。承馆内人员移开墙边沙发等家具，才见到这两幅长条画像（图 6.2—6.7）。目睹原石，才知《全集》二编中的拓片是将原完整的一幅分成上下左右四片，《全集》二编图 12、13 原应左右相连，图 14、15 是图 12、13 的下半栏；图 16、17、18、22 则是同一墓所出相连的另一方画像石。画像下半栏是车马出行图，上半是横排的人物共二十人。另一方上半栏是横排的人物共二十四人，下半也是车马出行图。两方画像的完整拓片见《山东汉画像石选集》图 150、151，长宽分别是 2.43×0.59 米、2.15×0.57 米。可惜《选集》将两米长的画像缩印成不到 0.3 米，画面细节已不可辨。《中国画像石全集》第 2 册则未收录。

这两方画像石石材呈黄褐色。画像四周有框，框外有斜线花纹，框内横线均分为上下两栏。在雕刻技法上属减地平面线刻。剔地不深且整平不留凿纹。凸出的主体边缘稍有弧度，使主体略具立体感。画面的部分细节如胡须和手中的简册仅以细线刻出。画面不

图 6.6 城南张村同墓所出另一石线描图 下栏表现献俘百戏图

以榜题、鸟或其他纹饰填补空白，留白不少。总体而言，刻工的精致程度不及武氏祠。

不过，这两方画像的人物造型甚具特色。观看者最直接的感觉是画像中人物都较为圆滚矮胖，身体正面朝前而人脸呈三分之二朝前，人物姿势表情都较刻板无变化。最左侧两人身材稍大，戴进贤

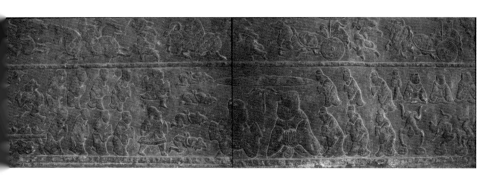

图 6.7　前图原石局部

冠，拱手相对，中间有一童子，披发正面朝前。这三人手中都没有持杖或其他物品。从布局上看，这像是孔子、老子和项橐三人，可是因为缺少榜题、曲杖或玩具车等辨识的依据，并不能真正完全肯定。其余人物戴进贤冠，一律捧简册在手，像是弟子。另一特殊点是画中人物多刻画有胡须，"孔子"和"老子"也不例外。博物馆的研究人员相信这两石应是孔子见老子图。据博物馆夏忠润先生说，该墓还有相连的两石，没搬到博物馆来，仍在张村原地。我限于时间和行程，未能下乡。这到底是不是孔子见老子画像，曾一度怀疑，现在觉得可以纳入考虑。因为后来在山东博物馆看到类似的上下栏布局①，上栏为孔子、老子及众弟子，下栏为胡汉交战或出行图，在表现允文允武的用意上，两件布局有近似之处。

2010 年夏天，我率学生再到济宁，济宁已修起宏伟的新博物馆，院子中堆放了不少新征集的画像石。但不知为何，原置于室内的画像石全被移置室外长满杂草的院中。我们关注的几方孔子见老子画像被放置在院子角落的一破屋中（图 6.8—6.9）。屋无门，堆放着其他杂物，布满灰尘，十分可惜。此外我发现有一方置于室外的画像竟明显是仿制武氏祠的（图 6.10—6.11）。或许是警方破获的假货而被送到博物馆暂存了。其他还有些尚未刻画完成的半成品，看来也是近年的仿作。②

1993.2.1；1996.5.16；2016.10.24

---

① 参见本书《过眼录》第 15 节。
② 自清末民初以来山东和河南等地即已出现伪作的画像石。参李卫星，《浅论汉画像石作伪的有关问题》，《中原文物》3（1991），页 102—106。

图 6.8　后方破屋即存放孔子见老子画像处

图 6.9　孔子见老子画像未依应有位置随意置放屋内

图 6.10　仿武氏祠画像的近人制品　　　图 6.11　史语所藏武氏祠拓本

7.

山东嘉祥武氏祠藏齐山村孔子见老子画像

　　在武氏祠保护建筑的西边，另有一长条形陈列室，室内存放着不少嘉祥收集及出土的画像石。其中有一方是齐山村所出的孔子见老子画像，我心仪已久。据朱锡禄及蒋英炬先生报道，1977 年在嘉祥县城西南，距县城约十八公里的齐山村出土汉画像石三块。孔子见老子这一块长 2.85 米，宽 0.56 米，左侧断裂，略残。《中国美术全集·绘画编18》[①] 的图版说明谓该石藏于山东石刻艺术博物馆，可是 1992 年我是在嘉祥武氏祠看到原石（图 7.1—7.7）。《中国美术全集》所记可能是该石拓片的收藏处。关于此石出土，并没有正式的考古报告。不过，拓片著录已见于《山东汉画像石选集》《中国美术全集·绘画编18》以及《嘉祥汉画像石》。其中以《中国美术全集》揭载的拓片篇幅最大，也最清晰。

　　该石质地呈灰黑色。断裂处为斜面缺角，在画像老子及身后两弟子的身上有两道后来的弧形刮痕。据蒋英炬先生的形容，雕刻技法为"减地平钑，减地采用不规整的铲地刀法"。据我目验，减地甚浅，刻刀铲地的痕迹仍然保留，或横或竖或斜，并无一定方向，

---

① 上海：上海人民美术出版社，1988。

图 7.1—7.2 嘉祥齐山村画像原石局部

图 7.3　颜回　　　　　　　　图 7.4　子路

图 7.5　原石左段　林保尧摄

图 7.6　原石右段　林保尧摄

似乎但以用刀方便为准。人物等画面主体的细节和其他汉画像一样，以阴线刻表现。

画像分为三层，以横线隔开。最上层为精致有变化的流云纹，云上有鸟、龙、背羽的神仙以及带羽的神兽。中层为孔子、老子及弟子画像。老子身后有"老子也"三字榜题，老子侧面朝右，戴进贤冠，弓身拱手持曲杖，后有同方向同装束弟子七人。孔子和老子相对，衣装和老子无异，亦弓身拱手，手中有二鸟，身后有榜题"孔子也"三字。此图较具匠心的是孔、老二人中间画面的处理。

图 7.7　作者线描图

中间照例有与老子同向、昂首左手前举、右手持独轮小车的项橐，但在项橐头上及前方与孔子之间，多了两只鸟。前方的一只站立回首向孔子，另一只下身有云纹与上层的流云相接，生动地表现一只鸟从云端探头而下，处理方式相当优美。孔子身后的一人，身材较瘦小，有榜题"颜回"二字（图 7.3、7.8），明确证明汉画是以瘦小为颜回的造型特征。在陋巷一箪食、一瓢饮又早死的颜回，在汉人的想象里无疑是既弱又瘦小。右数第七人有"子路"二字榜题（图 7.4、7.9、7.13—7.14），其造型和武氏祠所见完全一致。另外较特别的是最右侧一人的身后，在边框上刻有隶书"子张"，二字刻划甚浅（图 7.7、7.10—7.12）。"子张"二字没有刻在预留的榜额上，不知二字是由后人补刻还是原刻者发现漏刻而补在边框上。如果确为原榜题，子张的造型和其他弟子相比，可以说没有特殊之处。这一层虽有三个人物的头部残泐，但总人数很清楚为三十人。第三层的车马出行图，和济宁张村、孝堂山、武氏祠的都类似。由于早期相机性能有限，所摄黑白照片效果欠佳，本文特借 1998 年台北艺术大学林保尧教授所摄彩色照片作为补充。谨志谢忱。

1993.2.2；1996.5.16；2016.7.31

图 7.8 作者线描图局部 老子也 孔子也 颜回

图 7.9 子路

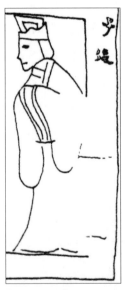

图 7.10 子张

图 7.11　王培永拓本　局部一

图 7.12　子张

7.13　王培永拓本　局部二

图 7.14　子路

　　后记：1998年初某日，忽接广州某古董商一信，欲售某件来路不明的古物。信内除附古物照片，更有汉画拓片两张。一望即知其为近人仿刻，其中一件（图7.15—7.16）明显仿自齐山村这一石。特附记于此，以志读画生涯中的趣事。

图 7.15　近世仿刻品

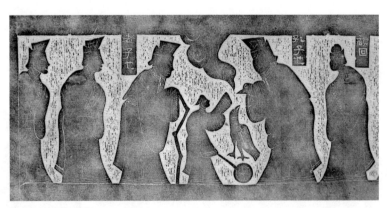

图 7.16　前图局部

8.

山东嘉祥武氏祠藏纸坊镇
敬老院两方孔子见老子画像

在武氏祠旁同一个陈列室里，还存放着两方嘉祥纸坊镇敬老院出土的孔子见老子画像。出土经过见嘉祥文管所《山东嘉祥纸坊画像石墓》[①]。此墓坐落于纸坊镇上五岭的北山坡上，东南距武氏祠约五公里。墓门朝西，墓葬由墓道、墓门、前室、后室组成。可惜此墓全遭破坏，墓内画像石共二十三块，部分早已遭盗墓者砸坏，原砌筑位置也已不明。不过，朱先生根据墓葬的情况，指出该墓应是魏晋时期的人拆毁汉代祠堂，利用其石材而修建。两块有孔子见老子图的画像石可能原是祠堂门两边的立石，分属两座小祠堂。其中一方在堂下人物头顶有疑为"楚王"的榜题，应是后世再利用时所加刻。1998 年 9 月 3 日我曾再访武氏祠，摄得敬老院第四石较好的照片，可与拓本相参照（图 8.1—8.3）。

犹记 1998 年 9 月 3 日再访朱锡禄先生，五年不见，岁月无情，朱先生老了不少，已记不得我。他好酒，带着酒气为我们解说武氏祠画像，口若悬河，言辞清醒，全不误事，令我十分佩服（图

---

① 朱锡禄执笔，《文物》1986 年第 5 期。

图 8.1　敬老院第四石

图 8.2　《中国画像石全集》第 2 册所附拓本

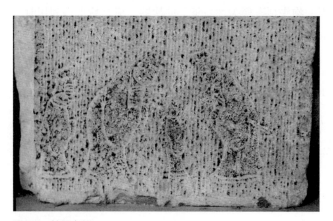

图 8.3　前图底层

图 8.4　朱锡禄先生

图 8.5　朱锡禄（中）、杨爱国（右）与作者

图 8.6　敬老院第一石　　　　　　　　　　图 8.7　刘晓芸线描图

8.4）。以前他不准我们拍照，这回允许，因此得以补拍了不少照片。我和杨爱国在他住处喝茶聊天，温馨愉快（图 8.5）。等到 2010 年三度重游旧地，这位一生热爱汉画像的老前辈已远离我们而去，整个武氏祠环境建设也和过去大不相同，令人有沧海桑田之感。

　　在朱锡禄简报中命名的纸坊镇敬老院画像第一石上即有孔子见老子的画像（图 8.6—8.8）。此石宽 0.45—0.46 米，长 1.11 米，厚

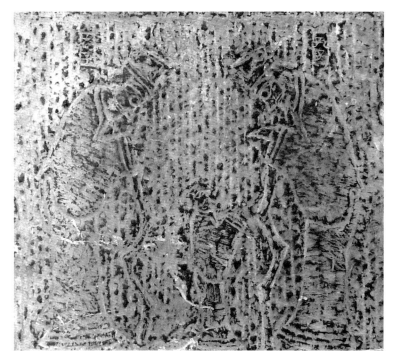

图 8.8　原石孔子、老子局部

0.18 米。石的右缘有较宽的边，因残损而不规整，宽边似乎是供与其他画像石相衔接之用。在刻石技法上，朱先生的描述是："采用在阴阳线条的底子上刻出凹下的人物轮廓，再刻出阴阳线细部的技法。一般认为这是汉画像石中的早期风格。"[①]

　　画面以横线均分为上下三层。孔子见老子画面是在中层。上层据朱锡禄的描述："刻一神人居中站立，头戴山形冠，三角眼，阔嘴露齿，下身着长裙，裙下露双足，中间垂一尾，左右手揽抱女

_____

① 《山东嘉祥纸坊画像石墓》，页 39。

娲、伏羲。伏羲、女娲手中分别持矩和规。伏羲、女娲的长尾向身后上方卷曲。他们头顶上方空处刻两只相对而立的凤凰。"这样造型的伏羲女娲图，也见于《沂南古画像石墓发掘报告》[①]和《嘉祥汉画像石》所录花林村第 2 石（图 105）。《南阳汉代画像石》所录南阳市所出一石[②]以及《山东汉画像石选集》所录滕县龙阳店出土一石（图 277，图版 120），可能也是同一主题，但伏羲和女娲没有手持规和矩。《南阳汉代画像石》在图版说明中认为中间的神人是盘古，也以伏羲、女娲、盘古为标题。访问滕州博物馆时，曾向馆长万树瀛先生请教龙阳店这一石的内容。万先生也认为居中的可能是盘古。如果这个说法正确，从神话的发展看，这样由盘古居中、双手结合伏羲和女娲的形式只可能是在盘古与伏羲、女娲两个原本无关的神话合一以后才出现。换言之，这些画像的时代应该较晚，应在东汉晚期至魏晋。

不过，又不尽然如此，学者也曾有不同意见。林巳奈夫即认为上述沂南古画像石墓墓门东侧支柱上手抱伏羲、女娲的是高禖[③]。前述南阳一石，在《南阳两汉画像石》[④]一书中（图 166），也被解释为高禖与伏羲、女娲。又可以补充的是，伏羲和女娲由一居中的神人托抱在手的画像已见于山东平邑所出，有明确纪年——东汉章帝章和元年（公元 87 年）所建的功曹阙[⑤]。

① 南京博物院、山东省文物管理处编，1956，图版 25。
② 北京：文物出版社，1985，图 314。
③ 林巳奈夫，《漢代鬼神の世界》，《東方學報》第 46 册，1974；收入《漢代の神神》，京都：临川书店，1989，頁 136。
④ 北京：文物出版社，1990。
⑤ 《汉代画象全集》初编，图 212。

中层即孔子见老子画像。这一画像的特点是人物简单，只有左右相对的孔子和老子、中间的小童项橐共三人。右侧的孔子和左侧的老子身后上方分别有榜题"孔子""老子"。另一特点是孔子手中也持有和老子同样的曲杖。孔子和老子的冠式、衣着、姿势、身材几乎完全一样。最下层为构图较为简单的升鼎图。桥上两边各有两人牵绳升鼎，桥下有游鱼，鼎中有探出的龙头，咬断绳索。鼎的右上方有二人跽坐，观看升鼎，左上方则有向左飞的两只飞鸟。

在朱先生简报及《嘉祥汉画像石》一书列为第四石的画像石上，有另一幅孔子见老子图。此石长 1.03 米，宽 0.47 米。石的左缘有较宽的边，因残损而不规则，原来当也是和他石相衔接的边缘部分。雕刻方法和前一石相同。画面横向分为三层，但不均等。中层所占画面最大，上层次之，下层最小，孔子见老子图即在最下层。这一孔子见老子画像的特色在画像由四人组成，除孔子、老子、项橐，老子身后尚有弟子一人。孔子与老子身材相若，老子身后弟子身材较矮。项橐与老子同向，居中面对孔子，手中未持任何物品。老子持曲杖，孔子拱手，但腰间佩剑一柄。这是前述泰安大汶口一石以外，孔子佩剑的又一例。

中层为升鼎图，基本构图和前一石相同，所不同的是拱桥下有鱼四尾，右上方观升鼎的二人，换成和左侧相对而飞的两只鸟，从鼎中探头的龙，前身伸出鼎的部分较长，一双前爪也已伸出来。

上层为一有双柱的房屋，屋上有一双相对的凤鸟，屋中有一人面左凭几而坐，头上有榜题"楚（？）王"二字。柱外左右各有一人，拱手相对做施礼状。有趣的是同一批的另一石上（朱简报第三石），有类似的画面，屋中人头上的榜题为"吴王"；另五老洼所出有类似构图的一石上，屋中人身上刻"故太守"三字。[1] 诚如朱先生指出，这些画像石为魏晋人拆毁汉代祠堂、利用石材另外修墓。因为他们已不了解画像的意义，不无可能随意加上些榜题，不但与画像内容不一定相合，也徒然制造了后世研究者的困扰和猜测。例如"吴王"显系无据的猜测（另前文提到一例在类似的画面上题"楚王"二字），但"故太守"三字或许值得参考。因为魏晋去汉未远，当时人多少还能知道这类画像的意义和这类人物的身份。但魏晋人借用石材为何要补刻榜题？却是一个不易解释的难题。

不论如何，纸坊镇敬老院两石的重要意义在于提供了汉代孔子见老子画像在构图上最简单的例证，亦即只要孔子、老子和居间的项橐三人即可构成基本内容，而两侧的弟子，视情况可以全然省略。其次，值得注意的是如果两石原是祠堂门两旁的立石，其中第四石的孔子见老子图是安排在最下层，其上为升鼎图；而第一石的孔子见老子图在中层，其下为升鼎图。两石的最上层分别是谒见图和伏羲、女娲、高禖（？）图。这样的画面之间，以及主题上下位置的安排，到底是经过仔细考虑，像许多学者所相信的那样寓有深意，还是流行的题材被随意地组合在一起而已，这是一个需要深究的问题。请工匠刻石耗时耗钱，修建这样的墓当然不可能太随便，但一座墓中的刻画是如何选定主题，如何安排成我们见到的样子，造墓者和工匠各扮演什么样的角色，都仍待研究和解答。

1993.2.7；1996.5.17；2016.8.1

---

① 朱锡禄编，《嘉祥汉画像石》，济南：山东美术出版社，1992，图 87。

9.

山东嘉祥武氏祠藏两方出土不明
孔子见老子及周公辅成王画像

　　2010 年 7 月 5 日率学生数人再访武氏祠，意外看见两方过去朱锡禄《嘉祥汉画像石》一书和《中国画像石全集》第 2 册都没收录的孔子见老子画像石。其中一方置于室内，另一方置于室外廊庑之下。这两方画像石旁没有任何文字说明，我怀疑为近年新入藏者。置于室内的一方大小和其他嘉祥敬老院所出者相若，画面也是上下分为三层（图 9.1—9.3）。最上层左端有二人正面朝前，其中靠右者脸部两侧似有极长的胡须或又似蛇，无法确认为何。右端有三人，靠左一人头戴进贤冠，拱手朝右；其右有一较矮小的披发童子朝右而立，无鸠车或玩具车在手，头上空处有一飞鸟，最右一人朝左拱手，手上有一鸟，又似持有一杖，不太能确认。右端这三人应是构图最简单的孔子见老子和项橐图。中间一层是常见的建鼓乐舞图。最下一层所占面积最大，是典型的捞鼎图，不赘述。

　　另一方是偶然在一房舍墙脚下见到，房舍沿墙排放着成列的画像石。其中有一方画面刻凿十分浅细，又已相当漫漶，若不仔细观察，极不易认出（图 9.4—9.7）。此石大致完好，仅边缘有小缺损，石色发白，质地明显松脆易蚀。画面分上下四层。最高一层为

图 9.1　出土不明画像石（一）

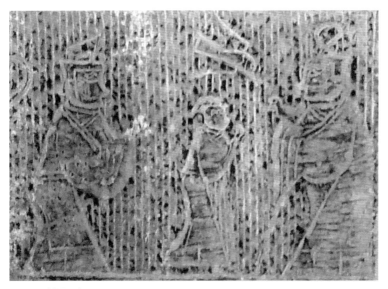

图 9.2 前图局部

不甚典型的周公辅成王图，周公、成王和召公出现在成排人物的最
右端。成王头顶有从旁撑出的华盖。不很典型之处在于持华盖的左
侧一人背后有一人手持一鸟，这是从未在周公辅成王图中见过的。
又其后有一人身材奇矮，矮者左侧有并排三人成列跪拜，跪拜者左
侧另又有立姿朝右的三人。这样的人物序列安排方式，可谓自创一
格。这石另一个特别处是其下一层画面为典型的二桃杀三士，再下
一层，也就是第三层才是孔子见老子和项橐。第三层人物共九人，
老子朝左在最右端，石稍残，其前有同方向、身材较小的项橐，手
中未持鸠车或玩具车，孔子在左朝向项橐和老子，孔、老皆持曲杖
在手，但孔子手上另多一小鸟。孔子身后有相随同方向的弟子六
人，六人持简在手，但没有造型较特殊的子路、晏子或颜回。最下

图 9.3　出土不明画像石（一）拓片　马怡赠

图 9.4 出土不明画像石（二）

图 9.5 前图第三层经黑白反转处理 孔子见老子和项橐

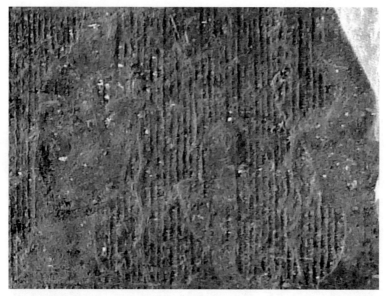

图 9.6　前图右端局部

层则是面积较大，人物较多，常见的捞鼎图。捞鼎图右旁上端似有人坐于织机前，旁有人物及马、狗，不甚清晰，这里不多说。

　　2010 年在这儿也拍到较清晰的周公辅成王画像（图 9.8—9.9）。没想到后来到滕州汉画像石馆，见到这一方石极精美的拓本展出，便随手拍了下来（图 9.10）。

　　这一周公辅成王图有清晰的榜题"周公""成王"和"召公"，周公手持华盖，与召公相对而揖，成王居中正面朝前，腰佩绶带，双手下垂于身侧，构图颇有典型意义，十分珍贵。有趣的是其上层为九头怪兽和在旁的朱雀，下层为成排的戟和武士。这样的上下组合，不多见。

图 9.7　敬老院第二石

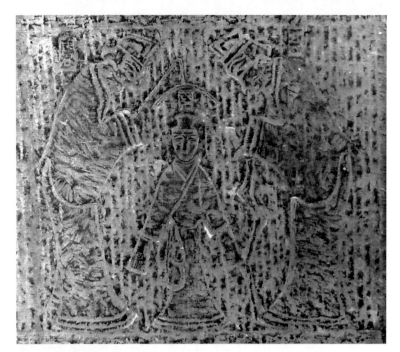

图 9.8 前图局部

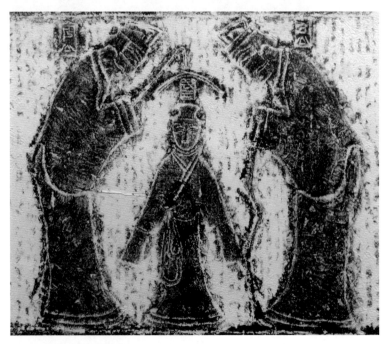

图 9.9 滕州汉画馆藏拓本局部

　　武氏祠还藏有另一方较漫漶的周公辅成王画像石，名之为纸坊镇敬老院第三石（图9.10、9.11）。周公辅成王的画面被安排在较低下的第三层，空间比上两层的武士图和堂中人物图都小，值得注意。画面左侧多了一人，但基本构图和前述的一方相同，虽没题榜，其为周公辅成王图可以确认。这两石也出于嘉祥纸坊镇，久经著录，其上有"吴王""太子"榜题，显系后人加刻。

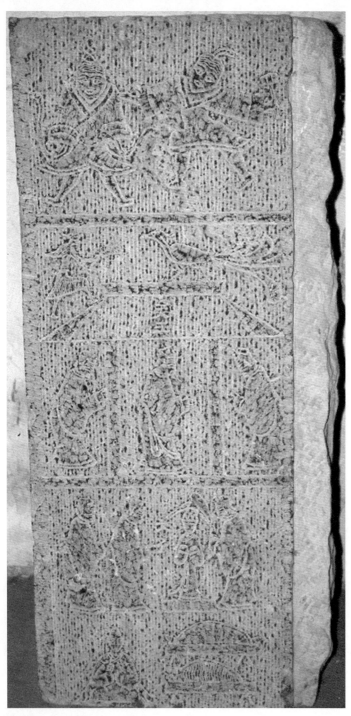

图 9.10　敬老院第三石

图 9.11 《中国画像石全集》第 2 册所附拓本

10.

山东安丘县博物馆藏
董家庄汉墓孔子见老子画像

1992 年 9 月 29 日晨，原本打算从莒县直奔安丘，不意大雾，能见度不及五米，只好半路停车，等雾稍散再上路。考虑时间，放弃安丘，先到诸城，不意路上遇到两起车祸，狭窄的路上两头来车谁也不让。到诸城已 10 点，住进密州宾馆。放下行李即去诸城博物馆。博物馆所藏以恐龙化石为主，但这里有著名的凉台出土汉画像石，包括阴线刻的"髡笞"图、庖厨图、墓主图等。当时这些画像都置于库房，承韩岗先生好意，我们能入库一睹为快。因那时海峡两岸还不能通邮，经一年左右的联系和设法，辗转经由上海，我才买到了诸城全套画像拓片。其场面之盛大和线条刻画之精细都令人惊艳。而所谓的"髡笞"图，实为献俘图，详见我所写的胡汉战争图研究[①]，这里不多说。

下午 1 点半，从诸城赴六十公里外的安丘县博物馆（今为安丘市博物馆）。在这里看到另一方我过去忽略了的孔子见老子画像。这个画像颇为残缺，是否一定是孔子见老子还不敢完全确定。承安

---

① 见《汉代画像胡汉战争图的构成、类型与意义》，《画为心声：画像石、画像砖与壁画》，北京：中华书局，2011，页 315—397。

丘县博物馆馆长陈立兴允许，由馆员王秀德先生带领我们参观博物馆内最重要的重建复原的董家庄汉画像石墓（图 10.1—10.2）。这墓于 1959 年 12 月，在安丘西南九公里汶河南岸的董家庄被发现，发掘简报见《文物》1960 年第 5 期及 1964 年第 4 期，正式的报告《安丘董家庄汉画像石墓》已由济南出版社于 1992 年 10 月出版。《山东汉画像石选集》曾选录八石，疑似孔子见老子图的一石也在其中（图 10.3—10.8）。1995 年史语所同事颜娟英曾率团队赴安丘拍摄墓内各室画像。因我当年所摄照片质量远远不如，这里的附图全是借用他们辛苦的成果，谨在此表示衷心的感谢。

　　以下先据正式报告，简述石墓大致的结构。该墓是石灰岩所建的多室墓。墓室南北包括甬道长 14.3 米，东西宽 7.91 米。整体结构分为甬道、前室、中室、后室，中室东壁附有耳室，后室西间附厕所。前室东西宽 5.67 米，南北长 2.40 米，顶高 2.70 米；中室东

图 10.1　作者于安丘董家庄汉墓前室

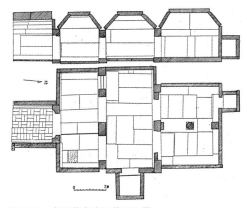

图 10.2　安丘董家庄汉墓平面图

图 10.3 安丘董家庄汉墓前室

图 10.4 安丘董家庄汉墓前、中室之间方柱

图 10.5 安丘董家庄汉墓中室南壁横梁右石上的疑似孔子见老子及弟子画像

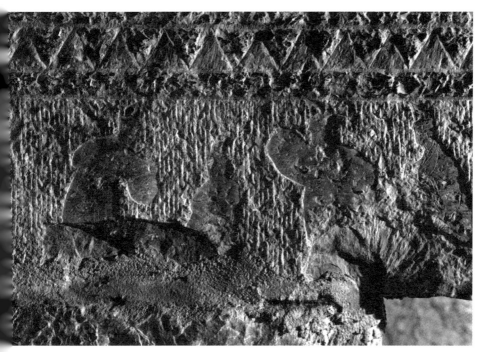

图 10.6 前图局部 疑似孔子见老子画像

西宽 5.76 米，南北长 2.94 米，顶高 2.76 米；后室东西宽 4.62 米，
南北长 3.55 米，顶高 2.51 米。中室南壁以方形雕柱为中心开两门，
孔子见老子画像即在中室南壁东侧门的横梁上。

　　中室南壁门上的横梁是由一长共达 5.77 米的两方巨石构成，

图 10.7　前图局部 部分弟子画像

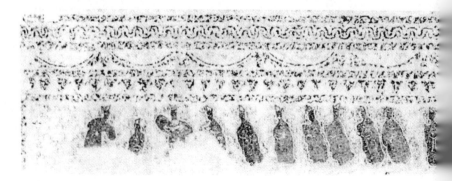

图 10.8　安丘汉墓中室南壁东侧横梁画像拓本

其上画像分为东西两段：西段是车马出行，东段是孔子见老子。两石均用凿地凹面阴线刻技法雕出主体画面。孔子见老子这一部分画面长 2.20 米，高 0.45 米。东段有一字横排的人物共廿一人。疑似孔子、项橐、老子的部分在画像的最左端，这一端可惜下半截残泐。最左一人戴进贤冠，朝右拱手，其前有面朝右身材矮小的童子一人；和他们相对，面朝左拱手戴进贤冠的人物有十九人。这十九人的间隔疏密不等。

《山东汉画像石选集》在图版说明中认为这二十一人是周公辅成王的故事。经我仔细察看原石及拓片，似以解释作孔子见老子图较妥。理由有三：

（1）周公辅成王画像不见有二十余人构成的例子，孔子见老子图则常见。

（2）周公辅成王画像中的成王通常正面朝前，不作侧面，这一画像中小童的姿势应是侧面的，孔子见老子图里的项橐通常正是侧面。

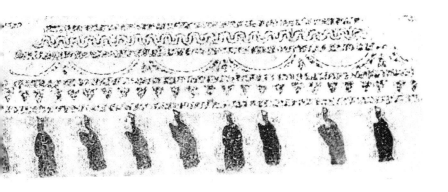

（3）周公辅成王画像里，成王头顶上往往有华盖，这一画像没有。周公辅成王和孔子见老子图最典型的差异，正好可在本编所介绍东京国立博物馆所藏那方两图并列的画像上明白看出来（《过眼录》第 1 节，图 1.1）。《安丘董家庄汉画像石墓》（页 13）将这幅画像解释为孔子见老子图是正确的。

安丘董家庄孔子见老子画像的重要性在于它出现在一个完整的画像石墓中，我们可以将它在墓中所居的位置和其他画像的位置及内容相比较，较全面地评估孔子见老子画像在这一墓中所可能有的地位和意义。董家庄汉墓在前、中、后室的封顶、四面坡顶和四壁上有很多他处少见的大面积雕画。其雕工之精美，构图之别致，内容之丰富远在许多汉墓之上。尤其是前中室之间及东西两后室之间的立柱上有费工极大，构图十分繁复，几乎立体的人物及瑞兽高浮雕。走进墓室，恐怕很少人能够不立即被这些立柱上的浮雕吸引住。相对来说，孔子见老子画像所居的位置和所占的面积，在这个墓中都只能算居于相对次要的地位。墓主或家人是否真的认识到这幅画像的意义，或仅随俗而刻画，并不在乎画像代表的寓意，需要进一步推敲。

1993.2.16；1996.5.17；2016.7.22

11.

山东平邑县文化馆藏汉功曹阙孔子见老子画像

1992 年 9 月 30 日晨 5 点半离诸城，取道莒县，经沂水、蒙阴到平邑。从诸城到蒙阴的两百多公里经过有名的沂蒙山区，全为凹凸不平的土路，吉普车时速只在二三十公里之间，因颠陂太厉害，我的头时时可撞到车顶。沿途村庄生活十分贫困，山多半光秃秃或仅有杂草而已。人家颇多养兔，以贩兔毛和兔肉为生。从蒙阴到平邑有四十一公里，为柏油路面。在蒙阴城外路边"发达酒家"打尖（图 11.1），吃碗鸡蛋面当早餐，11 点到平邑。

图 11.1　赴蒙阴途中在此酒家吃早餐

图 11.2

图 11.3

图 11.4

图 11.5

图 11.6 图 11.7 图 11.8

图 11.9

图 11.10

　　为我们开车的小王，老家在平邑。他带我们顺利找到平邑县文化馆。在文化馆后院，看到散置的平邑东埠阴汉墓出土极精彩的高浮雕，部分甚至是透雕的立柱（图 11.2—11.8）。这些画像石已在《考古》1990 年第 9 期发表（图 11.9—11.10），但是似乎没有受到应有的重视。1992 年参观时，画像石堆放在后院，周围都是垃圾，我必须蹲在垃圾堆中拍照，饱受蚊蝇袭击。幸而据文化馆馆长告知，平邑县正在筹建新的博物馆。2001 年县博物馆在莲花山公园内建成，现在这批画像石和著名的功曹阙、皇圣卿阙都在馆中展出。

　　我们到平邑主要是希望一睹著名的汉功曹阙和皇圣卿阙。这些石阙早在宋代赵明诚的《金石录》中即已著录，拓片收录于《汉代画像石全集》初编，1992 年时藏在平邑县立第二小学的一间专室中（图 11.11—11.12）。[①] 专室中有三阙，依照《全集》初编的称法分别是南武阳皇圣卿阙、南武阳功曹阙、南武阳东阙（图 11.13），都出自山东费县平邑（平邑集）八埠顶。据刘敦桢先生的记述，八埠顶是座小山，又名北陵，在平邑县城北约一公里半。山的东侧原有一庙，庙东有皇圣卿阙二座，庙南则有功曹阙。1932 年，米式民先生将它们迁到平邑城内的小学校内，一直保存到现在。1951年 4 月，刘敦桢是在平邑中心小学东南角的院子里，见到这三个灰青色石灰石做的石阙。当时石阙仍在室外，功曹阙的台基大半还埋在土中。[②] 有孔子见老子画像的一阙即是功曹阙。

[①]　按王相臣和唐仕英所写《山东平邑县皇圣卿阙、功曹阙》谓三阙在平邑县第三小学院内，见《华夏考古》3（2003），页 15。不知为何有第二、第三的差异。颇疑当地小学第一、二、三等排序在十年中发生了改变。
[②]　参刘敦桢，《山东平邑县汉阙》，《文物参考资料》5（1954），页 29—32。

图 11.11 （左二）皇圣卿阙（右）功曹阙

图 11.12　功曹阙

　　功曹阙四面有画像。画像剥蚀甚烈，多已漫漶不清。其上有百余字隶书题记，仍可释读的部分有"章和元年二月十六日"的日期（图 11.14）。这是孔子见老子画像有明确纪年，为时最早的一幅。阙的石质较粗，呈黄褐色。孔子见老子画像在阙身画像的最上一层。阙的这一面共均分为上下四层。因为保存不佳，目前阙上画像漫漶的程度比《全集》初编所收拓片要严重得多。我在现场虽拍了些照片，效果奇差，画面几乎无法辨识。孔子见老子图可能因为在最上层，比较而言，情形还算稍好。据《全集》初编的说明，第二层的内容为渔猎（实为胡汉战争和献俘图），第三层为人物，最下层为"行旅"。最上层《全集》初编称之为故事类历史之属。

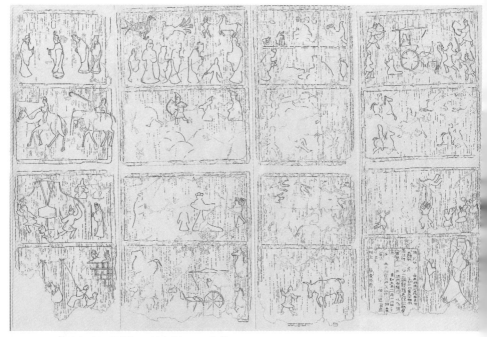

图 11.13　作者据史语所藏拓所制功曹阙四面线描图

图 11.14　史语所藏功曹阙拓本题记部分

最上层的上半部右侧清楚有马一匹，马头朝左；马前有一人物，做行走状，似为牵马夫；马夫左侧有两只相对的凤鸟。下半有人物七人：右侧一人拱手朝左，其前有朝左小儿一人，手持玩具车，可惜车轮部分已漫漶，但手握着的车柄还清晰，小童的姿势和其他画像中手持玩具车的项橐一致。这是我确认此画是孔子见老子图的主要证据。和小童相对，拱手而立的应是孔子，孔子手中有一鸟，有趣的是鸟头朝向孔子自己。其后则有与孔子同向朝右捧简在手的弟子四人。由于构图的特征和其他常见的孔子见老子图殊无二致，可以肯定，这是目前所知，年代可考最早的一幅孔子见老子画像。

功曹阙的重要除在有明确纪年，证明其上有现存最早的孔子见老子画像（图11.15）；另外一个意义在它是目前所知二十余个汉阙

图 11.15　史语所藏功曹阙拓本 孔子见老子画像部分

中，除武氏祠石阙之外，另一个在阙上有孔子见老子画像的例子。祠堂前双阙高耸，任何人进入祠堂，第一眼先看到阙，应会被阙上的题记和画像吸引。沂南古墓中室南壁上横额西段刻画的建筑就是前方立有双阙的祠堂，许多活动即在祠堂前举行①。在这样重要的位置上刻画孔子见老子的故事，自然有其意义。不过进行任何评估以前，似乎都需要先仔细考量各阙各面画像的内容和布局，最好也能将不同的阙放在一起做比较，才易较正确地掌握汉人对阙的看法，以及阙上画像可能有的意义。②20 世纪 80 年代在四川简阳鬼头山东汉崖墓中发现两阙上有"天门"榜题的画像石，又在四川巫山东汉墓中发现双阙间有西王母、阙上有"天门"榜题、原镶于木棺上的鎏金铜饰牌③，这引发了汉画中"阙"为天门，也就是升天入天国必经之路的新解释。

　　到平邑要拍功曹阙时，才发现自嘉祥出发后所拍的黑白照片，因胶卷未曾卷好，整卷底片泡汤。暗暗叫苦，但已无可挽回。

1993.2.15；1996.5.17；2016.7.21

---

① 《沂南古画像石墓发掘报告》，图版 49；信立祥认为此图即祠堂图，参所著《论汉代的墓上祠堂及其画像》，《汉代画像石研究》，页 184—191。
② 关于汉阙的初步讨论，参陈明达《汉代的石阙》，《文物》12（1961）；長廣敏雄，《漢代画象の研究》，東京：中央公論美術，1965，頁 48—58；唐长寿，《汉代墓葬门阙考辨》，《中原文物》3（1991），页 67—74。
③ 雷建金，《简阳县鬼头山发现榜题画像石棺》，《四川文物》6（1988）；赵殿增、袁曙光，《"天门"考——兼论四川汉画像砖（石）的组合与主题》，《四川文物》6（1990），页 3—11；内江市文管所、简阳县文化馆，《四川简阳县鬼头山东汉崖墓》，《文物》3（1991），页 20—25。

12.

山东邹城孟庙藏两方孔子见老子画像

　　1992 年 10 月 1 日早上 9 点半乘吉普车离开曲阜，南奔三十公里外的邹县。这里是孟子的故里。从道路建设和市面繁荣的情况来看，发展程度不如曲阜；不过，邹县正准备升格为邹城市。邹县文物保管所（今为邹城市文物局）在孟庙之内，在孟庙见到保管所夏广泰主任及研究员王轩。王先生很热心，送我他著作的《孟子》一书，并陪同我们参观孟庙。

　　孟庙收藏邹县附近出土及收集来的汉画像有一百三十余方，大部分陈列在东西两庑，有些置于室外，其中有不少未曾收入《山东汉画像石选集》，十分精彩。例如 1990 年在高李村南方汉墓出土的胡汉交战图、乐舞图、升鼎图都很有特色，也都不曾发表。孔子见老子画像则有两件，一件较能肯定，一件则在疑似之间，都见于东庑。

　　两石都呈黄褐色，石质较粗松，风化都十分严重。其中保存较好的一石，《汉代画象全集》二编曾著录（图 55）。著录说明标为"曹王墓画像"，出于滕县城东五十里。保管所人员说是出于野店，野店位于今邹城市西南七八公里，滕州市西北约三十公里。此石全长 0.95 米，宽 0.77 米，厚 0.20 米（图 12.1—12.3）。二编所录拓片

图 12.1　邹县野店画像石　1992 年摄

长 0.825 米，宽 0.71 米，这是因为拓片仅拓了画面部分。

　　此石在雕刻技法上属浅浮雕。原石石面不完全平整，减地使人物等主体突出，主体边缘有弧度，使主体稍具立体感。细节刻痕较深，刻痕两侧有弧度，因此略有浮雕的感觉。总体而言，刻工较武氏祠等地所见粗糙甚多。

　　画像四周有边框和菱形纹饰。画面以横线分为上下两层。下层右侧为四鱼牵引的车一辆，左侧为一似龙头虎尾怪兽牵引的车。上层共有人物八人。左侧两人面向右，余六人面朝左。左侧两人弓身拱手相对，戴进贤冠，手中是否持物，已难辨识。两人中间有一小

图 12.2　此石已由室外移置博物馆内　2010 年摄

图 12.3　作者藏拓　胡新立赠

童，与左侧者同向。左侧者应为老子，中为项橐，右侧为孔子。孔子身后有衣冠、姿态一致的弟子五人。

孔子见老子画像经常和车马出行图同时出现，但将表现神仙世界的鱼车、怪兽车安排在下层，而将人间世界的孔子见老子置于上层，是很少见的布局。不少学者认为汉画像，无论是壁画、帛画或画像石，通常将神仙或神兽安排在最上层，中层为人间的人物和故事，幽都等地下世界的描绘则安排在最下层——这上下的次序是有意的安排，反映出汉代人的宇宙观。孟庙此石上下的安排显然没有这样的用意。下文将介绍滕州博物馆的另一方画像石（图13.2—13.3），也是人物在上，神仙在下，看不出有意表现什么宇宙观。这些可以提醒我们，汉代画像的内容和安排，不必然都是刻意经营，不必然幅幅都反映墓主或其家人的思想。许多时候可能只是跟随时尚，将若干流行和格套化的内容拼凑在一方石头上罢了。汉代孔子见老子画像会和哪些类型的其他画像同时出现，各居什么位置，都还是值得注意的有趣问题。

孟庙有另一石未见著录[①]，保存情况较差。长方形石块左上角已残，画面也剥蚀得很厉害。据我所测，此石宽 0.80 米，上端残长1.02 米，下端长 1.46 米，厚 0.21 米（图 12.4—12.5）。此石雕刻技法和前一石相同，但因剥蚀较为严重，画面看起来像是刻划较浅。有趣的是胡新立先生曾赠送我一张此石拓片（图 12.6）。比较这张拓片和《邹城汉画像石》所录拓本，可以明显看出因拓工不同所造成拓制内容和效果的差异，有些失拓，有些又可能拓得太多。拓本

---

① 2008 年胡新立编，文物出版社出版的《邹城汉画像石》已收录为图一四〇。

图 12.4　孟庙藏画像石

] 12.5　《邹城汉画像石》所附拓本

图 12.6　胡新立赠拓本

有时不可完全信据，必得查核原石，此可为一例。

　　和前一石一样，此石四周也有边框和纹饰，画面也以横线分为上下两层。下层有左向马车两乘，马车前有导骑二人，画面已不很清晰。上层左侧残，残余人物共九人。右侧有朝左人物五人，戴进贤冠，弓身拱手，左端最左侧一人只见下半身，从左至右数第四人漫漶特甚，几已难辨。左侧四人朝右，冠式、姿势与右侧者相同，唯向右数第四人身材甚矮小，为一小童。这样的布局似乎应该是孔子见老子的画像，居于相对两人之间的矮小者似即项橐，和他相对的应是孔子。《邹城汉画像石》即认为画像内容为孔子见老子。但这幅图是否为孔子见老子在疑似之间。因为孔老之间的矮小人物既戴冠又下跪，和一般山东汉画所见披发站立并持鸠车的项橐明显不同。再者老子身后第二人持杖，也不常见。第三，孔子身后弟子特别矮小，比较像一小儿而不像晏子或颜回。姑存此，以待高贤另考。

1992 年曾参观孟庙所藏汉画像石，但重要的孔子弟子画像石要到 1993 年才出土。1993 年 5 月出土后，1994 年刘培桂等发表了有关画像的弟子榜题拓本和释文。[①] 这石出土于一座北宋末年墓，该墓东壁上层利用了汉代画像石材。这件石材原应属一座东汉中晚期墓的墓门横额或墓室间的过梁石。石宽 0.45 米，长 2.45 米，厚 0.21—0.23 米。石两面有画像，一面为牛耕、人物、大象、骆驼、斗牛等画像，另一面即孔子弟子图。

1998 年 9 月 4 日由邹城市文物局副局长胡新立陪同，再度参观孟庙内新整理过的汉画像石陈列馆。画像石整齐排放在露天的院子里，光线甚好，便于观赏和拍照。胡新立先生为人极热情，很愿意分享所知，他曾主持过王村和卧虎山汉墓的发掘，卧虎山所出画像石棺即陈列在院子里，令我大开眼界。他告诉我将出版邹城汉画像石选集和论集。2008 年《邹城汉画像石》终于由文物出版社出版，令人高兴。1998 年参观，胡先生还引导我参观附近岗山和铁山的摩崖佛经刻石，印象极为深刻（图 12.7）。最重要的是在此看到了宋墓借用的汉刻孔子弟子画像（图 12.8—12.12）。胡新立告知原应有三横梁，共刻弟子七十二人，二石已佚，仅剩一石上的二十四人。

2010 年三访邹城，邹城博物馆已移入一座规模宏大的新馆，

---

① 　刘培桂、郑建芳、王彦，《邹城出土东汉画像石》，《文物》6（1994），页 32—36。

图 12.7　与胡新立合影于铁山摩崖刻经前

图 12.8　画像右端　1998 年摄

图 12.9　画像左端　1998 年摄

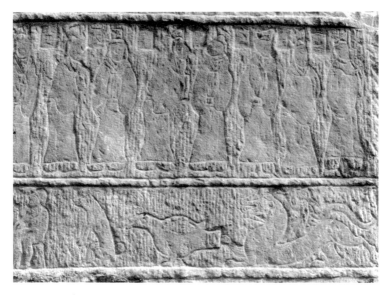

图 12.10　局部一

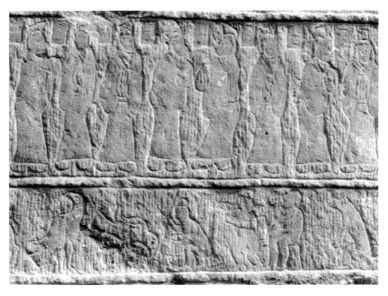

图 12.11　局部二

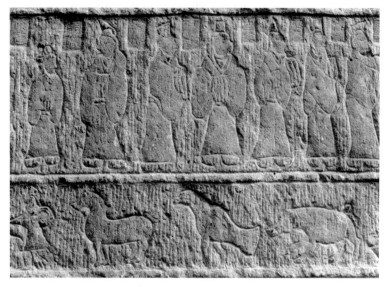

图 12.12　局部三

胡新立极热心地安排在周末闭馆期间，开馆让我们师生参观，我因而得以再拍了孔子弟子画像原石照片（图 12.13—12.14）。1998 年时，画像石全置于露天的院子里，石面干净，未经墨拓，我在大太阳下拍照；2010 年时，所有画像石已移置在博物馆内，石面已有墨拓后的遗痕。

孔子弟子图这一面分上下两层，上层为有榜题的孔子弟子二十四人，下层左端有射猎场面，右半部有成排的禽和兽。二十四人中有些榜题已漫漶难释，有些还清晰可辨，较可确定的有"琴牢""庾苞""颜侨""商瞿""孔思""公冶长""颜幸""上书者"等（图 12.15—12.17）。其中有些见于《史记·仲尼弟子列传》，有些则不见经传。由于此石两头都残留有和其他石材相接的接面，可知原本应还有其他相连弟子画像，甚至有孔子、老子等，共同构成一幅完整的孔子见老子图。胡新立说原本应有三石，应有可能。这一石最珍贵的地方是每一弟子都题刻其名，有些虽已漫漶，但不难想象其他横梁石如果存在，其上的弟子也应该各有名字。较难以理解的是为何有一榜题作"上书者"（图12.17最右一榜）？刘培桂和胡新立等正确释出"上书"二字，我据残存笔画，推测其下一字应为"者"。但这是什么典故呢？仍待研究。

必须一提的是，胡新立先生是在我研究画像的道路上大力相助的一位。我们虽仅偶有书信和电子邮件联系，但常收到他的赠书，得知他最新的研究成果。他编写的《邹城汉画像石》尤其重要。2016年8月17日我到济南山东石刻艺术博物馆拜访老友赖非，万万没想到巧遇胡先生。他来此是为和赖非共商如何恢复破坏已久的尖山佛教摩崖刻经。赖非曾全面考察山东摩崖佛教刻经，也是书法家，赠我墨宝两种，浓情厚谊难以忘怀。那天相谈合影甚欢，并得知胡先生和北大朱青生合编的《汉画总录·邹城卷》即将出版。这真是大好消息。

1993.2.8；1996.5.17；2016.9.7

图 12.13　全石　2010 年摄

图 12.14　全石拓本

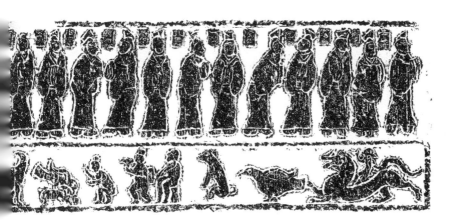

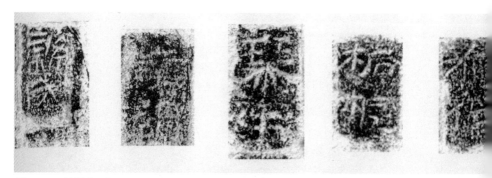

图 12.15　榜题（一）

图 12.16　榜题（二）

图 12.17　榜题（三）

13.

山东滕州博物馆藏西户口孔子见老子画像

　　在滕州有个重要的意外收获，看到一方结构不寻常的孔子见老子画像。1992 年 10 月 3 日清晨 7 点，冒着雨，在枣庄市街上吃了包子和豆汁，奔往滕州市。滕州在枣庄的西北，是墨子的故里。清晨一路上人车不多，吉普车 9 点半顺利抵滕州博物馆。馆址原是前

图 13.1　与万树瀛（中）胡秉华（右）合影于滕州博物馆

清某王姓进士的宅第，十分古朴幽雅。馆长万树瀛先生是与我同行胡秉华先生的数十年老友（图 13.1）。他极为热情地接待我们，让我们观赏他收藏的近百张汉画原拓，眼界为之一开。

万先生是有心人，对画像石搜集极为注意。滕州博物馆现藏汉画像石三百余方，都是 20 世纪 50 年代以后搜集的，其中有二百余方为新近出土或收集而来。不少新收的因场地不足，目前还堆放在博物馆的院子里。滕州市过去为滕县，有个著名的宏道院，宏道院毁于对日抗战时期的一场火灾；宏道院所藏的画像据《山东汉画像石选集》所录，仍有九方在北京中国历史博物馆（今名中国国家博物馆）。

滕州市的汉画像石除藏于市博物馆，另有九十余方藏于旧县文化馆的滕州汉画像石馆（今移充市文化局办公室），也有些在龙泉塔。万先生除了引导我们参观博物馆，还亲自陪同我们到旧汉画馆，在这里看见了我要看的孔子见老子画像。

旧汉画馆的画像石都一排排嵌在墙壁上，这大概是博物馆成立以后，这批画像石却无法迁入博物馆的原因吧。藏有孔子见老子画像的那栋建筑当时隔为数间，作为绘画写生班的教室。馆员小心移开若干墙边的家具，一幅令我觉得稀奇的孔子见老子画像出现在眼前（图 13.2—13.4）。墙上还有以前展览时的标题——"孔子问礼老子图，西户口出土"。

这一方画像石为正方形，石质呈黄褐色。雕刻技法与孝堂山接近，都在极光滑平整的石面上以单纯的阴线刻，浅浅刻出画面。《山东汉画像石选集》著录的图版说明（图 230，图版 100）中说：

图 13.2　西户口出土孔子见老子画像石

图 13.3　万树瀛先生所赠拓片

图 13.4　杨依萍 据拓片所作线描图

　　石面纵83厘米，横83厘米。画面漫漶，十层：一层，鹿、异兽。二层，儒生授经。三层，人物相会。四层，车骑。五层，狩猎。六层，群山及兽。七层至九层，人物。十层，水上行船、钓鱼。

　　经我测量，长宽皆为76厘米。《选集》所录不知是拓片原本不理想，或印刷不佳，完全没提原石上有榜题。万先生和我细读原画，发现有清楚的榜题"孔子""老子""东王父""泰山君"四处（图13.5—13.9），这真是令我惊喜的发现。过去我读《选集》时，因图版不明，榜题不可见，使我忽略了这方孔子见老子画像。更令我惊喜的是万先生在临行时竟慷慨赠送了我一幅拓片。这张拓片甚精，唯一的遗憾是拓工疏忽了"东王父"三个字的榜题，未曾拓出。因为《选集》说明颇为简略，以下根据拓片和当时的笔记，对画像内容做一稍详的报道。由于我当时所拍照片效果欠佳，2010年再访时，学棣林宛儒和我各摄得较好的照片，选择若干附在这里供参考。考虑到原拓线条极细，缩印后效果不佳，这里仅附局部照片和据拓片所作的线描图。

　　《选集》谓这方画像石分十层是正确的。可以补充的是每层宽度并不完全一样，第四、五层约为其他层的两倍宽。第四、七、八、九层又有分隔的竖线，这是其他汉画像石中不常见的。雕刻风格和构图都极具特色。在风格上，线条简单自然，显得特别朴拙，不像武氏祠所见那样刻意经营，讲究技巧。在构图上，全石中间偏上的第四、五层较宽，最能吸引观者的视线。第二、三、七、八、九层的人物都只刻上半身，大致上以左右相对和对称的方式安排这些木偶般的人物。在内容上，上下各层描述性的、故事性的和较具装饰性的都有。

最上层左侧是两只向左带角的鹿，其右有三只左向人头兽身的怪兽。下一层就是有"孔子"和"老子"榜题的孔子见老子图。孔子和老子相对居中，身后各有弟子七名。孔子身后弟子一律戴进贤冠，持简册，拱手侧面向右；孔子亦向右拱手，但脸却和老子及老子身后的弟子一样，一律正面朝前。老子和身后弟子虽面孔朝前，身子却又侧面朝左。孔子和老子手中都没有东西，两人之间也没有常见的小童项橐。这样的孔子见老子图布局，目前所知仅此一幅；如果不是有明确的榜题为证，实在不敢确认。《选集》解释这一层为儒生授经，就是因为所录拓片榜题不明所造成的。

第三层右侧一半原石漫漶，从残迹可约略分辨是八位戴冠，面朝前，侧身朝左，拱手持笏或持便面的人物；左侧有戴进贤冠，侧面向右，拱手持笏的人物八人。

图 13.5　原石，其上有孔子老子榜题　2010 林宛儒摄

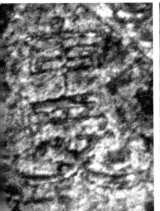  

图 13.6　东王父　　图 13.7　东王父　　　　图 13.8　泰山君

图 13.9 泰山君榜题及乘鹿车的泰山君

第四层有竖线中分画面为左右两半。左半是两只鹿：一只拉车，一只有人乘坐为前导。拉车的鹿腹下有一只回首蹲伏的狗或小鹿；车上有一前一后二人；前一人一手持缰绳，一手扬鞭赶鹿，后一人正面朝前，戴进贤冠，手持便面。车前鹿的上方空处有清楚榜题"泰山君"三字。据个人所知，这是目前唯一有关汉代泰山君的榜题资料，极为可贵。

右半有相对向左的鱼车一乘。这一部分石面坏蚀严重，极为漫漶，鱼数不可确知，车上似乎也有一前一后两人。最重要的是鱼的上方有清楚的榜题"东王父"三字（图 13.6—13.7）。东王父即东王公。万先生和我曾一再细辨，一致确认无误。过去学者都将鱼车上的人物视为河伯，可是这里却有榜题东王父，不能说不是一件值得注意的稀奇事。

陈秀慧在其《滕州祠堂画像石空间配置复原及其他地域子传

统》①曾指出东王父榜和鱼车无关，东王父应指其左侧持便面的人物，画面上应另外有乘鱼车的河伯。

2010 年我再仔细检视画面，仍感觉东王父榜所在的位置十分奇怪。这一石的题榜"孔子""老子"和"泰山君"都出现在相关人物的左或右上方，"东王父"三字反在持便面人物右下侧。如果持便者是东王公，其两侧全不见神兽之类，反而是成排手持笏板、戴进贤冠的人物。类似装束和持便面的成排人物也出现在同一石倒数第二至四层。这完全有违东王父或东王公构图的格套。其次，即以东王公造型本身而言，东王父头戴进贤冠，手持便面，无异于其他画中人物，也有违当时刻画东王公的模式。

另外必须一提的是我注意到孔子、老子、泰山君和东王父四处榜题，书体、刻法一致，应为原刻而非后人所补。我猜想当时造作画像时可能已发现漏刻东王公，因下方空间已为泰山君和河伯分占左右，为了要和另一墙上的西王母对称，就在泰山君和河伯的上一层，持便面人物的右下勉强补了"东王父"三个字。河伯画面的左上方石面漫漶，即便未曾漫漶，应该也没有可以刻画东王公的空间。

第五层是狩猎图。右侧有一牛车，牛车上一人，手持弓弩，另一手以缰绳控制前进中的牛。牛车后有一人也持弩跟随。牛车前有四只追赶野兽中的猎犬。猎犬前则是逃跑的鹿、兔子和野禽。有两只小鹿、一只兔子是刻画在大鹿的腹下，蹲伏着未做奔跑状。整体而言，这虽是一幅狩猎的景象，但人物和动物的姿态比较不像其他

---

① 台北艺术大学美术史研究所硕士论文，2002，页 121。

汉画中那样充满动感。

第六层的内容具有较强烈的装饰性。在图案式连续三角形的山头后，有几乎完全相同、向左的马头伸出。马头后也有相同的花纹装饰。

第七、八、九层是和第三层类似持笏拱手的半身人物。只是也有人持便面（七层有三人，八层有二人，九层有二人），冠式除前高后低的进贤冠，也有一人戴武弁大冠（七层，左数第十人），另有八人（九层，左数第八至十五人）似光头，未戴冠。第七层共十九人，八层二十人，九层二十一人。

第十层也是最下一层有三艘钓鱼的船。船上有三或四人，一人在船首钓鱼，两人各持桨居船中和船尾。船下水中各有三尾游鱼，船上则有已钓获的鱼。

从以上内容来看，各层的安排之间似乎没有什么关联。最上层的神兽和泰山君、东王父一层之间，夹着两层人物；下层狩猎和钓鱼图之间也夹着几层人物。这一石四周有边框花纹；换言之，这石的画像并不是与他石连续构成更大画面的一部分，而是独立的。因而可以说，这石的创作者显然无意在这一石上表现什么整体的意念。据滕州博物馆展出的说明，此石原是某一祠堂的左壁。其他部分据陈秀慧寻访，发现在上海博物馆，她因而得以复原了部分石祠。

类似风格的画像在西户口墓还有另外两方，今藏山东博物馆，这次也幸运看到。[①] 随蒋英炬先生在山东博物馆看这两方画像时，

---

① 参山东省博物馆、山东省文物考古研究所编，《山东汉画像石选集》，济南：齐鲁书社，图 228、229，图版 98、99。

蒋先生提到不少人认为这几石拙朴的风格表现应是较早期的作品，但他相信拙朴的并不一定较早，这些仍应是晚期的画像。我同意这种看法。

1993.2.15；1996.5.17；2016.7.23 补图

14.

山东阳谷八里庙汉墓孔子见老子画像

　　1983 年 7 月，阳谷县寿张乡八里庙农民在庙东发现两座汉墓，其中一号墓后室中间立柱上有清楚的孔子见老子画像。聊城地区博物馆曾在《文物》1989 年第 8 期上发表发掘简报。

　　1992 年到山东，曾将聊城列入行程。可是到了济南，拜访艺术史也是汉画的专家刘敦愿先生，才知这批画像石并不在聊城地区博物馆（今聊城市博物馆），而仍在极偏僻的阳谷，交通十分不易。幸好写上述发掘简报的刘善沂先生正是刘敦愿先生的公子，承两位刘先生的好意，当我考察完河南等地画像回程再经济南时，他们已特地准备了一份拓片赠送给我（图 14.1—14.2）。这真是一份大大意外的礼物。拓片远较《文物》上发表的清晰，加上这是一座完整墓葬的发掘，画像的位置可以知道，因此很有详细介绍的价值。

　　一号墓为砖石墓，由前室和后室组成，总长 7.6 米。墓门和后室门为石造，其余为砖砌。前室长 4.1 米，南端宽 2.06 米，北端宽 2.8 米。后室门正中由一立柱隔开，成为二门。后室为长方形，长 3.5 米，宽 2.53 米。一号墓共出石刻画像十四方，分别刻在墓门和前、后室过门的九块石料上。孔子见老子画像是在后室门正中的立柱上。立柱四面有画，孔子见老子是在朝北的一面。换言之，由墓

图 14.1　八里庙原拓

图 14.2　杨依萍线描图

门进入，过前室，进入后室回头才能见到立柱上孔子见老子的画像。从墓中出土器物、货币及雕刻风格看，可以推定此墓时代当属东汉晚期。

这方形立柱高 1.20 米，宽 0.42 米，厚 0.34 米。立柱的雕刻技法为浅浮雕和阴线刻，减地后留下竖线凿纹。朝南一面的柱上有重台楼阁，对话的人物、带羽仙人等；朝东一面柱上有云气，云气中露出的九只鸟和两只神兽，还有两只虎，其中一只背上有双翼，下层有铺首衔环，环中有双鱼，环旁有带羽仙人。朝西一面柱上分四层，每层各有人物三人。

立柱朝北的一面也分为四层，但上两层的高度只有下两层的一半。最上层即孔子见老子图。共由六个人物组成。小童项橐在画面正中，面朝右披发，手持独轮玩具车。其后是戴进贤冠，拱手弓身，手持曲杖的老子；老子身后有榜额，但无字；又有同向，相同装束的弟子二人。和项橐相对，面朝左，戴进贤冠，弓身拱手的是孔子，他手中有两只鸟的鸟头。在这幅画像中，老子和孔子弓身的角度都比一般大，尤其是孔子弓身几近九十度，这是比较特别的。孔子身后有榜额，但没有题字，另有同向弟子一人。整体而言，这是一幅相当典型的孔子见老子画像，具有明显孔子见老子图的构图特征（图 14.1、14.5）。

第二层是描写荆轲刺秦王的故事。荆轲在右，掷剑击中立柱，一卫士拦腰阻止荆轲；秦王转身而逃，其后有二卫士持盾举剑前来迎击荆轲。

第三层画面约为上两层大小之和。主要内容是百戏。画面下半有一三匹马拉的车，马前蹲一犬，车上坐五人，从车上竖立两竿，

图 14.5　局部　孔子见老子

左侧一竿竿顶有一人，一手持鼗鼓，一手持排箫；另一竿顶也有一人，手持不知名的器物，竿旁各有一人似正表演竿上功夫。左侧有一人骑马远去，手上有一鸟，其后有一兽似正追扑中。两竿之间有一榜题（图 14.3—14.4），其上约有三字，可惜因石面残泐太甚，笔画和裂纹相混，几不可辨。我的一个猜测是"功曹车"三字。一则功曹车常见于山东画像石。二则如果拓本和照片两相参照，排除一些裂纹，将看似不连的笔画连上，就部分残笔看和功曹车三字相近。三则如释为功曹车，和以马车为主的画面内容即可相合。功字左侧的"工"旁和曹字上半部因拓本和照片差别较大，难以准确拿捏，因此试拟了笔画上有出入的两个释读方案（图 14.6—14.7），很难说何者为是。石面裂纹较多，如能从不同角度打光拍照，多几张照片或许能增加辨识的可能性。以上先姑妄释之，以待后考。

图 14.3　拓本榜题　　图 14.4　原石榜题　杨爱国摄

图 14.6—14.7　榜题释读试拟方案　　　　图 14.8　汉简曹字举例

最下一层是常见的枝叶相交的大树，树中有鸟五只，树下停一车，车前有一马，马下蹲一犬，马前蹲一人，马背上方的树上则悬有马料。

总体而言，下两层画面占据了这一面的三分之二。孔子见老子图虽在最上层，但所占面积有限。不过，我们必须考虑立柱高 1.2 米，一般身高约 1.6—1.7 米的人进入墓室，最容易看见的不是立柱的下层，而是较高的上层。下层占较大的面积，上层较小，如果站立着观看，从视觉效果上说，大小的差距会缩小。我们不能因孔子见老子画面较小，以为这一画面较不重要，事实可能正相反。画匠是将孔子见老子安排在最容易观看的位置上。假使这个观察是正确的，墓中画像是为活人而非死者准备，似乎就多了一项证据。

2016 年 8 月 15 日随齐鲁文化研习营曾到聊城，可惜因随团行动，未能到相距不远的阳谷。不意数日后杨爱国兄特地到阳谷县文管所库房见到了原石，并传示榜题照片（图 14.4）。存放在库房内的画像石有十余块堆放在一起，杨兄无法拍摄到全石。至少可以确认原石仍好好地保存在阳谷县文管所。杨兄的帮助永志难忘。

1993.2.16；1996.5.17；2016.10.23 补图

15.

山东博物馆藏疑出嘉祥的孔子见老子画像

　　追索山东博物馆这方孔子见老子画像有一个颇为曲折漫长且满怀感恩的过程。1990 年 8 月 18 日第一次参观山东博物馆时，承卢传贞馆长厚意，得在博物馆最里一进建筑的走廊上，见到数十方尚待整理的画像石，其中有一方孔子见老子画像从不见于著录。当时我曾无意中拍下照片，可惜效果欠佳，夹在照片簿中，全然忘了它的存在（图 15.1）。1992 年再访山东博物馆，不巧正值迁馆，许多

图 15.1　1990 年 8 月无意间拍摄到的照片

图 15.2　包华石所赠照片两张拼接成一张

图 15.3　史语所傅斯年图书馆藏残拓

曾排放在走廊上的画像石已装箱，无缘一见。如此一等十二年，要到 2004 年三访山东博物馆，才得重逢旧识。

不过这十二年中另有一连串意想之外的因缘。1992 年，美国密歇根大学包华石教授来史语所访问，以其大作《汉代画像与政治表述》①相赠，其书即以山东博物馆的这方孔子见老子画像局部为封底，见之大喜。包教授以我为同好，慷慨出借底片，允我复制一份（图 15.2）。更出乎意外的是 1993 年 2 月 17 日，我和同事在史语所傅斯年图书馆清理旧拓片，竟然发现此石的一张残拓。残片上层为孔子见老子，有"孔子""老子"榜题；下层为朝左，上下两排，头戴尖顶帽，反身射箭中的马上骑士（图 15.3）。

由于包教授的照片仅为局部，史语所发现的拓片亦残缺不全，为求了解画像全貌与画像上孔子和老子之外另一个不敢确定的榜题，遂写信向蒋英炬先生求助。蒋先生极热心，亲自赴山东博物馆，从装箱的画像石中找出这一石，不但代为拓制了不明的榜题，更于 1993 年 7 月 14 日寄下一张全石拓片的照片（图 15.4）。一经比对，证实 1990 年我无意中所拍的照片缺了左侧近一半，也不够清晰。2002 年 12 月 17 日多年老友郑岩来台湾开会，慷慨赠送相关两石的原拓两张，我因而终于有了目前最清晰的拓片。两位的浓情厚谊，令人感动。经仔细观察，我发现这石断为三截，三截间有缺损，原本无疑应为左右画面和内容都相连续的同一石（图 15.5—15.8）。2003 年我曾为此写信给郑岩，向他求证。郑岩来信表示同意我的看法。2004、2010 和 2016 年三度去山东博物馆参观（图

---

①   Martin J. Powers, *Art and Political Expression in Early China*, Yale University Press, 1991.

15.9），发现残石三方色泽和厚度相若，益可证明原为左右相连的为同一石，唯已无法密接而已。

　　这一画像未经著录，据包教授书说，原出于嘉祥。左石长 1.08 米，

图 15.4　蒋英炬寄下的拓片照片

图 15.9　2004 年与郑岩合照于山东博物馆

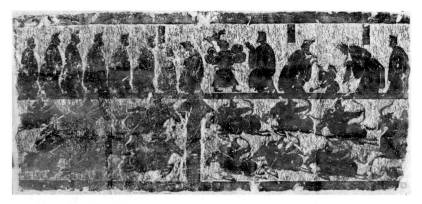

图 15.5　郑岩赠拓片　左石

图 15.7　左石 作者线描图

宽 0.47 米。右石宽同左石，因断缺而长度已无法准确知道。画面四
周有框，分上下两层。技法属竖纹錾地平面浅浮雕，人物细部以阴
线勾勒。比较史语所残拓、蒋英炬和郑岩所赠拓片、包教授 1991
年所赠照片和我十余年后所摄照片，可以发现原石渐有剥蚀，下层

图 15.6　郑岩赠拓片　右二石

图 15.8　右二石（中有断缺）作者线描图

左段尤为漫漶。2016 年 8 月我曾仔细观察原石，发现少数阴刻细线仍极明晰，但不知为何也有些画面即便在博物馆中保护，仍变得更为漫漶，孔子、老子榜题的笔画已明显不如二十几年前包教授拍照时所见（图 15.10—15.12）。

图 15.10　2016.8.17 作者摄于山东博物馆

图 15.11　前图左段

图 15.12　前图右段

　　此石左侧一半画像上下分层不完全平均，上层稍窄，下层稍宽。下层内容和右石相连，无疑是常见的胡汉交战及献俘图。左侧右端有七骑，其中六骑分上下两排，正奔驰前进，马首向左，骑上有戴尖顶帽骑士正回首弯弓射箭，最右侧有一骑同向，但骑士未回首，弯弓与六骑相对；下层左端有上下两排、马首朝右的六骑，马亦快速奔驰，动感十足；马上骑士正面朝前，头戴武弁，手持弓箭。对驰的骑士之间，有一具有顶檐的阙状物，将画面分隔为不完全平均的左右两部分。

　　左侧上层即孔子见老子图，共有人物十四人，有字榜题三处。

最右端为一面朝左之弟子，其前即戴进贤冠、弓身拱手、面朝左持曲杖的老子，身后有隶书榜题"老子"二字（图 15.8、15.10、15.13、15.21）；老子前有同方向，一手持轮状玩具车，一手上举前伸，披发较矮小的童子项橐。与项橐相对、戴进贤冠、拱手弓身、手中有双鸟的是孔子，其身后有榜题"孔子"二字（图 15.8、15.14、15.21）。有趣的是孔、老二人都有须。孔子身后一弟子正回首扬手向左，与他相对的是头戴鸡冠、身佩猳豚、大袖旁张、造型最为特殊的子路（图 15.15）。子路左侧又是一回首的弟子，和这个弟子相对的是一身形稍矮、有"案子"（图 15.16—15.18）二字榜题的人物。这一榜题原不敢确辨，经分别请教蒋英炬及曾到史语所访问的裘锡圭先生，他们一致认为是"案子"二字，并一致认为"案"即"晏"字通假，案子即晏子。这一榜题的确定，可以说为孔子见老子图增添了新内容。这是目前所知两件有晏子榜题的孔子见老子画像中的一件。传世文献从不曾提到孔子七十二弟子中有晏子，晏子为何出现在画像中，耐人寻味。晏子左侧有六位面向右，戴进贤冠，微微弓身拱手，姿势一致的弟子。

　　这一画像有孔子和老子明确的榜题，有造型上十分典型的子路和项橐，可以说为山东典型的孔子见老子画像增添了明确的例证。其最重要处在于明确证明了这样的画像中也会有晏子出现。晏子如传世文献《晏子春秋》所说，身材矮小，其造型特点一在矮小，二在所戴之冠较他人为高，又佩上和矮小身材不称的长剑，高冠和长剑益发显得其人之矮。这不禁使我注意到嘉祥宋山第七石① 孔子身

① 　参朱锡禄，《嘉祥汉画像石》，图 49。

后第三人，以及后文将提到的长清孝里镇大街村出土孔子见老子画像中身材特矮、高冠、佩长剑的，应该也都是晏子。另一点可注意的是孔子手中持有二鸟，一般仅持一鸟，或一鸟在手，一鸟在飞。但手持两鸟的例子也有，见《过眼录》第 4 节提到的泰安岱庙一石以及《过眼录》第 16 节将提到的孝里镇大街村孔老画像。

右石上半为与左石相连续的孔子诸弟子。较特殊的是右石左端有一戴进贤冠者与其左已残去的另一人手持同一简册的左右端，并有榜题"子贡"二字完整清晰（图 15.18—15.19）。这样的子贡实属仅见。又这位孔子的大弟子竟然不出现在孔子弟子之列，反持简册列于老子身后。为何如此？还待解索。

下栏画面从人物有些头戴盔，身披铠甲，手持刀剑，另有方向相对的戴着尖顶帽，双手反缚于背后，可知是汉画中常见的献俘图，这和右石共同构成胡汉交战及献俘的画面。左石断裂处有朝左的骑士二人（可见者二人，实际原人数因石断不可知），正张弩追击右石上反身而射的胡骑。这构成了颇为常见的胡汉交战场面。

此石分上下两栏，上栏为颇典型的孔子见老子、项橐画像，下栏则是典型的胡汉交战画像。同一石上这样的画像组合，不正反映了多年前我曾提出汉代官员仍以兼擅文武为典型的观察？孔老图代表了文治，胡汉交战与献俘象征着武功。我们虽不能明确知道此石在墓中的位置，此石所刻无疑是用来赞颂墓主的文治和武功。《过眼录》第 6 节我曾提到济宁城南张村画像石上也见上下分栏，分别描述孔子见老子以及出行献俘的布局。

1993.8.2；1996.5.17；2016.8.20 补图

图 15.13　老子　　　　　　　　　　　　　　　图 15.14　孔子

图 15.15　子路

图 15.16　案子（一）

图 15.17　案子（二）蒋英炬赠拓

图 15.18　案子（三）包华石赠照片

图 15.19　子贡　郑岩赠拓

图 15.20　子贡榜题

图 15.21　老子（右）孔子（左）榜题

16.

山东博物馆藏长清孝里镇大街村
东汉墓孔子见老子画像

2010 年 6、7 月率学棣数人有一趟山东画像之旅。6 月 30 日在新开馆的极豪华气派的山东博物馆新馆（图 16.1），看到 2005 年长清孝里镇大街村西北东汉晚期墓出土的大型画像石。此墓为颇具规模的多室墓，墓道宽 1.6 米，墓圹东西长 10.1 米，南北宽约 9 米，深约 3.2 米。墓室由砖石混筑，有双墓门、双前室及后、侧室，石

图 16.1　右起：林宛儒、高震寰、作者、杨爱国、游逸飞　刘欣宁摄

图 16.2　发掘现场

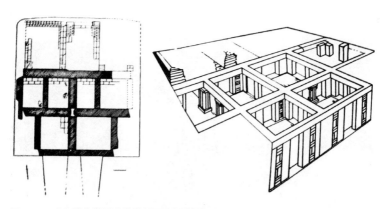

图 16.3　山东博物馆展出的墓平面和透视图

质横梁上布满剔地平面线雕画像（图16.2—16.3），有四神、狩猎、收租、出行和胡汉战争等内容。这里要说的当然是孔子见老子画像。

孔子见老子画像出现在一长达4.4米，宽52厘米，厚64厘米的横梁石上。上半为菱形花格纹，下半是多达四十人的孔子见老子图。同一石上横列达四十人（图16.4—16.14），其规模仅次于孝堂山石祠。其中孔子、老子、项橐、子路和晏子明显可辨。老子持曲杖，项橐持玩具车，子路头戴鸡冠、腰系鶡豚，晏子身材较矮小、佩长剑，唯未戴高冠。其余弟子一律戴进贤冠，手持简册。全图人物造型特征基本上符合东汉晚期鲁地孔子见老子画像的格套。

此外，据王培永《孔子汉画像集》页38，山东博物馆另藏有一方长清孝里镇大街村出土的孔子见老子画像，因未展出，不曾亲见，这里不多说（图16.15）。

又据网上《中国文物报》消息，[①] 2006年7月，在长清区大柿园村东南一公里半处，发现东汉中晚期画像石墓，由墓道、前室、中室、后室和左右耳室、侧室组成。前室南北长190厘米，东西宽190厘米，四壁都有画像，东壁门楣高42厘米，宽170厘米，刻有孔子见老子图。南壁门楣高124厘米，宽108厘米，也有孔子见老画像。《孔子汉画像集》附有前室东壁画像拓本（图16.16），其为孔子见老子图无疑，唯乏正式报告，也未曾见，暂附于此。

2016.8.18 增补

---

① 见 http://www.wenbao.net/wbw_admin/news_view.asp?newsid=390。

图 16.4　山东博物馆展出的原石

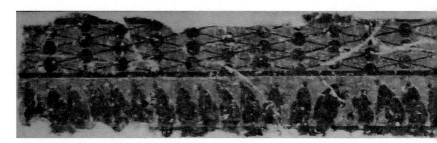

图 16.5　山东博物馆展出的拓本

图 16.6　原石　左端下半

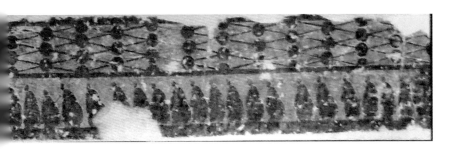

图 16.7　原石 弟子局部

图 16.8　原石　孔子见老子项橐部分

图 16.9　拓本　孔子见老子、项橐部分

图 16.10　作者线描图　局部一

图 16.11　拓本　子路及晏子部分

图 16.12　拓本　子路

图 16.13　拓本　矮小佩长剑的晏子

图 16.14　作者线描图　局部二

图 16.15 长清孝里镇大街村汉墓出土孔子见老子画像

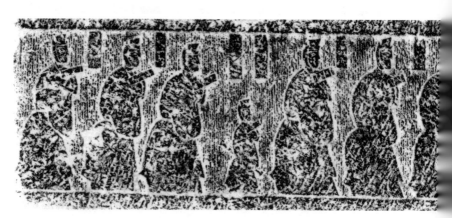

图 16.16 长清大柿园东汉中晚期墓前室东壁门楣孔子见老子画像

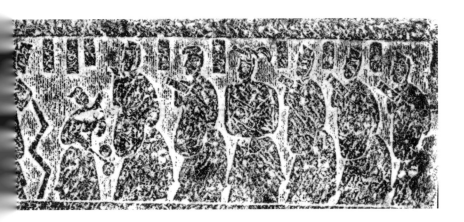

17.

山东石刻艺术博物馆藏嘉祥宋山、五老洼孔子见老子及周公辅成王画像

　　1992 年再到济南，有缘参观馆址尚在红万字会旧址的山东博物馆，并认识了蒋英炬先生。蒋先生热心地引领我参观罗列在廊庑下的汉代画像石（图 17.1），并告知还有一个山东石刻艺术博物馆。

图 17.1　与蒋英炬先生合影于山东博物馆旧址

这时山东博物馆正搬迁，石刻馆也正改建，文物多已打包，十分遗憾。幸好省博仍有些画像石罗列在廊庑四周，得以拍到一些照片。1998 年再访山东，这回终于在石刻馆看到几方重要的孔子见老子画像，这些画像以出土于嘉祥宋山的为主。宋山村位于武氏祠西南约二十四公里，1978 和 1980 年先后发现三座墓，均出土了汉代画像石。这些石面都涂有一层石灰，画像一度被掩盖掉。朱锡禄据此指出应为后人利用汉代祠堂石材再修墓时所为。雕刻技法除了有和武氏祠相同的平面浅浮雕，也出现了武氏祠所无的凹入平面雕。朱锡禄在他的《嘉祥汉画像石》一书中称 1978 年出自宋山一号墓的为宋山画像石，1980 年二号和三号墓所出者，称之为宋山第二批画像石。以下先介绍宋山第二批的第一石（图 17.2—17.4）。此石约在中心位置，已自上而下纵裂为二。其雕刻技法即朱先生所说凹入平面雕。石面有纵向细纹打底，画面人物等较底纹为凹下，呈平面，又以细线刻出画面纹路。画面下层是常见的树及车马，中层为晋献公和申生故事，上层为弓身拱手的孔子，持曲杖的老子，手推玩具车的项橐和戴鸡冠、大袖旁张的子路。孔子身后有较矮小的一人，按常例应为颜回。最上层还有朝左一人，与孔子见老子画面的关系，不明。其左侧底纹大致完好，或许准备刻其他人物但未完成吧。这种未完工的情形时有所见，五老洼第十石就是明显的一个例子[①]。第十石有上下两方栏，下一栏边框已就，内容几乎空白未刻。

　　这一石的雕刻技法和有孔老画像所谓的宋山第七石完全不同

---

① 　朱锡禄编，《嘉祥汉画像石》，济南：山东美术出版社，1992，图 94。

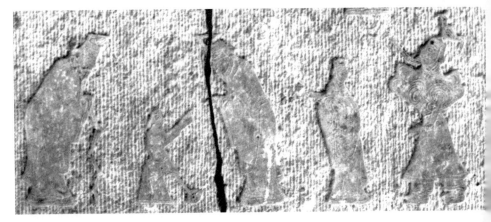

图 17.2　宋山第二批画像第一石　局部　1998.8.29 摄于石刻馆

图 17.3　宋山第二批画像第一石

2016.8.18 摄于山博

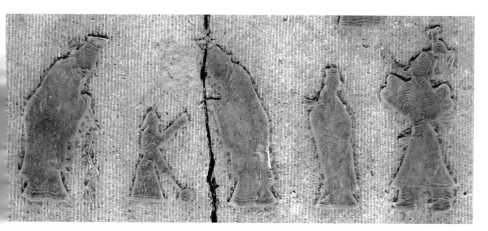

图 17.4　前图局部　部分人物如子路和子路左侧一人的线条已不如十八年前清晰

（图 17.5—17.6）。第七石和武氏祠画像技法一致，都属平面浅浮雕。有趣的是第七石在孔子老子相见的画面中也出现了晏子。此石分四层，最上层为西王母，下一层有人物对弈六博和饮酒，左端有一双头神兽。最下层为左行的两车马，第三层为孔子、老子、项橐、晏子及弟子图。老子手持曲杖，身材比相对的孔子稍高大，孔子手持双雁为贽礼，两人中间为持玩具车的项橐。孔子身后除了晏子，有弟子三人，头戴与孔老同式的进贤冠，捧简册在手。唯有晏子身材特别矮小，头戴高冠，佩长剑，特征和山东博物馆藏有"案子"榜题者相同，无疑就是晏子。

　　1998 年参观石刻馆时，有些画像已移入室内，有些仍在室外。焦德森馆长陪同我参观排放在后院，以宋山为主的画像石以及来自青州高近三米的巨大胡人石像。这次在石刻馆买了史语所前所未藏的新出宋山和五老洼画像拓片二十九种，算是此行一大意外收获。

图 17.5 宋山第七石局部

图 17.6 宋山第七石 刘晓芸线描图

回台北后我将这些拓片全部转交给傅斯年图书馆，并纳入 2002 年出版的《"中央研究院"历史语言研究所藏汉代石刻画像拓本目录》。

另外在石刻馆也看到了嘉祥五老洼出土的孔子见老子画像两件，即朱锡禄著录的五老洼第七石（图 17.7、17.9、17.10）和第九石（图 17.8、17.11、17.13）。这两石石质、画面结构和雕刻技法都相似，应属同一时期，但出自不同石工之手的作品。其不同在于人物有繁有简，周公辅成王、孔子见老子二主题画像，位置互有上下，都在捞鼎图之下，第七石最下一层多出一排相对拱手、意义不明的人物。在五老洼第一石和纸坊镇敬老院旧藏的一石上[①]，可以见到周公辅成王图或孔子见老子、项橐图又安排在最下层的捞鼎图之上。由此可知，对石匠或委托雕石者而言，他们似乎并不在意捞鼎、周公和孔子这三个主题画像的故事有什么高低前后或重要性之别。这种任意性也可由五老洼第九石周公辅成王图中的周公或召公竟手持曲杖（图 17.13）可以窥见端倪。曲杖通常是老子或孔子才持有的格套配件。

在这儿另外看见 1978 年出土的宋山画像第五石。原石长 74 厘米，宽 68 厘米。朱锡禄先生在《嘉祥汉画像石》一书中对画面内容已有详细描述，这里不再重复。以前看《嘉祥汉画像石》，感谢拓片上的画面十分精致，以为石面十分光滑平整。2016 年 8 月在山东博物馆细审画面，发现其实已剥蚀十分严重，以孔子见老子部分的画面为例（图 17.14—17.16），刻画人物细节的线条几已全遭剥蚀，无以分辨。其所以如此，感觉并不是因为不断拓制拓片，而是

---

① 《嘉祥汉画像石》，图 85、126。

图 17.7 五老洼第七石

图 17.8 五老洼第九石

图 17.9 五老洼第七石 孔子见老子图局部放大

图 17.10 五老洼第七石 周公辅成王图局部放大

图 17.11　五老洼第九石 孔子见老子图局部放大

图 17.12　前图局部

图 17.13　五老洼第九石 周公辅成王图局部放大

图 17.14　宋山画像第五

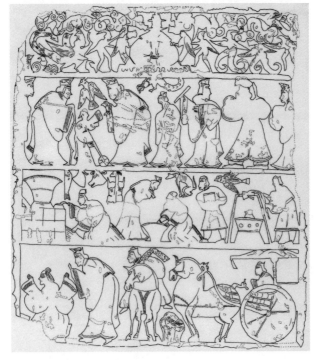

图 17.15　刘晓芸线描图

图 17.16　宋山画像第五石原石局部

石质不佳。1978 和 1980 年宋山三墓所出的画像石，原分存嘉祥武氏祠和济南山东石刻艺术博物馆，2010 年去参观时，发现石刻馆者已移置新开馆不久的山东博物馆新馆展厅。

2016.8.20

18.

山东博物馆藏嘉祥洪家庙孔子见老子画像

　　这一石久经著录，原出嘉祥县城东北约 2.5 公里的洪家庙。后移置济南金石保存所，编为"画像九"，石下缘有"画像九 出嘉祥洪家庙"字样。后归山东省立图书馆，今藏山东博物馆。以前曾多次拍照失败。2016 年 8 月才拍到较可用的照片（图 18.1—18.2）。比较原石照片和傅惜华等书所录拓片，可知原石保存情况良好。上

图 18.1　原石　　　　　　　　　　图 18.2　史语所拓本

图 18.3　原石局部

图 18.4　史语所拓本局部

图 18.5 图 18.2 局部 隐约可见的两轮轴和车幅

层为朝左、戴进贤冠、拱身行礼的孔子，手持一鸟，中间有面向孔子的披发小童项橐。他一手上举，状似与孔子对话，另一手下垂，似在身后牵有一两轮的玩具车。唯车已极漫漶，仅有两轮的轮轴和若干车幅尚隐约可辨（图 18.3—18.5）。这是在所有拓本上都看不清的。项橐之左为面向孔子的老子，衣冠与孔子同式，有胡须，手持曲杖。画面下层为一休憩中的辂车，车辕向右，右方一马向左伫立。此石似还有左侧一半，如今不可知。

1993.8.5；1996.5.17；2016.7.25

19.

陕西西安碑林博物馆藏绥德孔子见老子画像

　　陕北米脂、绥德一带是汉代画像石另一个重要的出土地区。绥德县有汉画像石博物馆，米脂县有米脂县博物馆，都有画像石的收藏与陈列。可惜没能去参观（后来于 2001 年曾有缘随榆林市文管会康兰英女士走访一次）（图 19.1）。陕北画像石自 1959 年有陕西

图 19.1　2001 年与康兰英女士（中）合照于神木

图 19.2　作者参观碑林博物馆

省博物馆所编《陕北东汉画像石刻选集》、1995 年《陕北汉代画像石》两书出版以后，十余年没有成系统的集子。这十年来不断有新的发现。自 1996 年开始，北京大学汉画研究所朱青生教授启动了一个庞大计划，要对全中国所有的汉代画像做一次完整的调查、摄制和登录详细资料，并以省份或地区为单位出版。经十几年努力，2013 年成功出版了《汉画总录·米脂绥德神木卷》①，这真是大功一件。

　　我有缘一睹陕北画像最早是在西安的陕西省博物馆。1990 年 8 月 8 日第一次参观原为北宋文庙的陕西省博物馆，此馆以碑林著

————————

① 桂林：广西师范大学出版社，2012—2013。

称。1993 年 7 月 21 日再去参观时，陕西省博物馆已另建新馆，原馆改称西安碑林博物馆，绥德出土的孔子见老子画像石即在原馆原地陈列（图 19.2）。这方满堂川乡刘家沟前川崖底出土的画像石长 88 厘米，宽 34 厘米。石质呈青黑色，剔地部分呈黄褐色，保存十分好。雕刻风格和其他绥德出土的一致，为剔地浅浮雕。

2004 年康兰英女士来台湾开会，赠送我一张绥德出土孔子见老子画像拓片（图 19.3—19.4），大喜过望。2011 年与学棣数人走访西安，得在碑林新建的博物馆中亲见心仪已久，却不易见到的大量陕北画像石。绥德出土的孔子见老子画像也在其中，遂得摄下较好的照片（图 19.5—19.6）。

像陕北出土的其他画像一样，绥德此石画像在结构和内容上可分为几个部分：右侧上部三分之二是对称的花纹装饰；左侧上部三分之二是上下数层的动态人物；全石下部的四分之一是以横线区隔开来的另一部分，内容是双首连身神兽和龟蛇构成的玄武图。

以人物部分来说，可上下分为五层。最上层不完整，仅存画面下端一小部分。拓片尚可见到左侧人物的下裳和双足，我怀疑原有一神人或武士手握长蛇。

其下一层即颇为典型的孔子见老子图（图 19.4、19.6）。孔子居右面左，弓身拱手，手中有一鸟，鸟头朝向孔子；老子居左朝右，拱手与孔子相对。中间有一小童，与老子同向，扬首面向孔子，手中持一双轮玩具车。这幅图在布局结构上，基本上和山东地区所见可以说十分一致。人物构成上，只有最基本的孔、老和项橐三人，完全没有弟子，画面精简扼要。较特别处在：（1）项橐所持玩具车

图 19.3—19.4　康兰英赠拓片及局部

以平行两轮的形态呈现，而不是一般独轮或重叠的两轮；（2）孔子所持的鸟，首尾俱全，鸟头朝向孔子；一般山东画像所见只露出鸟头，不见鸟身，鸟头朝外。

　　再下一层为二人相斗，右侧一人持戟，倾身前刺，左侧一人持剑曲身防守。这一层的内容和下两层的内容似乎是关联的，都是两

图 19.5—19.6　绥德出土孔子见老子画像石照片及局部

人相对，持不同武器比武的场面。

　　陕北画像石中以孔子见老子为题材的，迄今可考者甚少。据我所知仅《汉画总录·米脂绥德神木卷》页 164—165 著录了在神木大保当汉墓门左石柱上的另一件（图 19.7—19.9）。但自从在绥德黄家塔发现汉代当地刻石使用模板复制的方法，[①] 可以断言只要有孔

---

① 　戴应新、魏遂志，《陕西绥德黄家塔东汉画像石墓群发掘简报》，《考古与文物》1988：5、6，页 251—261。

图 19.8　周公辅成王

图 19.9　孔子见老子项橐

图 19.7　原石

子见老子画像存在，陕北一带当时曾存在过的孔子见老子刻石应该还有。再者，近年已在陕北靖边杨桥畔王莽至东汉初墓中，发现孔子见老子壁画（图 19.10—19.13），可见这一题材曾以不同的形式存在于汉代的关中，人们应该并不陌生。

无独有偶，前述杨桥畔墓资料公布之后，2009 年北京文物出版社出版的《2008 中国重要考古发现》上，又刊布了陕西靖边老坟梁 42 号汉墓出土的孔子见老子壁画，其上也有清晰的孔子、老子和童子项橐，项橐手中牵着一件造型几乎一样的鸠车（图 19.14—19.18）。①

老坟梁墓群中 42 号墓的时代约属西汉中晚期至新莽时代，比前述的杨桥畔东汉墓为早，西距靖边县城二十五公里，和前述靖边杨桥畔镇相距仅约一公里。墓壁上有保存大致完整的孔子见老子壁画。壁画左侧一人面向右，手扶曲杖，其头部左侧有清楚榜题"老子"二字，右侧有侧身人物拱手向左，无疑是孔子，孔子身后还有一人，惜较为残缺。重要的是在二人中间有身躯较矮小的小童一人，无榜题，但牵引着一辆玩具鸠车。鸠车有鸠首、车轮和鸠尾，十分完整清楚，和杨桥畔壁画上的几乎一模一样。2009 年在杨桥畔二村南侧渠树壕新莽墓前室西壁上栏南侧又发现保存十分好，没有榜题，但构图十分类似的孔子见老子、项橐壁画。这两墓的发现再度证实孔子见老子这一题材，在汉代关中应非过去印象中的那般稀罕。

1993.8.5；1996.5.17；2016.7.25

---

① 　关于鸠车，请参邢义田，《项橐手中的鸠车新考》，见本书附录二。

图 19.10 墓前室东壁上层左侧有由七人构成的孔子见老子壁画

图 19.11 壁画左端为孔子见老子 项橐居中牵玩具鸠车

图 19.12—19.13　孔子身后或右侧有捧简册弟子四人

图 19.14　靖边老坟梁 42 号汉墓壁画

图 19.15—19.16　前图局部 老子头部左侧上端有墨书"老子"二字

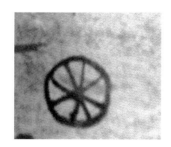

图 19.17—19.18　杨桥畔二村南侧渠树壕新莽
墓壁画及鸠车局部

20.

河南南阳地区文物研究所藏新野樊集孔子见老子画像砖

《路加福音》第四章第廿四节曾引述耶稣的话："先知在本乡本土没有受到欢迎的。"这句话或许适用于耶稣，却不适用于孔子。出生于春秋时代鲁国的孔子，一直到汉代，都受到家乡及附近地区百姓极大的尊崇。生在关中地区的司马迁曾游历汶水、泗水等地，亲眼见到孔门弟子及鲁人如何尊孔并受到孔子的影响。鲁地风俗好儒好礼，和其他的地方大不一样。孔子死后，葬于鲁城北泗上，鲁人世世岁时奉祠孔子冢，"至于汉二百余年不绝"（《史记·孔子世家》）。

另一项孔子在家乡受尊崇的证据，就是至今可考有关孔子的汉代画像绝大部分见于现在的山东，也就是旧日的齐鲁之地。齐鲁以外的地区，也能找到孔子画像，但数量上少很多。汉代以砖、石或壁画装饰墓室的习惯遍及现在山东、江苏、河南、四川、陕西、河北、山西、安徽、内蒙古等省或自治区。我们在这些地区发现的汉画像石、画像砖或壁画数量都很多，可是相对来说，齐鲁以外的地区以孔子为题材的就少得多。以河南为例，1992年到河南旅行，在商丘、郑州、密县、偃师、南阳、新野等地请教当地的专家，是

图 20.1　1992 年与赵成甫（右二）、陈彦堂（右一）等合照于南阳地区文物研究所门前

否见过以孔子与老子为主题的画像？他们的答案都是否定的。只有新野樊集 38 号墓所出的一方画像砖，看来像是孔子见老子图。

此砖早有著录和报道。[①] 我原来以为此砖在新野，到了新野才知原砖已移存南阳地区文物研究所（今南阳市文物考古研究所）。1992 年 10 月 12 日晨，南阳地区文物研究所所长赵成甫先生亲来我下榻的南阳宾馆，极热情地接我去文物研究所参观（图 20.1）。研究所在南阳市市郊，是一幢 1991 年新建四层的大楼，环境十分优美。在楼上库房里，看到大量以新野出土为主的画像砖，那方孔子见老子画像砖也在其中。库房内不允许拍照。幸好 2009 年学棣施品曲有缘拍到照片，得附原砖相关部分于后文（图 20.4）。赵先生

---

① 　参赵成甫，《新野樊集汉画像砖墓》，《考古学报》4（1990）；《南阳汉代画像砖》（北京：文物出版社，1990），图 169。

是新野樊集汉墓的发掘人，他仔细介绍了墓葬的情况。以下依据他的介绍和他的考古报告，对 38 号墓做一简单描述。

1985 年，新野县文化局在新野县城北约十二公里的樊集征集到不少画像砖，陆续几年进行发掘，共清理出汉墓四十七座，其中画像砖墓有三十七座，余为一般砖室墓。38 号墓的墓型与报告中有平面图的 24 号墓相同（图 20.2）。这一型墓是由并列的东、中、西三个墓室组成。38 号墓道长 9 米，宽 2.3 米，墓室长 3.12 米，宽 3.74 米，高 1.39 米。墓门由四门柱、三门楣构成。门柱和门楣都是用画像砖构筑。据赵先生见告，孔子见老子一砖即在该墓的东门柱

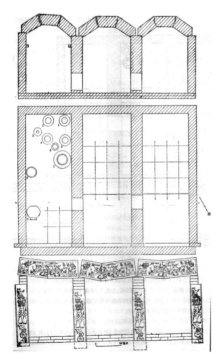

图 20.2　樊集 24 号墓平面图

38 号墓与此同类型

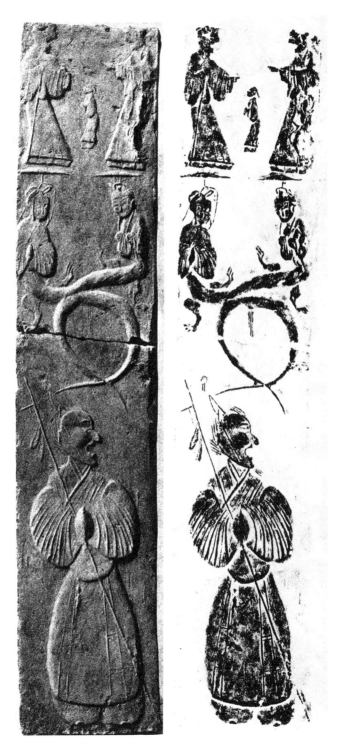

图 20.3—20.4 原砖及拓片

上，画面向外。

此砖长 1.09 米，宽 0.225 米。画面线条突起，为模制的浅浮雕。砖面呈黄褐色，可见烧制温度并不很高。此砖为模造，赵先生相信制造时必不止一块，只是目前发现以孔子见老子为内容的仅此一块（图 20.3—20.5）。

此砖内容由三部分构成。最下一部分是一双手持戟站立的门

图 20.5　原砖局部　2009.9.26 施品曲摄

吏，面朝右，张口，髭发四张。他的高度几占去画面的一半。其上是两尾相交，各持华盖的伏羲和女娲。这对伏羲和女娲上半身像人，下半身除像龙的尾，还有像龙的一对腿爪。最上一部分有相对的两人，中间有一披发，脸朝左，拱手的小童。右侧一人左手持曲杖，右手前指，冠式不明；左侧一人右手持一直杖，左手前指，冠式也不清楚。从发表的原石照片和拓本看，右侧老子的曲杖不很明晰，但施品曲所摄照片（图 20.5）可以证明为曲杖无疑，也可以清楚看出老子头部已残损。从两人持杖相对、小童居中的画像结构看，这是典型孔子见老子的场面。持曲杖的老子和小童同方向，也合于孔子见老子图的常例。因此，将此画像定为孔子见老子、项橐图应该没有问题。

如果这确是孔子见老子图，则此砖的布局竟然也是人物在上层，伏羲、女娲之神仙在下层。此外，孔子见老子的场面虽在面积上不及在下层的门吏，但是如果我们考虑一般人的身高，及这一立砖的高度（1.09 米），人进墓门时，最容易看见的应是在上层的孔子见老子画像。孔子见老子画像的重要性似乎应从这一角度去衡量。前文介绍阳谷八里庙的立柱，孔子见老子画面不大，却在最上层，似乎也应是基于同样的理由。另外，重要的是这是烧制的砖，当时应曾大量制作。那么我们就有理由相信，孔子见老子这一故事在新野一带也曾存在，甚至流行。2004 年游郑州河南博物院，见到另一方新野出土，以孔子、老子、项橐为主题的画像砖见《过眼录》第 21 节，证明孔子在汉代南阳地区确实并不寂寞。

1993.2.17；1996.5.17；2016.7.27

21.

河南博物院藏新野孔子见老子画像空心砖

2004 年 7 月 13 日，和学棣杨俊峰由河南省文物局陈彦堂兄陪同参观河南博物院，发现了这方令我一直拿捏不定的孔子见老子空心砖（图 21.1）。博物馆的说明牌标明是"炼丹画像砖"（图 21.2）。2012 年 8 月 8 日再度参观，河南博物院的展览方式已重新调整，我从不同角度又拍了照片（图 21.3）。砖已局部残损，经修复，画面仍基本清楚。从画面上看，一老者有胡须，侧身向左，双手前伸，头戴进贤冠，腰佩环首刀，背后有云气纹；其前有一小童头顶梳髻而披发，下半身残损，上方有云气纹。他们共同面对另一朝右的老者。老者面部已残，但还可看清楚右手持着长杖。杖头伸到砖的边缘而有损，但仍可看见杖头有部分突出之物。如参照其他汉画像，我怀疑这可能是带鸟首的鸠杖（图 21.4）。

为何博物院的专家认为它可能是炼丹画像？可能是因为人物之间有明显的云气纹。汉代画像常见仙人在云气之中，仙人、童子又都与炼丹或求药故事有关，因此被认作炼丹画像并不令人感觉意外。因为有这样的可能，我也一直不敢认定它就是孔子见老子画像。这个疑团等到看见《过眼录》第 19 节已提过的靖边老坟梁 42 号墓壁画中的孔子、老子、项橐图（见《过眼录》第 19 节图

19.11），才豁然开朗。老坟梁壁画和新野这方画像关键部分的构图
几乎完全一样，人物之间也有大同小异的云气，老坟梁壁画居中小
童手牵鸠车，无疑是项橐，左侧老者头后侧有明确榜题"老子"。
不论持鸠杖或曲杖，在汉代画像中都是为了表现其为年长者的身
份。这点小差异无碍认定画中老者相类的身份。从构图格套来说，
这方新野画像应是孔子见老子、项橐图才是。多年疑惑因新材料而
一朝解开，大感快慰。

　　另外，还有几点需要澄清。第一砖上右侧这位人物是孔子吗？
为何没戴进贤冠？腰上佩的是环首刀或如四川画像砖上所见官吏腰
上佩的削刀？为何不是佩长剑？老子通常持曲杖，也有持鸠杖的
吗？首先，如不注意看，很容易疏忽新野砖上孔子头顶存在些浅细
的横向痕迹，这些痕迹应是孔子头冠的线条。其冠式和山东画像中
习见的进贤冠看起来确实不同，但也有可能是因画面磨损而使冠式
不明。值得注意的是他的侧身姿势、冠式和洛阳西汉壁画墓中出现
的孔子十分相像，双手都前伸而未持雁或雉为贽礼（图 21.5）。和
孔子相对的是持杖的老子和居中的项橐，构图几乎一样，壁画只少
了云气。[①]孔子腰佩的是环首刀而非刀笔吏系于腰侧的削刀。这可
从原砖孔子身前环首和在同一直在线另一侧身后露出的刀尾看出来
（可惜前引拓本未拓出刀尾部分）；如为刀笔吏的削刀，甚短，不可
能有刀尾出现在身后另一侧。又画像中孔子佩环首刀，虽有些奇特，
但在汉画像中并非仅见。两个明显的例子可参滕州后掌大和嘉祥五
老洼出土的孔子见老子画像。画像中孔子腰上清楚佩着环首刀，老

---

① 《洛阳西汉壁画墓发掘报告》，《考古学报》2（1964），页 115，图七，墓室隔墙横
梁壁画线描图。

图 21.1　2004.7.13 作者摄于河南博物院

炼丹画像砖
东汉（公元25～220年）
新野县出土
Tomb brick with design of
making elixir scene
Easterm Han dynasty (A.D.25 – 220)
Excavated in Xinye county

图 21.2　2012.8.8 摄

图 21.3　2012.8.8 摄

图 21.4　《南阳汉代画像砖》所附拓本

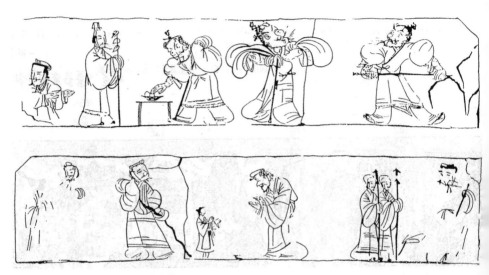

图 21.5　洛阳西汉壁画线描图

图 21.6　滕州后掌大画像石

子身后有一人代老子持着鸠杖（图 21.6—21.8）。老子有鸠杖的例子
也见于沂南北寨汉墓中室西壁南段上的疑似孔子见老子画像。但沂
南的画面结构较不典型，我还不敢认定它就是孔子见老子图。

图 21.7　前图局部

图 21.8　五老洼第七石

22.

台北"中央研究院"历史语言研究所藏江苏宝应射阳孔子见老子画像拓片

宝应射阳孔子见老子图是一幅令我心仪已久，在大陆没见到，却意外在史语所傅斯年图书馆见到的画像。以前读翁方纲《两汉金石记》卷十四，我第一次知道有这么一幅画像存在。《金石萃编》卷廿一也曾著录，但这些书都没有附拓片，画像的真面目一直未能见到。法国汉学家沙畹所著《华北考古记》[①]曾转录 1907 年《国粹学报》上一幅颇失真的摹刻本（pl.DIII）；刻本完全忽略了画上的榜题。在欧洲著名的汉学刊物《通报》1913 年第 14 期上，曾有穆勒发表的《汉代雕刻刍论》[②]一文，较详细介绍了射阳石门画像两面的拓片（原图版六，图 12）。但不解为何 1966 年芬斯特布霍所编《汉代图像艺术汇目及主题索引》[③]一书，明明知道穆勒曾发表拓片，却收录上述失真的摹刻本和仅仅原石一面的拓片（原图 551、552）。[④]穆勒拓片受期刊版面限制，缩印之后，画面细节很难看清

---

① È. Chavannes, *Mission Archeologique dans la Chine Septentrionale*, Paris: Ernest Leroux, Éditeur, 1913.

② Herbert Mueller, "Beiträge zur kenntnis der Han-skulpturen," *Toung P'ao*, 14（1913）.

③ Käte Finsterbusch, *Verzeichnis und Motivindex der Han-darstellungen*, Wiesbaden.

④ 本书所用德文资料概由纪安诺（Enno Giele）代为翻译，谨此志谢。

楚。较早收录此画的日本著录则是 1915 年大村西崖的《支那美术史·雕塑篇》(图 263、264)。

　　1992 年我在日本京都大学旁的朋友书店见到北京鲁迅博物馆与上海鲁迅博物馆合编之《鲁迅藏汉画像二》①,才第一次目睹画像清楚的拓影(图 249)。这书在日本售价极昂,当时舍不得买,后来到大陆没想到竟遍寻不获。黯黯然回台湾。

　　回台后与南京博物院的张浦生先生联络,因为我知道南博所编《东南文化》上曾有尤振尧先生介绍这一画像石。当时很冒昧地请张先生代为影印尤文及鲁迅一书中的拓片复印件。不意就在张先生热心寄来文章和复印件的同一天中午(1993 年 1 月 13 日),我到"中央研究院"活动中心吃饭,遇见刚自傅斯年图书馆退休的余寿云先生。余先生负责馆中善本书数十年,对馆中藏书极为熟悉。他在聊天中提到馆内有尚未整理的汉画像拓片极多。下午,承他好意带我到图书馆库房一观。他从临时捆扎一包包未裱的汉画中随意抽出一包。打开一看,无巧不成书,第一张竟然就是宝应射阳的画像! 当时的兴奋,难以言表。因为我从尤振尧的论文里得知,原石已不存,而存世的拓片也不多,傅斯年图书馆能有一份,十分珍贵。

　　有关射阳画像的著录,尤振尧先生在《宝应〈射阳汉石门画像〉考释》一文中记述甚详,不赘。② 以下略记史语所图书馆所藏的拓片。拓片曾经装裱,背面有黄花底标签"汉宝应射阳故城孔子画像",下署"包安吴诸名家题"(图 22.1)。包安吴即包世臣。包世臣,安徽泾县人,泾县古名安吴。标签旁有朱印"首都经古舍",

---

① 　上海:上海人民出版社,1991。
② 　《东南文化》1(1985),页 62—69。

右上角有另一朱印"京内政部斜对面卅五号"。"京"指国民政府首都南京，卅五号是经古舍的地址，拓片是由他们出售。打开拓片，拓片右上角有另纸标签，云"江苏特产，江宁县，第35号"。拓片正上方有阴书横题"汉射阳石门画像"（图22.2）。拓片是将两石及包世臣的题记并列，裱成一张。包世臣题记在最左侧，这一点和尤振尧所见题记裱在中间的拓本有所不同。在并列两石中左侧的一石左下角有朱印"江宁张君桂所拓金石文字印"（图22.3）。尤振尧所录题记与我所见稍有出入，今再录如下（图22.4）：

> 石门旧在宝应县射阳故城。乾隆五十年江都拔贡生汪中舁
> 归。道光十年夏，其子户部员外喜孙移置宝应学宫。泾包世臣、
> 仪征刘文淇、吴廷扬、泾包慎言、江都梅植之，同观。世臣记。

图22.2 拓本上段及"汉射阳石门画像"题签

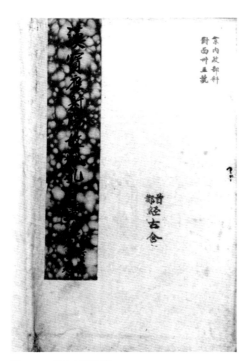

图 22.1　拓本封面题签

图 22.3　江宁张君桂所拓金石文字印

图 22.4　包世臣题记

尤振尧文记述画像内容甚详，下文只做若干补充并说说我一些不同的观察。两拓片大小相近，左侧上有凤鸟的一片，高 1.18 米，宽 0.41 米；右侧有孔子见老子画像的一片，高 1.19 米，宽 0.45 米。

左侧一幅有边框，无纹饰；画面均分为上下三层，每层几近正方形（图 22.5 左）。最上层为头朝右，展翅欲飞的凤鸟；中层为戴三山冠的兽面铺首衔环；下层是一位右手举环首刀，左手持长方楯，头戴平帻，身着短衣、长裤，做朝右前进状的门吏或武士。

右侧一幅有边框，左右边有菱形花纹，上框有水波状加圆点及弧线花纹，下框有三角花纹。框内均分为上下三层，层与层之间也有不同花样的装饰：上、中层之间花纹较不清楚，似为菱形格纹；中、下层之间为状若绞线之纹饰。画像内容上，最上层为孔子见老子图（图 22.5 右、图 22.6）。画像上缘有一横列帷幔状边饰。其下有人物三，自左至右在各人右上方有隶书榜题"老子""孔子""弟子"。三人皆戴进贤冠，弟子手中持简策，孔子和老子相对拱手，但两人身体几乎完全正面朝前，画面左侧下端稍有剥泐。这一幅孔子见老子画像的特色在于布局上：（1）没有居中的小童项橐；（2）孔子居中央位置。

中层画面较为漫漶，应是以击建鼓为主的百戏图。画面主题是一建鼓，鼓有座，两侧有人扬槌击鼓，鼓上两侧有弯曲下垂的饰物；[①] 鼓上立柱的顶端有朝前蹲坐、两手旁伸的献艺者一人，其旁左右又各有一位站立的人物；左侧一位已难以看清，右侧一位戴冠，侧身，拱手。

---

① 这样的饰物又见徐州睢宁双沟画像上的建鼓，参张道一，《徐州汉画象石》（南京：江苏美术出版社，1987），图 247。

图 22.5　原石拓本　左：正面　右：背面

图 22.6　孔子老子弟子部分

　　下层为清楚的庖厨图。画像上端从左至右悬有一兔、一犬、一猪头和一猪腿。其下右侧有一人站在灶前以长杆添柴，灶上有镬，蒸煮的热气正腾腾而升。灶身有穿璧纹饰，其端有突，正袅袅而上。左侧有一人持刀，在俎上料理一尾鱼，和他相对的一人站着持一圆盘，两人上端圆案上有六个耳杯和四双箸。

　　以上两件画像在雕刻技法和表现风格上的差异可以说一眼就可

以看出。右侧一图为平面阴线刻，线条十分圆滑成熟；左侧一图上两层也是平面阴线刻，但阴线刻痕相当粗且深，减地也甚深，成为浅浮雕。减地后，地未完全磨平，凿痕仍可见。最下层技法似有不同，部分线条非凹下之阴线，而是突出的阳线。我观察几份不同的拓片（详见下文），最下层阳线的情形都相同，可见这似乎不是拓制不良，而是原石的刻法上下层有差异。

在表现风格上，两画像可以说完全不同。右侧画像边饰极为繁复多变化，左侧画像的边框几乎一无纹饰。画面的布局和表现，右侧也是极为繁复，几不留任何空白；反之，左侧除一凤、一铺首衔环和一持刀盾门吏，其余画面都留白，画面十分清爽。尤振尧先生大作讨论技法和风格，将两面视为一体，未曾做区分。

由于未做区分，尤文自然不会讨论刻法和艺术风格大不相同的画像是否可能在同一石的两面出现的问题。过去一直有两幅画像分属两石或属一石之两面的不同著录和争论，这一点需要先加澄清。最早著录这两幅画像的王昶和翁方纲，以及稍晚的洪颐都说是"二石"[①]。翁、洪是否见过原石不见记载，王昶所见据《萃编》的著录，确知是其门人汪中送他的拓片而已。据阮元《广陵诗事》，知汪中从射阳取归江都的其实只有一石，另一石"为宝应县令沉之水中，不知其处"。[②] 较明确的证据是汪中之子汪喜孙为射阳画像所作的跋尾。汪中过世，喜孙继续保有画像原物，其跋中提到"此石苍黑色，质甚坚，叩之其声清越"，从这样的描写可证他曾亲见原石；

---

① 　见《两汉金石记》《金石萃编》《平津读碑记》。
② 　见张宝德辑，《汉射阳石门画像汇考》（以下简称《汇考》），金陵丛刻本，页5上。

跋中又云此石"高五尺五寸，阔二尺三寸，刻像二面"①，跋中所记二面的刻像正是我们所见两幅拓片的内容。曾亲见原石的刘宝楠、朱士端也都曾明确辨正翁、王著录为二石的错误②。

因此这两幅画像原属同一石的两面应无疑问，尤振尧也这样认为。他推测这方石刻应属墓内石门性质，并据画像的方向以为这石是石门的左扇，有凤鸟画像的一面朝外，有孔子见老子的一面朝内。③这是非常正确的看法。④

不过，我想进一步追问的是：为什么同一石的两面画像会有这么大雕刻和风格表现上的差异？汉画像石两面有画的情形很多，尤其是墓门和有隔间作用的石材上，经常是两面刻画。两面刻画的风格一般都颇为一致，还不曾见到像射阳这样两面相异的情况。举例来说，在安丘县博物馆（今安丘市博物馆）所复原的董家庄汉墓，及商丘博物馆所藏永城县固上所出两面刻铺首衔环的墓门，两面的雕刻手法和风格可以说完全一样，显然都是同一位石匠的手艺。因曾亲见这些墓门，印象特别深刻。我不禁因而怀疑，射阳石门风格

① 见《汇考》，页 6 上。
② 见《汇考》，页 8 上—13 下。
③ 《宝应〈射阳汉石门画像〉考释》，页 68。
④ 附记一段和尤振尧先生见面的事。2004 年 8 月 1 日到南京博物院参观，透过奚三采先生联系，见到已退休的尤先生。当时是向他打听他在《中原文物》上发表的一方孔子见老子画像砖。他在文中说画像砖出自高淳固城，有一反书的"孔"字。这引起我的注意。可惜期刊所附拓本不够清晰，反字尤其看不出。我想看看原物。尤先生说他当时是根据拓本照片写作，没见过原物。那天又是星期天，南博库房管理员不在，遂无缘见到。参尤振尧，《苏南地区东汉画像砖墓及其相关问题的探析》，《中原文物》3（1991），页 50—59。又可参南京市博物馆，《江苏高淳固城东汉画像砖墓》，《考古》5（1989），页 423-429 及图版参.3、附图七.5。南京市博物馆一文没说有反书孔字，从较清晰的原砖图版看，也看不出有反书的字。

的差异，会不会是后人利用了前人墓的石材，因不喜欢某一面的内容，将其中一面重雕，却保留了另一面所造成的。以风格言，两面的刻法都见于东汉晚期；有孔子见老子的一面，从榜题的八分书法看似乎要更晚一些。由于原石已失，整个墓葬情况不明，以上所说都不过是有待验证的猜测而已。

这两幅画像的个别内容和布局，几全可以和其他汉墓画像相联系。凤鸟、铺首衔环和门吏是汉墓石门最常见的内容；建鼓、百戏和庖厨图在山东地区也十分普遍，无劳举例。只有孔子见老子的部分最具特色，在布局上可以说自创一格，又刻于墓门，也不见其他例子。它有什么特殊意义，还值得更进一步研究。

1993.2.21；1996.5.17；2016.7.27

补记：本文写成后，1993 年 3 月 19 日同事刘淑芬小姐告知，她发现在傅斯年图书馆已装裱的拓片中，有编过号的宝应射阳画像，并以编号见示。我大喜过望，第二天即到图书馆调阅，又找到不同的拓本共三张。现在补录如下。

（1）一份登记号为 02896，有拓片两张，分别是石门两面的画像。一张登记标题作"汉射阳石门孔子见老子画像并阴"，装裱边缘有"史语所藏金石拓片之章"朱印。拓片上端及左右上端边缘略有破损，余尚完好。拓片左侧边缘中段空缺处有朱印二："周星贻""季贶"。周星贻（1833—1904）是晚清藏书家，史语所有不少拓片出自周氏。拓片纸长 1.26 米，画像上下边框之间 1.20 米；

宽 0.488 米，左右边框之间 0.455 米。拓片内容上层为孔子、老子、弟子；中层为百戏，下层为庖厨图。拓片在拓制上只拓画像本身，不拓减地部分，因此画像本身较为明晰突出，不过中层百戏图因而也有部分失拓。

（2）另一张登记标题作"汉射阳碑阴画像"，有同样史语所藏拓朱印。拓片上端边缘，左侧边缘及画像上部凤鸟脚部稍有破损，余完好。拓片右侧边框空缺处有同样周氏二印。拓片背面边缘有墨书"宝应画像石门画像二张 三〇"字样的注记残文。拓片纸长 1.22 米，画像上下边框之间 1.19 米；宽 0.45 米，左右边框之间 0.41 米。内容上层为凤鸟，中层为铺首衔环，下层为持盾门吏。

（3）另一份登记号为 03013，只有拓片一张，登记标题为"汉射阳孔子见老子画像"。装裱边缘有史语所藏拓朱印，拓片本身右上角有长形"汉射阳石门画像"篆字朱印。拓片上端及右上端边缘稍损，余尚完好。拓片纸长 1.23 米，画像上下边框之间 1.21 米；宽 0.485 米，左右边框之间 0.45 米。内容为上层孔子见老子及弟子，中层百戏，下层庖厨图。这一拓本拓制方式与经古舍者相同，除画像本身，减地部分亦拓出，清晰程度大体相近。

总体而言，经古舍拓本所拓边缘纹饰最完整，拓片本身破损最少，又有包世臣题记，是上述拓片中最好的一份。

1993.3.22；1996.5.17

再补：1995 年 5 月 20 日承"中央图书馆"善本室主任卢锦堂

赐赠所编《 "中央图书馆" 拓片目录 · 金石部分》（1990）。阅读目录，才知 "央图" 也藏有射阳石门画像。著录云：

> 汉射阳石门画像四幅　　隶书　汉无年月　　江苏宝应　墨
> 拓本　有清包世臣等人题记（一）113x43（二）119.5x44.5
> （三）14x68（四）111x10
>
> 　　　　　　　（《 "中央图书馆" 拓片目录》，页 195）

遂请锦堂协助，于 7 月 24 日前往一观。著录四种，包括两方画像、包世臣题记和 "汉射阳石门画像" 标题拓本。此一拓本颇有残缺，拓工亦较史语所所藏者为粗糙。其中有孔子见老子图一幅，拓痕线条模糊，纸背无拓制应有之凹凸痕，疑为印本而非原拓。

1996.5.17

23.

四川新津有"孔子""老子"等榜题的画像石函

　　1995年7月24日，我第一次在"中央图书馆"善本室看到这个著名石函的拓本（拓片编号3245）。这个拓本长199厘米，宽60厘米。左下角有"四川博物馆藏"朱印。拓本十分清晰完整。"孔子""老子"榜题都可确认无疑。闻宥释为"仓颉"的"仓"字不清；"颉"字类"诵"。"东海大守"的"大守"二字甚清，"即墨少君"四字皆不够清晰；"□子"之□，难以辨认。"神农"之"农"字不清。承卢锦堂兄帮忙，当时曾以传统黑白胶卷拍摄每一榜题及画像的局部照片（图23.1—23.2、表二第二排）。

　　1995年8月1日我远赴成都，希望看看四川的画像砖和画像石，更希望了解这个早经著录的新津石函是否还存在。8月1日晚拜访钻研四川画像多年，著述和收藏皆富的高文先生。据他见告，原石函已佚。在他家得知高先生除收藏汉画，也收藏纸币，十分丰富。8月2日上午参观四川大学博物馆，看到不少画像砖和画像石棺，但经询问，知石函不在川大。2日下午参观四川省博物馆（今四川博物院），看见展出中的新津石函拓本，和"中央图书馆"所见几无二致，竟然也看见新津石函原物（图23.3—23.4）！我1995年8月2日在成都参访的日记明确记录："下午参观四川省博物馆，看到真正大量汉石棺、画像石和砖。看见了有'天门'二字题榜的石棺、有'孔子、老子、仓颉、神农'新津出土之石函。昨天高文说四川已无拓片，原石已佚。显然有误。"可惜那时博物馆规定不

图 23.1   拓本左段

图 23.2   拓本右段 右下角有"四川博物馆藏"印

准拍照。日记中仅记录见到这件有孔老等榜题的石函。不知为何高文先生说原石函已佚？难道展出品为复制品？高文主编 2000 年出版的《中国画像石全集》第 7 册"四川卷"，收录有四川新津石函画像（图 23.8），但在图二〇〇的图版说明中注明"原函已毁"（页 63）；2014 年王培永出版《孔子汉画像集》，也说"原函已毁"（页 60）（图 23.5—23.7）。可是四川省博物馆展出的石函断为三截，经重新拼置，断裂处有明显刻意凿断的打孔痕迹，并不像是复制件。2009 年施品曲在川博拍到照片并送给我，本文得以借用，不胜感谢。1995 年我曾对四川大学林向教授提到不久前我在"中央图书馆"见到的拓本，林教授推测此有四川省博物馆藏印的拓本，或为冯汉骥先生任四川博物馆馆长时所拓。

　　8 月 3 日上午参观成都博物馆。这里有新都和曾家包所出画像砖和画像石数十方。中午搭经高速公路的"豪华巴士"赴重庆。这条高速公路新通车不久，原以为数小时即可抵达，不意号称"豪华"的巴士沿途抛锚数次，三百三十九公里走了六小时才到。休息

图 23.3　左侧二石位置已对调到正确位置　2009 年施品曲摄

图 23.4　前图局部

图 23.5　《孔子汉画像集》缩印拓本

图 23.6　前图局部一

图 23.7　前图局部二

图 23.8　《中国画像石全集》第 7 册收录拓本

一晚，在重庆博物馆馆长刘豫川先生家中吃晚饭，住入一家小旅
店。第二天刘先生引导我参观重庆博物馆。这里所藏的画像砖基本
上已收入 1957 年文物出版社出版的《四川汉画像砖选集》。这回终
得看到原砖，对四川画像砖制作之精美细致，有了全新的体会。此
外承刘先生好意，有缘在博物馆库房见到张大千早年的画作。这里
收藏有很多他的画，刘先生热心展示。我告诉刘先生家母为四川

人，习国画，抗战时曾在重庆工作多年。到台湾后因习画，参加川康渝同乡会活动，也认得大千先生。张大千曾亲来参观母亲的画展。刘先生一听，十分高兴，又命库房人员将四川出土的"秘戏砖"取出一示，大开眼界。此砖有内容不同的两方，但其中一方当时送国外展出，未得见。在重庆有许多意外收获，但也确认这里并没有和孔子见老子画像相关的其他石函或石棺。

新津画像石函原物如高文先生所说已佚，目前仅其两端和一个侧面保存下来。两端分有伏羲女娲及双阙图。闻宥编《四川汉代画象选集》图四十三（图 23.9）的说明中没有说明他收录的拓片来历，但曾明说侧面原石断裂为三。此石拓片此后在《四川汉代画像石》（1987）、《巴蜀汉代画像集》（1988）、《中国画像石全集》（2000）等书中不断收录，但我感觉拓片质量仍以闻宥所著录者最佳，其后翻印效果反而不如。王培永编《孔子汉画像集》（2014）收录有缩印的拓片，拓片及印刷效果极佳，唯拓本是在"即（？）墨（？）少君"榜题残毁之后所拓（图 23.5—23.7）。

1996 年 3 月 15 日读林明信先生所编《傅斯年图书馆藏拓片增

图 23.9　《四川汉代画象选集》收录拓本

图 23.10   史语所藏拓本

补目录》，才发现在史语所新裱的拓片中原来也藏有一份类似这石
函的画像拓片（图 23.10）。此件拓片长 200 厘米，宽 63.5 厘米，十
分完整清晰。"东海大守"的东海二字笔画稍多，但应读为东海无
疑；"即墨少君"疑应作"郎□少君"或"郎中□少君"；总之，第
二字上端竖笔出头，应非"墨"字。"□子"之"□"不清，可是
应非弟子的"弟"字；"孔子"之"孔"虽残右半字，但应为"孔"
字无疑。"老子"二字清晰无可疑。"神农"之神字完整清晰，农字
缺上半部。"□诵"疑应作"汝诵"。汝字的右半"女"大致可见，
左半不明（图 23.11）。旧题此画像最左一人为仓颉，榜题第二字不
像"颉"字，画像也看不出如沂南北寨画像石墓中的仓颉有四只
眼。这件拓片目前已收录于 2002 年史语所出版的《"中央研究院"
历史语言研究所藏汉代石刻画象拓本目录》（图 393，页 124，拓片
编号 26973）。

　　如果比较史语所藏拓的底纹、裂纹、榜题（图 23.10）和画面，
可以发现它和新津石函虽十分近似，却也明显不同，绝非同一石。

表二：新津石函榜题比较表

榜题 出处	东海大守	郎中□少君	曾（？）子	孔子	老子	神农	□诵
史语所藏拓							
"央图"（1995.7.24 作者摄）							
《四川汉代画像选集》							
《孔子汉画像集》							
原石（2009 施品曲摄）							

其为不同二石最有力的证据是底纹斜线有不少部分不但不同，方向甚至相反。方向之异在榜题上也可清楚看出。两年前听丁瑞茂兄提起，陈秀慧早已注意到这一差别。又据闻宥《四川汉代画象选集》图四十三的说明拓片高 66 厘米，宽 217 厘米，和史语所藏拓片大小有差距。史语所的拓本除了两方史语所金石收藏印，没有其他收藏印。拓本从何而来？为何如此不同？是不是据新津石函而另刻的复制品？都是有待澄清的疑问。

在四川旅行期间，我多方打听有无其他的孔子见老子画像，得到的答案都是否定的。因此，新津石函很可能是汉代巴蜀唯一以孔子见老子为主题的画像石证据。据当地学者告知，所谓石函，不是石棺，因为石函底甚厚，空间甚小，不足以放置尸身。其用处至今不明。

将新津石函画像和山东、河南、陕西等地的孔子见老子图相比较，立刻可以察觉，新津画像在构图上可以说完全独立，自成格局。首先，孔子、老子和太守之类"当代"的人物以及神农、仓颉（？）之类传说中的人物在同一画面中出现。这种情形就耳目所及似仅见和林格尔东汉墓壁画。其次，新津画像中没有项橐。这些内容的差异，使得新津的孔子和老子实际是出现在不同的"故事脉络"（context）里，我们以"孔子问礼于老子"这样的故事去理解新津画像中的孔子和老子，显然并不合适。该如何理解呢？由于缺少其他类似的画像，一时还不易回答。

此外，榜题释读一直令人困惑（比较图见表二），尤其是"即墨少君""仓颉"和"□子"，至今难以确定。"即墨少君"一榜原石已毁，"即墨"之释明显不可从，我比较倾向于释作"郎中□少君"。"郎"字较明确,"中□"过去多看成一字,疑可读为上下二字。成为皇帝身旁的郎中,是汉士人为官历练过程的重要一步,汉画榜题中常见。郎中下一字似应为姓氏,但读不出。"少君"二字则较可确定。仓颉或应作"汝诵"。诵字从言从甬尚可辨,汝字右侧女旁较可辨,左侧水旁较难定。汝诵即沮诵,是传说中仓颉造字的助手。"□子"疑而难定,据原石照片和《孔子汉画像集》拓片,我曾一度疑为"曾子"。曾字下半的"日"尚可辨,上半字因笔画残,不易确认。学棣游逸飞以为可能是"有子",但"有"字上半左侧石面颇高,磨损应较少,该有的交叉笔画却不清楚,仍不能无疑。唯比较而言,游说或更为合适。

1996.5.18;2019.4.1

后记:曾和杨爱国兄讨论高文所说原石已毁,杨兄认为高先生所说并没错。所谓原石已毁指原石函已不存,有画像的两端和一侧则被凿下,如今保存在四川博物院。其说有理,特补录于此。

2017.2

24.

台北"中央研究院"历史语言研究所藏
董作宾手拓山东临淄孔子见老子、项橐画像拓片

这是一件在人物和画面构成上都自有特色的画像。我原本从芬斯特布霍的《汉代图像艺术汇目及主题索引》书中，得知这一画像的存在（图 352）。芬斯特布霍书所收的图版，翻拍自《通报》穆勒一文附图[①]。此图印制欠佳，不清楚（图 24.1），但它的优点是完整未破损。1993 年 2 月 19 日，我非常幸运在傅斯年图书馆找到两件史语所前辈董作宾先生于民国廿二年六月卅日和七月一日亲手所制的拓本。两件拓本的左侧都有董先生的题记。一曰"此石两面有画，正面作马戏图，现存临淄南关小学校内。董作宾手拓　廿二．六．卅"；一曰"石存临淄南关小学内，两面有画。董作宾手拓　廿二．七．一"（图 24.2—24.5）。这一拓本目前正在史语所陈列馆中展出，其优点是董先生拓了同一石的两面，可惜的是拓制时原石已碎裂成五块，部分画面已损毁。

根据《董作宾先生年谱初稿》[②]，董先生曾于民国廿二年秋，调

① Herbert Mueller, "Beiträge zur kenntnis der Han-skulpturen," *Toung P'ao*,14（1913），pp.371-386.
② 《董作宾先生全集乙篇》，台北：艺文印书馆，1977。

图 24.1　穆勒文附图

查南阳草店的汉画，后赴山东主持滕县的发掘工作。这一题记证明董先生还曾在临淄拓制汉画，可补年谱的不足。又据石璋如所编《"中央研究院"历史语言研究所考古年表》[①]，董作宾于民国廿二年七月由上海至济南转往临淄。原打算在此从事发掘，但因范围太大，内容太杂，未果。同月转往滕县。接着于八月经开封到南阳城南的草店，调查汉画。

　　此石略呈方形，包括边框，长93厘米，宽89厘米。从穆勒文

————————

① 史语所专刊之 35，1952，页 3。

图 24.2　史语所藏董作宾手拓本　一

图 24.3　史语所藏董作宾手拓本　二

图 24.5　孔子见老子部分

图 24.4　董作宾题字

所附的拓本看来，至少在穆勒拓制时，拓本所依据的原石还是完整的。穆勒氏是于1912年奉柏林皇家民族学博物馆东亚艺术收藏室的委托，到山东收购文物。据其报道，这方画像石来历不明，曾经是临淄县附近某村庙祭坛的一部分。1910年，一位临淄的金石爱好者吴锦祥（译音）发现，置之于学堂中保护。穆勒曾与山东的金石收藏家孙文兰、张咏香、潍县陈介祺、福山王氏、青州李氏等人都有来往。但他发表的拓片，从何而来，报道中未见交代。

1933 年，董作宾拓制时，原石已残碎为五块，并已有部分残缺。1993 年，我曾写信到淄博市博物馆打听原石的下落，一直没有回音。我只得根据穆勒模糊但完整和董作宾清晰但残缺的拓本，请人合而绘制一幅较完整清晰的线描复原图（见本书上编图 12）。

董先生对七月一日所拓一面的内容，未置一词。我们从人物的特征，可以确认其下半部即是孔子、项橐与弟子图。在人物组成上竟然没有老子！因此很有类型上的意义。又此石画面分为相等的四格。这种方形四格画像石依其大小，或者出现在墓室后壁，或者为石椁的档头。这一石不大，应为石椁档头部分。上部两格的内容，右侧有人有马，左侧双人比武，不必然相互关联，但下部两格是连续的画面，构成同一个内容。下半最右侧，是一高大，面向左，头戴冠，手持一鸟的人物。因为手中的小鸟，我们可确认他是孔子。和孔子相对是形成透视效果上下两排，面朝右，戴冠曲身持简在手的弟子八名。有趣的是在众弟子之前，有一身形较小，似未着衣，举一手并仰首面对孔子的人物，应该就是项橐。此图在画面安排上的最大特色是分弟子为上下两排，前排弟子刻得较大，而后排较小，并居于前排弟子的间隔处，很巧妙地造成视觉上透视立体的效果。在人物组合上，没有主角老子，单独展现项橐难孔子的场面，这也只有在武氏祠的石阙上曾见其例。

1996.5.18；2016.8.5

25.

德国菲雪藏有"孔子" "老子""周公"等榜题的画像石

这方画像石我最早转见于芬斯特布霍所编的《汉代图像艺术汇目及主题索引》（图 372），榜题不甚清楚。1993 至 1994 年到夏威夷大学访问，在图书馆见到最早于《通报》上发表的拓片复印件及菲雪（Adolf Fischer）有关的记述①，后来承法国学者杜德兰（Alain Thote）协助，得知沙畹曾收录这一件画像拓本在他的《华北考古记：图版篇》②，才赫然发现其上有清楚"颜渊"和"周公"的隶书榜题（图 25.1—25.2）。颜渊的榜题非仅一见，尚不稀奇；"周公"厕身于孔子弟子之列，却是还不曾见过的例子。子路题作"子露"（图 25.3），唯 1998 年我在法国奇美博物馆见到的这一拓本，"子露"二字较不明晰，仅隐约可识。当时我拍摄了拓本局部并购买了博物馆代摄的正式照片（图 25.4—25.7）。

大村西崖《支那美术史·雕塑篇》曾著录此一画像（图 270）。

---

① "Vortrag Gehalten auf dem 15ten Internationalen Orientalisten-Kongress in Kopenhagen," *Toung P'ao*, 9(1908), pp.577-588.

② *Mission Archeologique dans la Chine Septentrionale:Planches*, Paris: Ernest Leroux, Éditeur,1909, Pl.XCI.

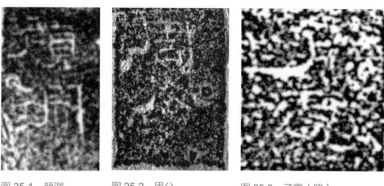

图 25.1　颜渊　　　　　图 25.2　周公　　　　　图 25.3　子露（路）

图 25.4　法国奇美博物馆藏画像石右半拓本

图 25.5　法国奇美博物馆藏左半拓本

题为"出所不明石"。的确,这石从菲雪的报道来看,似由菲雪亲手发掘。报道中说:"经过相当的困难,才能够把这块原来为祠堂的画像石从一个斜坡挖出来。"(页 581)但是他没有说这个祠堂或斜坡在什么地方。据大村书所附图版,进一步发现菲雪一文所附的图版不完整,只附了原石右端的一半。

1995 年 5 月,京都大学人文科学研究所富谷至君寄下关野贞《支那山東省に於ける漢代墳墓の表飾》一书之影印本。关野书有完整,也更为清晰的拓本图影。接着又从方若所著《校碑随笔》①见到有关此石较早的中文著录。《校碑随笔》在"画像周公等字题字"项下有简单的记述:

像一层,题字隶书六行。近年山东泰安出土,在山东济宁。未见著录。

周公

颜渊

子露　　路作露

□□

□□

侍郎

□□命乘下

王壮弘作《增补校碑随笔》,于此碑并无一语增补。方、王注

———————

① 西泠印社聚珍本,1914。

图 25.6　右半右侧局部

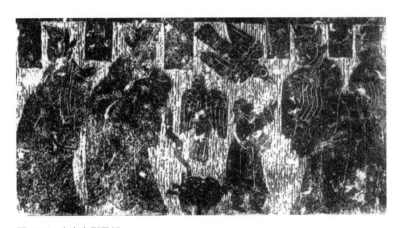

图 25.7　右半右侧局部

意碑文。对于画像石的来源说是"近年山东泰安出土"，可惜未明说由何人、如何发掘出土，也完全不提画像的内容。关野对画像内容有简略的记述及考证如下：

　　　　此拓本我购于济南府。据《校碑随笔》其原石为近年山东

泰安出土，先移置于济宁，后为德人 Adolf Fischer 所购，于明治四十年（1907）运往德国。

　　此横石之上半部有和工科大学所藏孝堂山下小石祠画像所见相似之云纹。其下半部有一列车马人物图像。其右端有左向站立，袖中藏鸟，执贽的孔子。和他相对的是扶曲杖，站立的老子。中间有小童，从孔子手中接过鸟。这样的图样也见于济宁州学明伦堂孔子见老子画像石。此石老子的后方同样有十二位站立的人物，盖为孔子之弟子。其中戴雄鸡冠，张臂的是子路。老子身后的一人上方有榜题"周公"。此榜题甚难解释，或为后人所加吧。又榜题有"颜渊"和"子露（路）"。这些人物之左方有左向的马车，其左有两人，有"侍郎"榜题。两人左又有一袒身相向，若对谈者一人，其间有飞鸟为填饰。其上有榜题"□□命乘下"。此石左端一人坐床上，一人跪于其前，如在供养坐在床上的人。（页129—130）

图 25.8　作者线描图

图 25.9　作者线描图局部

关野提到画像石于 1907 年运往德国。可是此石如今在德国何处，我多年来多方打听，至今仍然没有结果。

这方画像石长 2.35 米，宽 0.43 米。关野的描述较为简略。我们以画面人物的向背，可将全幅画像分为两部分，大致以中央左向的马车为界：马车左端为一部分，右端为另一部分（图 25.8—25.9）。右端共十六人，主要表现的是孔子、老子、项橐、周公和子路等众弟子的故事。孔子和老子二人虽都没有可辨的榜题，可是从老子手中的曲杖，老子与手中有鸟的孔子拱身相对，项橐居中仰首举手面对孔子、身后有玩具车的造型和布局看来，这是典型的孔子见老子画面。最令人费解的是老子身后多了他处所不曾见的周公。关野猜测"周公"二字为后人所加。从字体看，似宜仍假设为原刻。我们没有理由认定后人会在此加上周公二字。衣着旁张大袖、头戴鸡冠的子路，在造型上和他处所见相同，只是榜题作"子露"，较为特殊。这为汉代"露""路"二字通假提供了证据。颜渊右向曲身拱手朝向一正面朝前捧简册的人物。有正面朝前的弟子也是他处所不曾见。其余弟子戴进贤冠、捧简册拱身相对，在造型上都十分平常。总体来说，这半边画像引人注意的是：

（1）所有明确为孔子的弟子如颜渊、子路都安置在老子的身后，而不像通常安置在孔子的身后。这是有意为之或无意的错误？值得注意。

（2）周公出现在弟子之列。这应如何理解？结合其他画像上出现的晏子，我们应如何去理解这些人物在汉人心目中真正的面目以及这些人物之间的关系呢？这是不易回答，却不能不问的问题。

（3）颜渊并没有像通常一样紧跟在孔子的身后，而项橐的玩具车也没有像通常一样安排在其身前，而在其身后。在身后者常为拉的鸠车，惜画面有残，无法分辨。

画像左半的内容，因有"侍郎"榜题，可知描述的和右半是两回事。左半画像的关键在和侍郎相对的人物为何，又最左端坐着的人物是何身份。因无其他材料可以比照，一个大胆的猜测是：和侍郎相对的是一位盘膝坐在树下，有飞鸟围绕的神仙。在造型上，这一坐着的人身形较瘦，似裸身，和汉画像中的神仙相近，唯一较难解释的是背上无羽。关野说其左有一跪着的人，从拓影上甚难辨识。最左端坐着的人物背后应是一个屏风。这个人我怀疑就是已升仙的墓主。侍郎等坐着马车来祭拜。其前画着一个神仙，无非表示其身后的墓主与他同在仙界，而侍郎和其右端的所有人物都在凡俗的人间。这当然只是一个尚少旁证的臆测，提出来以待日后进一步推敲。

26.

德国柏林倭霍旧藏孔子见老子画像

和前两件画像一样，我还没有机会见到这件倭霍（E.Worch）所藏的孔子见老子画像的原石或拓片。我是从芬斯特布霍的书中得知此画像的存在（图 371）。1993 至 1994 年到夏威夷，才在夏大图书馆见到有关此石的原报告及原图版 ①。赖登梅斯特（L. Reidemeister）在报告中没有说明这一画像石于何时何地出土，如何到了德国，仅提到由柏林的倭霍收藏。经辗转打听，据柏林东亚博物馆（Museum für Asiatische Kunst）的馆长魏特（Willibald Veit）透露，倭霍已于第二次世界大战前移民美国。他去世后，遗孀曾被迫出售不少他的收藏品。这方画像石是否亦在出售之列，而今又在何处，不明。

报告中说这方画像石的质料为石灰石，高 162 厘米，宽 100 厘米（图 26.1—26.2）。由于材质和画像的内容、风格和嘉祥武氏祠的十分接近，赖登梅斯特推测它应是公元 150 年左右、山东地区的产物。他很细心地注意到此石上端的三角斜面，左侧较右侧长，而左侧斜面上有一个可与屋顶相接的榫头。他又据西王母画像的位置，

---

① L. Reidemeister, "Eine Grabplatte der Han-Zeit," *Ostasiatische Zeitschrift*, N.F.7, 1931: 164-169.

图 26.1 石祠西壁全石

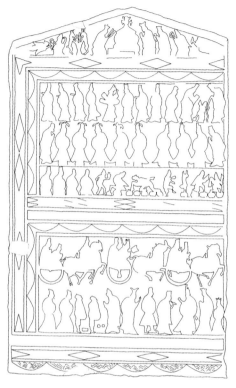

图 26.2 杨依萍线描图

参考其他祠堂的方位，很正确地指出此石应是一个祠堂的西墙。

如果我们将此墙的高宽和孝堂山祠堂（山墙高约 200 厘米，宽 200 厘米）、武氏祠之武梁祠（山墙高约 175 厘米，宽 170 厘米）前 和左石室（山墙各约高 220 厘米，宽 200 厘米）比较，可知这一祠 堂较为低矮，整个规模要比孝堂山或武氏祠的各室都要小很多；但 又比蒋英炬所复原山东嘉祥宋山的几座小祠堂稍大。蒋英炬曾根据 残石，复原四座小祠堂。他在复原报告中说："祠内为平顶，单开间，间宽 1.2 米，高 0.69—0.73 米，进深 0.64—0.68 米。"① 这一祠堂画像石为汉代祠堂的大小，提供了武氏祠、宋山和徐州白集祠堂等之外，另一较小规模的类型。

这一画像石顶端的山墙上为西王母图。西王母戴胜，居中端坐；右侧有三人弓身拱手向左朝拜，最右侧似为一神兽，不很清楚。左侧有右向手持三珠树者一人，其后有一对捣药的玉兔，最左侧似有一有背羽的仙人和一鸟。

西王母图之下，画像共分五层，第三、四层之间以三层花纹装饰分隔。从上而下，第一层即孔子、老子及弟子画像。老子在最右侧，戴冠，持曲杖，左向弓身拱手；其左有弓身拱手相对的孔子；孔、老之间为昂首面向孔子，一手上指、一手持轮状玩具的项橐。孔子身后左侧为或面左，或面右，戴冠，持简册的弟子九人。其中位居中间，头戴鸡冠，大袖旁张的一位是标准造型的子路。（图 26.3—26.4）

第二层为戴冠拱手，或朝左或朝右的人物十人。由于此层人物的冠式和第一层的孔老弟子不完全一样，绝大部分没有捧简册在手，他们是不是孔老弟子不能十分肯定。

第三层右端在十二个盘上，有表演倒立或其他动作的舞人七人；左端则有朝右端坐的观众四人。

第四层为朝右前进的马车三辆。右端两辆一车各一马，车上各有两人；最左一辆有两马，有一人骑在马上，车上有两人。

最下一层又是一排或朝左、或朝右的人物，共十一人（图 26.5）。这十一人以人物向背而言，似可分左右两组：右端六人为

① 蒋英炬，《汉代的小祠堂——嘉祥宋山汉画像石的建筑复原》，《考古》8（1983），页 741—751。

图 26.3　第一层 孔子老子及弟子图

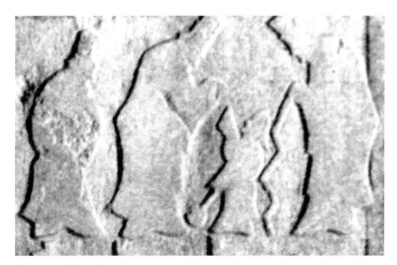

图 26.4　前图局部

图 26.5　最底层

一组，左右各三人相向而揖；左端五人为一组，左侧四人朝右，右侧一人向左而揖。这两组人物以人物间的关系言，似乎是在描绘两个不同的故事。右端一组，右起第三人佩剑，和他相对朝右者正举匕首自刎。自刎者身后一人下裳仅及膝，露出双脚，双脚有脚镣。左端一组朝右的四人中有两人服饰不同，下身着裤及膝，但仅有一足，另一足断，断足明显刻画在画面中。

　　类似的构图和人物也见于河南安阳所出（据云出自曹操墓）一方画像石的最上层（图 26.6—26.7）。最上层的上半截残，榜题也缺失，但仍可见有人自刎，有人断足而持一杖。画中有人刖足，有人自刎，甚或有人带脚镣，这是什么故事？我猜测柏林一石底层画面的左半部是描绘《韩非子·和氏》所记玉工卞和献玉而遭刖足的故事，右半部为另一个故事，一时未得其解，姑录备考。河南安阳所出一石最上层描述的或也是卞和的故事，无榜题可证，又自刎的场面也不见于传世文献，应如何理解，待考。

2016.8.22；2017.7.17

图 26.6　据云出自安阳曹操墓之画像石局部　潘伟斌赠照片局部

图 26.7　前图局部

27.

瑞典斯德哥尔摩远东博物馆藏武氏祠画像石

2005 年美国普林斯顿大学由 Cary Y. Liu 领导，集合好几位美国学者，经长年努力出版了一部极具分量、重估武氏祠画像的大书 *Recarving China's Past: Art, Archaeology, and Architecture of the "Wu Family Shrines"*。在出书之前更曾在普大推出和武氏祠画像石相关的展览并举办会议。展品中有一件有建和元年题记的方座圆石柱借自德国柏林民族学博物馆。蒋英炬先生曾以为此石"不知下落"，如今展出，必曾令到普大参加会议和参观展览的蒋先生感到欣慰吧。

过去二十年我一直想追索流散到欧美的汉代画像石。至今成果极少。2016 年走访海德堡大学，结识曾在柏林及曼汉姆（Mannheim）等地博物馆工作数十年，熟悉中国考古和文物的韦莎婷女士（Jeanette Werning）。她代我各处查询，仍无结果。据云第二次世界大战时柏林饱受轰炸，极多的文物毁于战火。战后又被苏联及美国拿走不少。如今要追索战前旧物，尤其是私人收藏，其难可以想见。

不意 2012 年，学棣刘欣宁博士因随冨谷至等日本学者到瑞典调查汉晋简，偶然在斯德哥尔摩的远东博物馆（图 27.1）拍摄到一件画像石（图 27.2）。我一看，赫然发现竟然是流失已久、黄易编

图 27.1　瑞典斯德哥尔摩 远东博物馆　2012 刘欣宁摄

号为武氏祠"左石室一"的一石。据蒋英炬考证，左石室有可能是武斑祠，所谓的"左石室一"石，包括其左段的"王陵母画像"石，其形制像是横贯祠堂后壁的长条石。此石虽然无关孔子见老子，我也不曾亲见，但想附记一笔，让更多的同好知道。傅惜华《汉代画象全集》二编曾著录此石并谓原石在山东省嘉祥县城南二十八里武宅山下武氏祠堂内。他编书时可能并没有经过实地调查，这一石其实已不知在何时流到国外。不过《汉代画象全集》的确曾记录有些画像石在瑞典博物院和巴黎卢浮宫[①]，因为和本书主

① 例如重编本《山东汉画像石汇编》，济南：山东画报出版社，2012，页 199、200、226。

图 27.2　"左石室一"画像石　2012 年刘欣宁摄

图 27.3　史语所藏拓本

题无关，这里不多说了。

由于欣宁是不经意拍下，照片光线和角度都非最佳，但已足以辨识画面内容。以前只曾见过画面中心破损的拓片（图 27.3），看到照片后方知原来在破损部分的中心有一被后世再利用而凿穿的圆洞。此石下落已明，也因照片得知拓本和原石的差别，算是意外的收获吧。普林斯顿大学展览极为用心，让柏林一石出现在众人眼前，大功一件；然而未能注意到左石室这一石，则不无小小的遗憾。

2016.8.22；2017.3.22

28.

江苏徐州贾汪区清山泉镇白集
东汉祠堂孔子见老子画像

    1998 年 9 月 10 日，由狮子山楚王陵公园管理处处长邱永生先生陪同参观白集汉墓博物馆。早上 8 点半包了一部面包车，花 250 元，由徐州南郊宾馆向北到四五十公里外的白集。白集属清山泉镇，此地博物馆无人参观，大门深锁。幸好管理员在，而得入内。墓在原地保留成为博物馆。我们循墓道而下，因墓底渗水，以砖垫上木板，我们走在踏板"桥"上进入各墓室（图 28.1—28.4）。

    白集汉墓是 1965 年发现，1970 年左右由南京博物院的尤振尧先生等发掘。墓有前、中、后室，前、中室门有多面体方立柱，用石条叠成长方形平尖顶。石柱、梁、墙画像极为精美丰富。此墓一大引人注目之处在后室分左右二室，但不对称，左大右小，明显表现夫妇同穴而待遇不同。另一特点是后室左室石壁有镂空刻出窗棂的窗子。后来在徐州汉画像石艺术馆也看到不少类似的，可见这是此地汉墓室石刻较普遍的特色。

    可能为了便于展示，石祠尚保留十分完整的东西两壁被放置在墓道门入口处两侧，地上放着刻成瓦的祠顶残石。石祠东壁即刻有孔子见老子画像（图 28.5—28.6）。石壁高 157 厘米，宽 122 厘米。这一

图 28.1　白集汉墓　前室至中室　墓底积水

图 28.2　白集汉墓中室　羊形底座方立柱　后室有窗

图 28.3　后室及顶部

图 28.4　中室一角

图 28.5　祠堂西壁

图 28.6　祠堂东壁

祠堂略略大于后文将提到的邳州占城出土祠堂，都属于小型祠堂。

　　白集祠堂所刻孔老画像与他处颇有不同。老子持曲杖在右侧，孔子在左侧。通常孔子持雁为赘礼，但此石是老子持雁为赘。二人中间有小童项橐，手持双轮玩具鸠车，但不披发，正面朝前，头戴山形冠（图 28.7），有点像周公辅成王画像中的成王。另一奇异处是老子身后一人似左右手各抱一婴儿。其右又有一人似为鸡首人，鸡喙和圆眼都还算清楚。其右一人头上有双角，似为牛首人。鸡首和牛首人在山东济宁和徐州等地画像中都不乏其例，陕北更是常见。但他们出现在孔老弟子行列中，以耳目所及，实为仅见。这背后有什么典故？令人纳闷又好奇。

　　一个猜想是：当时工匠刻写故事，或别有所据，为我等今人所不知。汉代老子的形象颇为神秘，西汉晚期，随着谶纬之学兴起，孔子的面目也变得奇异神秘。鸡首人和牛首人本身的确实意义至今不明，他们和孔、老结合出现，在那样的时代或许不是不可想象。但那时的人是如何想象的？我们失去了认识的线索。在陕北成对的鸡首和牛首人似乎取代了东王公和西王母，但在白集祠堂两壁顶部另有东王公和西王母，并没有取代关系。另一个可能是这样的画面根本没有特别的意思，仅仅是当时的工匠颇为自主地将诸多格套式的画像填入所需刻画的空间，并不在意各组画像间的关系。委造者似乎也不见得那么在意于刻画的"正确性"而要求修正。

图28.7　前图局部　右起第二、三人分为鸡首和牛首人，牛首人左右手分抱有婴儿？

图28.8　前图局部

29.

山东平阴县博物馆藏孔子见老子画像

2010 年 6、7 月间曾率学棣数人，由研究山东汉画像石有素的好友杨爱国兄陪同，奔赴山东各地巡访画像。由于前一年即听爱国兄提到平阴新发现孔子见老子画像，而且有项橐的榜题。闻之振奋，因此特地组团前往，打算一睹庐山真面目。平阴相当偏僻，如果不是山东石刻艺术博物馆派车，由爱国兄向导，我们大概很难来到此地（图 29.1）。天热，由孔庙改建的博物馆根本没人参观。博

图 29.1　平阴县博物馆入口　自左至右：杨爱国、刘欣宁、林宛儒、高震寰

图 29.2 供案石

图 29.3 前图局部

物馆藏品除了少部分保存在大殿内，大部分画像石、石棺、石神兽
和石碑等即散置在馆院之中。

在这里一大意外收获是见到四方东汉祠堂所用供案石（图
29.2—29.3）。据平阴实验中学汉画像石出土简报，它们都出自实验
中学一座拆用汉画像石建造的晋墓中。这种长方形供案石大小略有
差别，长约一百三四十厘米，宽七八十厘米，中央凹刻有承置祭
物的耳杯和圆盘，盘中刻有相对的双鱼。供案一侧中央有长方形凹
槽，槽底有孔，显然是供祭酹的酒品流出。类似的供案在嘉祥武氏
祠和河南都曾见到。武氏祠的供案石上有刻出置于盘中的鸡和鱼。
蒋英炬估计武氏祠前石室的供案石原配置在祠内后壁中央小龛前。[①]
徐州汉画像石艺术馆也收藏有好几方供案石（图 29.4—29.5）。河南
偃师所出肥致碑底座上，也有类似刻耳杯和盘的供案兼碑座二用之
石（图 29.6），这里不多叙述。

大殿室内陈列不少画像石，或竖或平放在台子或地面上。或许
由于缺乏人手或管理，大多满布灰尘。平阴实验中学出土的几方
祠堂后壁祠主画像就保存在这里。据平阴县博物馆在《华夏考古》
2008 年第 3 期《山东平阴县实验中学出土汉画像石》的报道，共
出土十二方。这些画像石面光滑，阴线细刻，在灰尘中仍见精彩。
因石面很大，平置地上，站在其旁，只能拍到些局部细节照片。

重要的是在地面上看到了那方有项橐榜题和画像的残石（图
29.7—29.14）。杨爱国以前来拍摄时，残石尚在室外（图 29.7）。我
们来时，已移置室内（图 29.8）。遗憾的是这石原本断裂为二，置

---

① 蒋英炬、吴文祺编著，《汉代武氏墓群石刻研究》，济南：山东美术出版社，1995，
页 41。

图 29.4 徐州汉画像石艺术馆旧藏供案石

图 29.5 睢宁古邳出土供案石

图 29.6　肥致碑　偃师博物馆藏

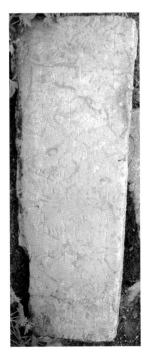

图 29.7　原石右段　杨爱国摄

图 29.8　原石右段　作者摄

图 29.9　原石右段上部　老子 太后詑部分

图 29.10　老子、太后詫局部

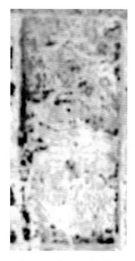
图 29.11 "太后詑"榜题

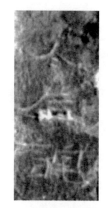
图 29.13 "太后詑"榜题正负反转

图 29.14 "老子"榜题

图 29.12 右有榜题"老子"，左有榜题"太后詑"

于室外（图 29.15），我们去参观时，只在室内见到右段的部分。其余较大的左段部分未能见到。幸而杨爱国兄曾慨慷传下他摄得的照片，附于此，供参照（图 29.15—29.17）。

据平阴县博物馆乔修罡等人的报道，在左丘明的左侧还有榜题"颜渊""闵子""伯牛""冉仲弓""□□""子赣""冉□□"，另有三人榜题不清。[①] 可惜我们去考察时，没能据石查核到这些榜题，这些榜题在所能见到的拓本上也都不够清晰。关键性的榜题"太后詫"（图 29.11—29.13）正巧可以与和林格尔汉墓孔子见老子壁画中的残榜"大后橐"参照，可证太（大）后詫即项橐。其详已见我写的《汉代画像项橐考》[②]，这里就不再重复多说。

---

① 平阴县博物馆，《山东平阴县实验中学出土汉画像石》，《华夏考古》3（2008），页32—36。
② 本书附录一《汉代画像项橐考》。另见本书附录二《项橐手中的鸠车新考》。

图 29.15　原石左段照片　杨爱国提供

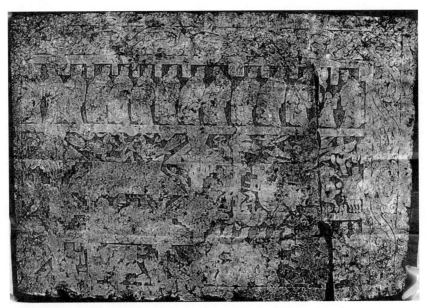

图 29.16　平阴出土祠堂画像左右拼合全石拓本正负反转　杨爱国提供

图 29.17　前拓局部　榜题自右至左：老子、太后詫、孔子、左丘明

图 29.18　作者线描图

30.

江苏徐州汉画像石艺术馆藏
孔子见老子及周公辅成王画像

　　2010 年的山东画像之旅在微山结束后，我们师生一行即经刘邦老家沛县转赴徐州。沛县除了不少为观光刻意制造的假古董外，几已闻不到一丝和刘邦有关的气息。在徐州因得李银德先生协助，我们曾一度转往连云港市，除参观连云港市博物馆珍藏的尹湾汉简，也有幸一游著名的孔望山石刻群（图 30.1），大开眼界。

图 30.1　2010.7.11 师生在孔望山前　右起：林宛儒 刘欣宁 作者 高震寰 游逸飞

　　7 月 8 日我们参观了云龙湖畔的徐州汉画像石艺术馆。这是我自 1992、1998、2001 年后第四度参观（图 30.2），但这次主展场已改在旧馆旁高大宽敞明亮的新馆（图 30.3）。认识已十余年的老友馆长武利华兄亲自接待我们（图 30.4）。武先生是画像石专家，也擅长经营管理。新馆建设就是最好的证明。在新馆门口巧遇北京中央美术学院的郑岩兄，他正率团参观。郑兄是研究上的同行老友，在研究的道路上他曾帮助我很多。在这样的地方相遇可以说意外，也可以说不意外。

　　画像石艺术馆展出汉代画像石数百方，馆后院子及地下室成堆摆放没展出的还有极多，应该是中国展出最多的地方。本文仅略记和孔子见老子图有关的三件。第一件是 1999 年在邳州占城发现的

图 30.2　1992 年与武利华合照

图 30.3　徐州汉画像石艺术馆外观　最右戴帽者为郑岩

图 30.4　向武利华兄讨教

祠堂残石壁和祠顶。其外形大小和白集所见十分相似。为使观众了
解祠堂原貌，艺术馆做了最低程度的复原（图 30.5—30.9）。从祠顶
和所存大致完好的右墙可知，原祠墙宽 120 厘米，高 145 厘米，厚
26 厘米。由残存的右墙和石顶推算原祠堂面阔 260 厘米，进深 150
厘米。

　　右墙画面分五层。最上层为西王母、玉兔、羽人、鸡首人和牛
首人等。其下一层有人物八，从右端三人持剑和立盘（盘中未见有
桃）可知是描绘二桃杀三士的故事。再下一层是典型的孔子、老子

图 30.5　邳州占城祠堂

图 30.6　祠堂右壁

图 30.7　祠堂右壁局部

图 30.8　祠堂右壁孔子老子项橐部分

图 30.9　祠堂右壁拓片

和项橐相见的场面，弟子有特征明显的子路。最下两层内容疑相互关联，描述一尚不可知的故事。此石一大特点是下四层人物旁都有榜题，原都有字，可是如今无一可辨识。另一特点是二桃杀三士的画像竟然出现在孔子见老子画像之上。这是画像故事分层布局任意随机，恐怕没有因内容而有高下区别的另一例证。

徐州汉画像石艺术馆新馆展出空间较旧馆大增，我得以看到许多过去几次在旧馆不曾见过的新展品。邳州市车夫山东汉墓出土的另一孔子见老子画像石即为一例（图 30.10—30.14）。此石保存相当完整，长 245 厘米，宽 57 厘米，厚 21 厘米。画面有人物十三，右侧第三人是佩长剑的孔子，右四居中持双轮玩具车的是项橐，其左是手持曲杖的老子。特征都很典型。比较不典型的是原本由孔子手持的贽礼——雁，不在孔子手上，反而出现在项橐手中，项橐脚前还出现似为龙的头和脚爪。其次是左端第三人，正面朝前，大袖旁张，腰系绶带而未系猈豚，下裳膨大，向两侧飞卷而上。左侧一人似手持华盖于其头顶。或因此，王培永《孔子汉画像集》（页57）认为左端描绘的是周公辅成王。可是按成例，成王身材应较矮小，不会如此高大，也不会有如子路那般旁张的大袖。就上半身的造型而言，不能排除他是子路。但他的造型太不典型，难以完全确认无疑。暂志于此，留待知者续考。

另一例是王培永《孔子汉画像集》一书未收，而见于艺术馆展出的一石（图 30.15—30.16）。可惜这一石拍摄时疏忽，未拍下相关说明。从画面看，最左侧一人持杖，右有十二人朝左捧简册一字排开，为首一人拱身佩刀，拱手向持杖老者施礼，应该是孔子率弟子见老子画像。

图 30.10　邳州市车夫山东汉墓画像原石

图 30.11　前图拓本

图 30.12　原石局部一　不明人物

图 30.13　原石局部二

图 30.14　前局部图作者线描图

最后要一提这里藏有邳州庞口村出土汉代石祠壁上构图别致的周公辅成王图（图 30.16—30.20）。此石高 107 厘米，宽 97 厘米，厚 18 厘米。上端呈两披斜顶状，原应为小祠堂的左或右壁。石面平滑发黑，纯以阴线刻，颇不易观察。画面上层内容没有常见的西王母或东王公，却有高大的堂室及阙。堂室屋檐之下坐着一位腰系绶带、胡髭旁张、正面朝前的人物，其左右各有侍者和进谒的人物。场面像是谒见图。下一层有一列面朝左，头戴进贤冠，腰系绶带的人物七位以上。再下一层才是有榜题的周公辅成王图。腰系绶

图 30.15　艺术馆藏孔子见老子画像原石

图 30.16　作者线描图

带的周公和成王面朝右，站立于画面最左端，成王身形稍矮。"周公"和"成王"两榜清晰完整。其前有双排三列，共五位头戴进贤冠，腰系绶带，手持笏板，朝成王跪拜的官吏。在跪吏的右端或后方有两位站立的史，手持状似节或旄的仪物。最下两层画面较不清楚，像是烧灶庖厨图。这样布局的周公辅成王图实所仅见。它和前文提到东京国立博物馆东洋馆所藏表现周公成王和南公牵虎的场面，都告诉我们汉世有关周公和成王的画像与故事恐怕并不单一，应曾有不少至今仍在我们的认识之外。①

① 例如"中央研究院"历史语言研究所收藏的画像拓片中有一件题为泰安画像，画面仅剩原石右半，但有清晰"周公"二字榜题。榜题左侧戴冠人物颇像一位拱手站立的门吏或官吏，其姿势和山东常见周公辅成王图中的周公不同，惜左半全失，无法知道原为什么故事。参文物图象研究室汉代拓本整理小组编，《汉代石刻画像目录》（台北："中央研究院"历史语言研究所，2002），图 335，页 106。本件著录又见 Èdouard Chavannes, *Mission Archeologique dans la Chine Septentrionale:Planches*, Paris:Ernest Leroux, Éditeur, 1909, Pl.LXXX。

图 30.17　邳州庞口村石祠画像原石

图 30.20　《徐州汉画像石》所附拓片

图 30.18　前图局部

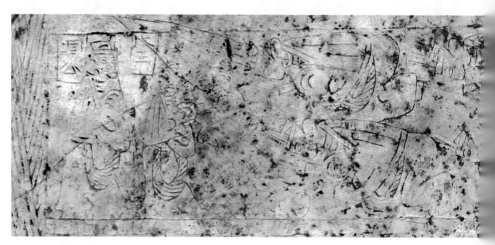

图 30.19　前图反白

图 30.21 局部放大

汉代画像项橐考

汉代画像孔子见老子图中经常见一披发小儿立于孔子与老子之间。学者早已正确指出此小儿应即文献中提到的七岁神童项橐或项託。虽然如此，却一直没有可靠的榜题可以证实这一点。

近年因山东石刻艺术博物馆杨爱国先生的帮助，得见几种尚未刊布的山东画像，又得读日本京都大学金文京教授精彩的论文《孔子的传说——〈孔子项託相问书〉考》①，觉得时机已较为成熟，可以榜题为据，较有把握地确认汉代画像中项橐的身份。

关于画像中项橐身份的考订，必须从和林格尔东汉墓壁画中残存不全的项橐榜题说起。1990年5月当我写第一篇有关孔子见老子画像的论文时，曾反对《隶续》《山左金石志》《金石索》《金石萃编》《汉碑录文》和《汉武梁祠画像考释》等比定画像中小儿乃《史记·孔子世家》随孔子适周之竖子的说法，而赞成近代学者提出的项橐说，却苦于缺少项橐身份的确证。我在这篇至今未刊的文稿中曾说：

---

① 收入《"中央研究院"历史语言研究所傅斯年图书馆俗文学学术研讨会论文集》，2006，页3—22。

　　和林格尔壁画上的小童有榜题残迹，可惜壁画图版与线描图俱非清晰，不敢断言为何字。今后如有新画像出土，相信可以证实以上小童为项橐的说法。

　　没想到2004年夏，因朋友的帮助得见和林格尔墓壁画十分清晰的摹本照片。依据照片和新刊布的原壁画照片[①]，壁画小儿旁的残榜可以确认应有三个字（图1.1—1.6）。

　　这三个字都残，尤其头两字残缺太甚。第一字只剩一横笔的左半部，第二字剩左侧部分，唯第三字除上端一角，基本完整。依据残划，仍然无法有把握地和文献中提到的"项橐"或"项託"联系起来。榜题第三字虽像橐字（省去下方的木），但文献提到的名字毕竟只有两字而非三字。这是怎么一回事？仍然令我困惑。

　　这个困惑直到2006年杨爱国先生陆续赐下若干新画像石的照片，近日又读到金文京教授的论文才拨云见日，豁然开朗。金教授的前述论文曾十分详细地考证了几乎所有与孔子、老子和项橐相关的历代文献，尤其重要的是检讨了《战国策·秦策五》"夫项橐"和《史记·甘罗传》"大项橐"的出入，并考证出"大项橐"之说至少在唐代即已存在。此外，他以《淮南子·说林》《淮南子·修务》和《新序·杂事第五》提到的"项託"和"项橐"为证，证明项託就是项橐，"按託、橐同音，此一人物的原名应为项橐，因'橐'笔画繁多，后被'託'字所取代"[②]。接着他引《论衡·实知》

① 陈永志、黑田彰编，《和林格尔汉墓壁画孝子传图辑录》，北京：文物出版社，2009。
② 金文京，《孔子的传说——〈孔子项託相问书〉考》，页8。

图 1.1　老子、项託、孔子部分原壁画

图 1.3　原壁画大后橐榜题

图 1.2　项託　孔子线描图

图 1.4　大后橐榜题线描图

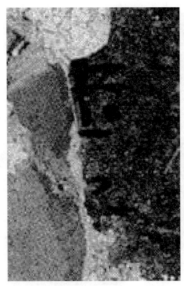

图 1.5　原壁画老子榜题　　　图 1.6　原壁画孔子头部及榜题

篇，指出项橐即写作项託。更重要的是他注意到洪适《隶释》卷
十著录山东潍州东汉灵帝光和四年的"童子逢盛碑"。此碑是为
一位十二岁的儿童所立，碑中提到"才亚后缿，当为师楷"，此
"后缿"据洪适《隶释》卷十引《汉书·赵广汉传》考证，即指项
橐。[1]《赵广汉传》云："又教吏为缿筒。"苏林曰："缿音项，如
瓶，可受投书。"洪适说："后、缿偏旁相类，缿有项音，故借后
为缿，又借缿为项也。"[2] 不过，金文京教授没有说明东汉中晚期
的王充既然已经以项託代项橐，为何时代更晚的逢盛碑仍用橐字，
称之为后橐？

① 金文京，《孔子的传说——〈孔子项託相问书〉考》，页8。
② 洪适，《隶释》（北京：中华书局，1986）卷十，页114。

图 2　平阴县博物馆藏原石左段

图 3　拓片局部

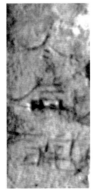

图 4　原石榜题放大

图 5.2 拓片榜题反白放大

图 5.1 杨爱国提供照片

　　现在幸而有了更多画像榜题，可以揭开谜团。杨爱国先生知道我研究孔子见老子画像多年，十分慷慨地提供了几种尚未刊布的画像榜题资料，供我参考。[①] 经过一年多的思索，终于读出这些画像榜题或者作"太（大）后託"或者作"大后橐"，它们就是汉末碑铭中的后橐，也就是项託或项橐。

　　首先请先看山东平阴县博物馆所藏原石及拓片的局部（图 2—4）：

　　这一石最上层右端有十分完整清晰的"老子"榜题，左侧有"太（大）后詫（託）"，接着更有榜题"孔子"和"左丘明"。这一画像的布局和人物造型无疑都是东汉孔子见老子图的典型之作。姑不论此图第一次出现了重要人物左丘明，小儿上端的榜题完整清

① 按：承杨爱国先生书示，才知山东平阴实验中学出土画像石已刊布，参平阴县博物馆，《山东平阴县实验中学出土汉画像石》，《华夏考古》3（2008），页 32—36、157—161。

晰，为我们提供了最好的证据，证明小儿的身份。

　　无独有偶，杨爱国先生提供了十分类似榜题的另一石拓片（图5.1—5.2）。这一拓片据说是山东巨野周建军先生的藏品。

　　这石上虽没有孔子或老子榜题，其布局和人物造型也说明无疑是孔子见老子图。小儿上方榜题三字，像是"北同橐""代同橐"，又像"大同橐"。我一度为此困惑不已。现在知"北""代"实应释作"大"，"同"或为"后"字的误书，多了右侧一竖（这一竖笔也有可能是石面裂纹所造成，因手头没有原石照片，还不能完全判定），而下方的橐字正像和林格尔东汉墓壁画中的橐字，都省去下方的"木"。这应是橐字的省写。《史记·郦生陆贾传》《索隐》引《埤苍》云："有底曰囊，无底曰橐。"裘锡圭先生曾分析古文字的省形字，以囊、橐为例。囊、橐等字在篆文里，形旁都作𥞌，"象所以盛物时需要缚住两头"。"囊有底，其字初文应作𥞌，象一个束缚上口的有底袋子（商代金文有𥞌字，象盛有贝的囊）。"[1] 汉代石工当然不会有什么清楚的文字学知识，不免误将无底的橐字省写成像囊字的初文。也有另外一个可能：既然画像榜题三件的橐字不约而同，都将下方的构字部件"木"省去而作晜，可能橐字在东汉本来就有这样的省形写法。有了这样的认识，现在几乎可以确定和林格尔墓壁画的残榜就是"大后晜（橐）"三字。

　　换言之，在东汉的碑铭、壁画和石刻画像上出现了"后晜（橐）""大后晜（橐）"和"太（大）后詫（託）"，在传世文献中则有"大项橐""大项託""项託"和"项橐"歧异的说法。

---

① 裘锡圭，《文字学概要》，北京：商务印书馆，2001，页164—165。

"託""橐"和"后託""后橐"的不同写法和说法可以说几乎同时存在。项与后音通，前引洪适《隶释》引《汉书·赵广汉传》已加考证。又《说文》卷五下："缿，受钱器也，从缶，后声。"《论衡·实知》篇："夫项託年七岁教孔子。"黄晖曰："……《隶释·童子逢盛碑》：'才亚后橐，当为师表。''后项''橐、託'，音近假借。"[1] 这应是项託、项橐又写成后託、后橐的原因。传世文献中的"夫项橐"则明显是"大项橐"的讹误；"太项"或"大项"的"太""大"本互通，隋唐文献中或称项託为"大项"[2]、"太项"或"太项橐"[3]，证之汉代画像，可谓都是其来有自。又从敦煌卷子看，书作项託或项橐的也都有。例如大家熟知的《孔子项託相问书》抄本十余种书作"託"，但《读史编年诗卷上·七岁二首》"谢庄父子擅文雅，项橐师资推圣贤"又写作"橐"[4]，可见异写一直并存，不好说是因橐字太繁，才简化为託。

　　总之，现在几乎可以确定不论怎么写法，它们都是同一神童——项託或项橐的异名。

2008.5.8/10.4

原刊《九州学林》六卷二期（2008），页 2—8

---

① 黄晖，《论衡校释》（北京：中华书局，1990），页 1076。
② 隋《玉烛宝典》四月部分。
③ 金教授论文引唐吴筠《宗玄集》卷下《高士咏五十首》其廿三《太项橐》条。
④ 例如任半塘主编，《敦煌歌辞总编》（上海：上海古籍出版社，2006）卷三，《三台》十二月辞卜天寿写卷，页 596；徐俊纂辑，《敦煌诗集残卷辑考》（北京：中华书局，2000），《七岁》二首，页 525。其他十余种敦煌抄本残件《孔子项託相问书》作项託，见王重民，《敦煌变文集》（北京：人民文学出版社，1957）。相问书大家比较熟悉，不赘引。

附录二

项橐手中的鸠车新考

　　2009 年《文物》第 2 期刊布了陕西靖边杨桥畔出土的一座东汉壁画墓，墓中前室东壁上层左侧有十分典型的孔子见老子画像。[①]较完整的图版见于陕西考古研究院编《壁上丹青：陕西出土壁画集》[②]。前室东壁上层壁画粉底虽已有不少斑驳脱落，但画面大致完好。画中共有人物七人，线条勾勒细致，色彩鲜丽（图 1—2）。人物眉目容貌和衣饰除局部剥损，大部分清晰可辨。虽无榜题，从构图一望可知，老子手持曲杖，居最左侧，孔子在右，拱手与之相对，其后跟随着手持简册的弟子四人。本文关切的是在孔子和老子之间的一位小童——项橐。而最有意义的是项橐手中牵引着一辆描绘极为清晰的鸠车，进一步证实其他汉画中项橐所持状如车轮之物，的确如同鸠车，乃小儿玩具车之一种。

　　宋代《宣和博古图》早有汉魏鸠车的著录，近年也有实物出

---

①　陕西省考古研究院、榆林市文物研究所、靖边县文物管理办公室，《陕西靖边东汉壁画墓》，《文物》2（2009），页 32—43。
②　北京：科学出版社，2009，页 85。

图 1　陕西靖边杨桥畔东汉壁画墓前室东壁

土。① 许多学者都推测孔子见老子图里项橐所持物即鸠车，奈何他所持之物，过去在绝大部分画像中都被简单地描绘成一个带柄的车轮状物品。到底是不是鸠车，缺乏更明确的证据。

　　这次靖边汉墓壁画中的鸠车形象明确清晰完整，可以百分之百证明过去的推测是正确的（图 3）。画中身形较为矮小的项橐，身穿红色衣裳，正面朝前，双手下垂，左手以绳索牵引着一只带轮的鸠鸟。鸠鸟有喙，有头，有眼，有身，有尾，完整而清楚，和河南南阳出土的青铜带轮鸠车实物（图 4.1—4.2），完全一样。

①　参郑州市文物考古研究所、巩义市文物保护管理所，《河南巩义市新华小区汉墓发掘简报》，《华夏考古》4（2001），页 33—51；扬之水，《从〈孩儿诗〉到百子图》，《文物》12（2003），页 59—60；王子今，《汉代儿童的游艺生活》，《秦汉社会史论考》（北京：商务印书馆，2006），页 1—4。

图 2　前图壁画局部，孔子（右）、老子（左）和项橐（中）

图 3　前图局部

图 4.1　河南巩义新华小区出土东汉铜鸠车

图 4.2　同前图，另一角度

　　无独有偶，前述杨桥畔墓资料公布之后，2009 年文物出版社出版的《2008 中国重要考古发现》上，又刊布了陕西靖边老坟梁 42 号汉墓出土的孔子见老子壁画，其上也有清晰的童子项橐，项橐手中牵着一件造型几乎一样的鸠车（图 5.1—5.2）。

　　老坟梁墓群西距靖边县城二十五公里，和前述靖边杨桥畔镇相距仅约一公里。42 号墓的时代约属西汉中晚期至新莽时代，比前述的杨桥畔东汉墓为早。墓壁上有保存大致完整的孔子见老子壁画。壁画左侧一人面向右，手扶曲杖，其头部左侧有清楚榜题"老子"二字，右侧有侧身人物拱手向左，无疑是孔子，孔子身后还有一人，惜较为残缺。重要的是在二人中间有身躯较矮小的小童一人，无榜题，但牵引着一辆玩具鸠车。鸠车有鸠首、车轮和鸠尾，十分完整清楚，和杨桥畔壁画上的几乎一模一样。

　　河南南阳在一方征集自李相公庄的许阿瞿纪年画像石上有小儿手牵鸠车的画面（图 6.1—6.2）。画像左侧有十分清晰的墓志纪年为东汉灵帝建宁三年（170 年）。许阿瞿年仅五岁而亡，鸠车必为此夭折的小童所喜，才会出现在画面中。由此可知鸠车应是从西汉到东汉末都存在的一种小儿玩具车。

　　本文初稿曾请丁瑞茂兄指教。他提醒我还有出土的鸠车实物。河南省文化局文物工作队的赵青云和刘东亚在《一九五五年洛阳涧西区小型汉墓发掘报告》中说道，洛阳涧西区汉墓有两儿童墓 M41 和 M45 陪葬有鸠车，一铜质，一陶质。[①] 报告页 89 最后推测说："鸠车出自儿童墓，铜镜多佩于成年者的墓中，疑亦为两汉时代的葬俗。"

---

① 　河南省文化局文物工作队（赵青云、刘东亚），《一九五五年洛阳涧西区小型汉墓发掘报告》，《考古学报》2（1959），页 85。

图 5.1　靖边老坟梁 42 号汉墓壁画

图 5.2　前图局部

图 6.1　南阳李相公庄征集 许阿瞿墓画像中的小儿戏鸠车

图 6.2　前图局部

| 洛阳涧西区（M41）铜鸠车 | 儿童墓 | 墓41铜鸠车 与墓45陶鸠车形状类同，在鸟的腹部两旁，向外凸有圆轮轴，其轮未见 |
| 洛阳涧西区（M45）陶鸠车 | 儿童墓 | 墓45陶鸠车 体为鸟形实腹，两翼呈车轮状，中有一轴，可拉动，质地属砂红陶。形体略似铜鸠车 |

　　这样的鸠车玩具也出现在北魏孝子石棺（或称元谧石棺）的画像中。老莱子做小儿状，一手也拉着明确无误的鸠车（图7）。

　　由于这一鸠车得以确认，徐州邳州庞口村出土的汉代祠堂左壁画像石上有一小儿手推一车，轮上站立一鸠，鸠车的形状虽稍有不同，应该也是鸠车（图8.1—8.2）。庞口村画像上的推车者如果是

图7　元谧石棺局部

项橐，那么和他相对，拱手而立、头戴进贤冠的应是孔子。孔子身后有一弟子，但画面中没有出现老子。由此可知，孔子见老子图可以有项橐立于中间，也可以仅有孔子和项橐出现，却没有老子。仅有孔子和项橐出现的图或许应该另外命名为"孔子项橐相问图"或"孔子项橐问难（辩）图"。

　　靖边老坟梁西汉中晚期至王莽时代墓和靖边杨桥畔新莽至东汉墓类似壁画的出土，可以说对确认汉代孔子见老子画像中的鸠车，和认识孔子见老子画像的构图类型，都带来很大的帮助。但画像中小儿所持也有不少有车轮而无鸠，我们只能认定它是玩具车，不好一律说成鸠车。此外，过去在陕西能找到的汉代孔子见老子画像，仅有现藏于陕西历史博物馆的一件石刻画像，现在新出的壁画可以证实，孔子见老子这一母题从西汉中晚期开始，不但流行于今山东西南和河南地区，在陕北也已出现。这对认识汉画母题的区域流播很有意义。这里暂不多谈了。

2010.10.26 初稿，题为《项橐手中的鸠车》

原刊《文史知识》1（2011），页 120—123

2016.10.12 增补于海德堡；2017.3.5 再订补

感谢丁瑞茂兄提示我遗漏的资料

图 8.1　邳州庞口村汉代祠堂左壁画像原石

图 8.2　前图拓片

参考书目

史料文献

"中央图书馆"特藏组编辑,《"中央图书馆"拓片目录——金石部分》,台北:"中央图书馆",1990。

《小儿论》,延禧大学校东方学研究所1956影印康熙四十二年开刊、乾隆三十九年改刊《国故丛刊》第九。

《小儿难孔子》,日本早稻田大学图书馆藏北平打磨厂学古堂印本。

班固,《汉书》,北京:中华书局,1962。

北京大学出土文献研究室编,《北京大学藏西汉竹书(贰)》,上海:上海古籍出版社,2013。

北京鲁迅博物馆、上海鲁迅博物馆编,《鲁迅藏汉画像(二)》,上海:上海人民出版社,1991。

陈沛箴整理,《山东汉画像石汇编》,济南:山东画报出版社,2012。

陈寿,《三国志》,北京:中华书局,1959。

陈永志、黑田彰编,《和林格尔汉墓壁画孝子传图辑录》,北京:文物出版社,2009。

陈永志、黑田彰编,《和林格尔汉墓壁画孝子传图摹写图辑录》,北京:文物出版社,2015。

杜佑,《通典》,上海:商务印书馆,1935《十通》本。

范晔，《后汉书》，北京：中华书局，1965。

方若，《校碑随笔》，杭州：西泠印社聚珍本，1914。

冯云鹏、冯云鹓辑，《金石索》，收入《续修四库全书》，上海：上海古
　　籍出版社，1995。

傅惜华编，《汉代画象全集》，北京：巴黎大学北京汉学研究所，1950—
　　1951。

高楠顺次郎、渡邊海旭編輯，《大正新脩大藏經》，東京：大正一切経刊
　　行會，1924—1932。

高文编，《四川汉代画像石》，成都：巴蜀书社，1987。

龚廷万、龚玉、戴嘉陵编著，《巴蜀汉代画像集》，北京：文物出版社，
　　1998。

郭在贻、张涌泉、黄征，《敦煌变文集校议》，长沙：岳麓书社，1990。

国家文物局古文献研究室编，《马王堆汉墓帛书·壹》，北京：文物出版
　　社，1980。

河北省文物研究所编，《安平东汉壁画墓》，北京：文物出版社，1990。

洪适，《隶释》，洪氏晦木斋刻本，北京：中华书局，1985。

胡新立，《邹城汉画像石》，北京：文物出版社，2008。

湖南省博物馆、中国科学院考古研究所编，《长沙马王堆一号汉墓》，北
　　京：文物出版社，1973。

黄晖，《论衡校释》（附刘盼遂集解），北京：中华书局，1990。

黄休复，《益州名画录》，收入卢靖辑，《湖北先正遗书》，沔阳：卢氏慎
　　始基斋，1923。

黄易，《小蓬莱阁金石文字》，道光十四年据嘉庆刊本翻刻本。

康兰英、朱青生，《汉画总录·米脂绥德神木卷》，桂林：广西师范大学
　　出版社，2012—2013。

黎庶昌辑，《玉烛宝典》，台北：艺文印书馆景印尊经阁藏日本前田家藏
　　旧钞卷子本，1965。

李白，《李太白文集》，台北：台湾学生书局影宋刊本，1967。

李林、康兰英、赵力光编著，《陕北汉代画像石》，西安：陕西人民出版社，1995。

郦道元注，杨守敬、熊会贞疏，段熙仲点校，陈桥驿复校，《水经注疏》，南京：江苏古籍出版社，1989。

梁启雄，《荀子简释》，台北：华正书局，1975。

凌皆兵等编，《中国南阳汉画像石大全》，郑州：大象出版社，2015。

逯钦立辑校，《先秦汉魏晋南北朝诗》，北京：中华书局，1983。

洛阳博物馆编，《洛阳出土铜镜》，北京：文物出版社，1988。

马承源主编，《上海博物馆藏战国楚竹书·二》，上海：上海古籍出版社，2002。

马王堆汉墓帛书整理小组编，《马王堆汉墓帛书·肆》，北京：文物出版社，1985。

南阳汉代画像石编辑委员会编，《南阳汉代画像石》，北京：文物出版社，1985。

内蒙古自治区博物馆文物工作队编，《和林格尔汉墓壁画》，北京：文物出版社，1978。

皮日休，《皮子文薮》，上海：上海书店重印 1926 年商务印书馆四部丛刊初编 128，1989。

皮锡瑞，《汉碑引经考》（附《汉碑引纬考》），清光绪中善化皮氏刊《师伏堂丛书》本。

钱南扬校注，《永乐大典戏文三种校注》，台北：华正书局，1980。

仁井田升著、栗劲等编译，《唐令拾遗》，长春：长春出版社，1989。

任半塘主编，《敦煌歌辞总编》，上海：上海古籍出版社，2006。

山东省博物馆、山东省文物考古研究所编，《山东汉画像石选集》，济南：齐鲁书社，1982。

陕西考古研究院编，《壁上丹青——陕西出土壁画集》，北京：科学出版社，2009。

陕西省博物馆、陕西省文物管理委员会合编，《陕北东汉画像石刻选集》，北京：文物出版社，1959。

司马迁，《史记》，北京：中华书局，1969。

宋衷注，秦嘉谟等辑，《世本八种》，台北：西南书局影印1957年上海商务印书馆本，1974。

苏舆撰，钟哲点校，《春秋繁露义证》，北京：中华书局，1992。

王昶，《金石萃编》，台北：艺文印书馆影印清嘉庆十年（1805年）王氏经训堂刊本，1967。

王琯，《公孙龙子悬解》，北京：中华书局，1992。

王建中、闪修山，《南阳两汉画像石》，北京：文物出版社，1990。

王明编，《太平经合校》，北京：中华书局，1960。

王培永编，《孔子汉画像集》，杭州：西泠印社，2014。

王先谦补注，《汉书补注》，台北：艺文印书馆景印长沙王氏校刊本，出版年不详。

王绣、霍宏伟，《洛阳两汉彩画》，北京：文物出版社，2015。

王重民等编，《敦煌变文集》，北京：人民文学出版社，1957。

文物图象研究室汉代拓本整理小组编，《"中央研究院"历史语言研究所藏汉代石刻画象拓本目录》，台北："中央研究院"历史语言研究所，2002。

闻宥编，《四川汉代画象选集》，上海：群联出版社，1954。

翁方纲，《两汉金石记》，乾隆五十四年南昌使院刻本。

吴则虞编著，《晏子春秋集释》，北京：中华书局，1962。

武利华编，《徐州汉画像石》，北京：线装书局，2001。

徐光冀主编，《中国出土壁画全集》，北京：科学出版社，2012。

徐俊纂辑，《敦煌诗集残卷辑考》，北京：中华书局，2000。

严可均，《全后汉文》，东京：中文出版社，1981。

严可均辑，《全齐文》，东京：中文出版社，1981。

颜之推著，王利器集解，《颜氏家训集解》，台北：明文书局，1982。

杨伯峻，《列子集释》，台北：明伦出版社，1970。

杨伯峻，《论语译注》，台北：河洛图书出版社，1980。

张宝德辑，《汉射阳石门画像汇考》，台北：艺文印书馆，1968，金陵丛
　　刻本。

张道一，《徐州汉画象石》，南京：江苏美术出版社，1987。

张秀清、张松林、周到编著，《郑州汉画像砖》，河南美术出版社，1988。

张彦远，《历代名画记》，上海：上海书画出版社，1993。

赵成甫主编，《南阳汉代画像砖》，北京：文物出版社，1990。

中国画像石全集编辑委员会编，《中国画像石全集》，济南：山东美术出
　　版社，2000。

中国美术全集编辑委员会编，《中国美术全集・绘画编18・画像石画像
　　砖》，上海：上海人民美术出版社，1988。

重庆市博物馆，《四川汉画像砖选集》，北京：文物出版社，1957。

朱锡禄编，《嘉祥汉画像石》，济南：山东美术出版社，1992。

朱锡禄编，《武氏祠汉画像石》，济南：山东美术出版社，1986。

近人研究

《山东长清发现大型汉画像石墓》，《中国文物报》，http://www.wenbao.
　　net/wbw_admin/ news_view.asp?newsid=390。

《陕西历史博物馆馆刊》2002年第9期，页33，补白《孔子问答镜》。

安丘县文化局、安丘县博物馆，《安丘董家庄汉画像石墓》，济南：济南
　　出版社，1992。

北京大学出土文献研究所,《北京大学藏秦简牍概述》,《文物》2012 年第 6 期, 页 65—73。

本刊编辑部,《关于西汉卜千秋墓壁画中一些问题》,《文物》1979 年第 11 期, 页 84—85。

曾布川寛,《崑崙山への昇仙—古代中国人が描いた死後の世界》, 東京:中央公論社, 1981。

曾昭燏、蒋宝庚、黎忠义,《沂南古画像石墓发掘报告》, 上海:文化部文物管理局出版, 1956。

長廣敏雄,《漢代畫象の研究》, 東京:中央公論美術出版, 1965。

陈东,《汉画像石"孔子见老子"其实是孔子助葬图》,《孔子研究》2016 年第 3 期, 页 50—61。

陈剑,《〈上博(六)·孔子见季桓子〉重编新释》, 收入复旦大学出土文献与古文字研究中心编,《出土文献与古文字研究》第 2 辑, 上海:复旦大学出版社, 2008, 页 160—187。

陈金文,《孔子传说中的"巧女"故事》,《齐鲁学刊》2004 年第 4 期, 页 9—13。

陈昆麟、孙淮生等,《山东东阿县邓庙汉画像石墓》,《考古》2007 年第 3 期, 页 32—51。

陈明达,《汉代的石阙》,《文物》1961 年第 12 期, 页 1—2、9—23。

陈盘,《古谶纬研讨及其书录解题》。台北编译馆, 1991。

陈秀慧,《滕州祠堂画像石空间配置复原及其他地域子传统》, 台北:台北艺术大学美术史研究所硕士论文, 2002。

程继林,《泰安大汶口汉画像石墓》,《文物》1989 年第 1 期, 页 48—58。

池田温,《中國歷代墓券略考》,《創立四十周年紀念論文集 I》。東京:東京大學東洋史文化研究所, 1981。

赤銀中,《老子会见孔子汉画像的文化意蕴》,《中国道教》2002 年第 4 期, 页 14—16。

大村西崖,《支那美术史·雕塑篇》,東京：佛書刊行會圖像部,1915。

戴应新、魏遂志,《陕西绥德黄家塔东汉画像石墓群发掘简报》,《考古与文物》1988 年第 5、6 期,页 251—261。

刁淑琴,《洛阳道北西汉墓出土一件博局纹铜镜》,《文物》1999 年第 9 期,页 89。

董作宾,《董作宾先生全集》,台北：艺文印书馆,1977。

范克莱（Edwin J. van Kley）著,邢义田译,《中国对十七八世纪欧洲人写作世界史的影响》,《食货月刊》复刊 11 卷 7 期,1981,页 316—338。

冯友兰,《中国哲学史》,九龙：太平洋,1970。

冯友兰,《中国哲学史新编》,北京：人民出版社,1984 第二版。

高亨,《史记老子传笺证》,《老子正诂》,北京：中国书店,1988,页 153—187。

高句麗文化展實行委員會編,《高句麗文化展：麗しの古代美》,東京：高句麗文化展實行委員會,1985。

顾颉刚,《顾颉刚读书笔记》,台北：联经出版公司,1990。

顾颉刚,《秦汉的方士与儒生》,台北：里仁书局,1985。

關野貞,《後漢の石廟及び畫像石》,《國華》第 19 編,1909,页 189—199。

關野貞,《支那山東省に於ける漢代墳墓の表飾》,東京,1916。

郭沫若,《洛阳汉墓壁画试探》,《考古学报》1964 年第 2 期,页 1—7。

国家文物局主编,《2008 中国重要考古发现》,北京：文物出版社,2009。

何志华,《相信与驳诘：荀卿对庄周言辩论说之反思》,《中国文化研究所学报》65 期,2017,页 1—19。

河南省文化局文物工作队,《一九五五年洛阳涧西区小型汉墓发掘报告》,《考古学报》1959 年第 2 期,页 75—92。

河南省文物局文物工作队,《河南南阳杨官寺汉画象石墓发掘报告》,

《考古学报》1963 年第 1 期，页 111—139、171—174。

黄进兴，《皇帝、儒生与孔庙》，北京：生活·读书·新知三联书店，2014。

黄进兴，《优入圣域：权力、信仰与正当性》。台北：允晨文化公司，1994。西安：陕西师范大学出版社，1998。北京：中华书局，2010。

济宁地区文物组、嘉祥县文管所，《山东嘉祥宋山 1980 年出土的汉画像石》，《文物》1982 年第 5 期，页 60—70。

嘉祥县文管所，《山东嘉祥纸坊画像石墓》，《文物》1986 年第 5 期，页 31—41。

嘉祥县武氏祠文管所，《山东嘉祥宋山发现汉画像石》，《文物》1979 年第 9 期，页 1—6。

江西省文物考古研究所、首都博物馆编，《五色炫曜——南昌汉代海昏侯国考古成果》，南昌：江西人民出版社，2016。

姜生，《鬼圣项橐考》，《敦煌学辑刊》2015 年第 2 期，页 86—93。

姜生，《汉画孔子见老子与汉代道教仪式》，《文史哲》2011 年第 2 期，页 46—58。

姜生、种法义，《汉画像石所见的子路与西王母组合模式》，《考古》2014 年第 2 期，页 95—102。

蒋英炬，《汉代的小祠堂——嘉祥宋山汉画像石的建筑复原》，《考古》1983 年第 8 期，页 741—751。

蒋英炬，《孝堂山石祠管见》，《汉代画像石研究》，北京：文物出版社，1987，页 204—218。

蒋英炬，《晏子与孔子见老子同在的画像石》，《中国文物报》，1998 年 10 月 14 日，第 3 版。

蒋英炬、吴文祺，《汉代武氏墓群石刻研究》，济南：山东美术出版社，1995；修订本，北京：人民美术出版社，2014。

蒋英炬、吴文祺，《试论山东汉画像石的分布、刻法与分期》，《考古与文物》1980 年第 4 期，页 108—114。

蒋英炬、吴文祺，《武氏祠画象石建筑配置考》，《考古学报》1981 年第
　　2 期，页 165—184。

蒋英炬、吴文祺、信立祥、杨爱国，《孝堂山石祠》，北京：文物出版
　　社，2017。

解华英、傅吉峰，《浅谈嘉祥县出土孔子、老子、晏子同在的汉画像
　　石》，收入顾森、邵泽水主编，《大汉雄风——中国汉画学会第十一
　　届年会论文集》，北京：高等教育出版社，2008。

金春峰，《汉代思想史》，北京：中国社会科学出版社，1987。

金文京，《孔子的传说——〈孔子项託相问书〉考》，"中央研究院"历
　　史语言研究所傅斯年图书馆，《俗文学学术研讨会会议论文集》，台
　　北："中央研究院"历史语言研究所，2006，页 3—22。

金文京，《项橐考——孔子的传说》，《中国文学学报》第 1 期，2010，
　　页 1—19。

雷建金，《简阳县鬼头山发现榜题画像石棺》，《四川文物》1988 年第 6 期，
　　页 65。

李常松、魏有礼、唐守元，《山东平邑东埠阴汉代画像石墓》，《考古》
　　1990 年第 9 期，页 811—814、868。

李发林，《山东汉画像石研究》，济南：齐鲁书社，1982。

李发林，《孝堂山石室画像旧拓校勘和墓主问题》，《考古学集刊》第 4
　　期，1984，页 314—320。

李剑锋，《〈冲波传〉：一部关于孔子及其弟子故事的志怪小说》，《鲁东
　　大学学报（哲学社会科学版）》第 27 卷第 5 期，2010，页 64—68。

李京华，《洛阳西汉壁画墓发掘报告》，《考古学报》1964 年第 2 期，页
　　107—125、235—242、259—260。

李零，《郭店楚简校读记》，北京：北京大学出版社，2002 增订本。

李强，《汉画像石〈孔子见老子图〉考述》，《华夏考古》2009 年第 2 期，

页 125—129。

李淞，《论汉代艺术中的西王母图像》长沙：湖南教育出版社，2000。

李卫星，《浅论汉画像石作伪的有关问题》，《中原文物》1991 年第 3 期，
　　页 102—106。

聊城地区博物馆，《山东阳谷县八里庙汉画像石墓》，《文物》1989 年第
　　8 期，页 48—56。

林巳奈夫，《漢代の神神》，京都：臨川书店，1989。

刘敦桢，《山东平邑县汉阙》，《文物参考资料》1954 年第 5 期，页 29—
　　32。

刘培桂，《试谈汉画像石中的孔子》，《中国文化月刊》189 期，1995，页
　　82—110。后收入氏著《孟子与孟子故里》，北京：中国文史出版社，
　　2001。

刘培桂、郑建芳、王彦，《邹城出土东汉画像石》，《文物》1994 年第 6 期，
　　页 32—36。

刘屹，《论老子铭中的老子与太一》，《汉学研究》21:1，2003，页 77—
　　103。

刘增贵，《汉魏士人同乡关系考论》，《大陆杂志》84:1，1992，页 14—
　　24；84:2，1992，页 81—96。

刘志远、余德章、刘文杰，《四川汉代画像砖与汉代社会》，北京：文物
　　出版社，1983。

罗哲文，《孝堂山郭氏墓石祠》，《文物》1961 年第 4、5 期，页 44—55、
　　117。

罗振玉、王国维，《流沙坠简》，上虞罗氏宸翰楼影印，1914。

洛阳博物馆，《洛阳西汉卜千秋壁画墓发掘简报》，《文物》1977 年第 6 期，
　　页 1—12、81—83。

吕澄，《中国佛学源流略讲》，北京：中华书局，1979。

吕思勉，《吕思勉读史札记》，上海：上海古籍出版社，1982。

缪哲，《孔子师老子》，收入巫鸿、郑岩主编，《古代墓葬美术研究》第
　　一辑，北京：文物出版社，2011，页 65—120。

南京市博物馆，《江苏高淳固城东汉画像砖墓》，《考古》1989 年第 5 期，
　　页 423—429。

楠山春樹，《邊韶の老子銘について》，《東方宗教》11，1956，頁 41—
　　60。

楠山春樹，《老子伝説の研究》。東京：創文社，1979。

楠山春樹，《禮記曾子問篇に見える老聃について》，收入池田末利博
　　士古稀記念事業會實行委員編，《東洋學論集：池田末利博士古稀記
　　念》。廣島：池田末利博士古稀紀念事業會，1980，頁 345—360。李
　　今山译，《〈礼记·曾子问〉篇中的老聃——论老子传的形式》，收入
　　冈田武彦等著、辛冠洁等编，《日本学者论中国哲学史》，台北：骆驼
　　出版社，1987。

内江市文管所、简阳县文化馆，《四川简阳县鬼头山东汉崖墓》，《文物》
　　1991 年第 3 期，页 20—25。

平阴县博物馆，《山东平阴县实验中学出土汉画像石》，《华夏考古》
　　2008 年第 3 期，页 32—36。

钱穆，《两汉经学今古文平议》，台北：三民书局，1971。

钱穆，《先秦诸子系年》，香港：香港中文大学，1956。

裘锡圭，《文字学概要》，北京：商务印书馆，2001。

饶宗颐，《老子想尔注校笺》，香港，1956。

饶宗颐，《释、道并行与老子神化成为教主的年代》，《燕京学报》新 12
　　期，2002，页 1—6。

饶宗颐，《选堂集林：史林》，台北：明文书局，1982。

容庚，《汉武梁祠画像考释》，北平：燕京大学考古学社，1936。

森雅子，《西王母の原像》，《史學》56 卷 3 期，1986，頁 61—93。

砂山稔，《道教と老子》，收入福井康順等監修，《道教》第 2 卷，東京：

平河出版社，1983，页 5—37。

陕西省考古研究院、榆林市文物研究所、靖边县文物管理办公室，《陕西靖边东汉壁画墓》，《文物》2009 年第 2 期，页 32—43。

石红艳、牛天伟编，《中国汉画文献目录》，南阳：南阳汉画馆，2005。

石璋如，《"中央研究院"历史语言研究所考古年表》，台北："中央研究院"历史语言研究所，1952。

泗水县文管所，《山东泗水南陈东汉画像石墓》，《考古》1995 年第 5 期，页 390—395。

苏健，《洛阳汉代彩画》，郑州：河南美术出版社，1986。

孙作云，《洛阳西汉卜千秋墓壁画考释》，《文物》1977 年第 6 期，页 17—22。

汤用彤，《汉魏两晋南北朝佛教史》，长沙：商务印书馆，1938。

唐长寿，《汉代墓葬门阙考辨》，《中原文物》1991 年第 3 期，页 67—74。

土居淑子，《古代中国の画象石》，京都：同朋舍，1986。

王恺，《苏鲁豫皖交界地区汉画像石墓的分期》，《中原文物》1990 年第 1 期，页 51—61。

王利器、王贞珉，《汉书古今人表疏证》，济南：齐鲁书社，1988。

王明，《〈老子河上公章句〉考》，《道家和道教思想研究》，北京：中国社会科学出版社，1984，页 293—323。

王叔岷，《淮南子与庄子》，《清华学报》新二卷一期，1960，页 69—81。

王叔岷，《史记斠证》，台北："中央研究院"历史语言研究所，1982。

王叔岷，《庄子校诠》，台北："中央研究院"历史语言研究所，1988。

王思礼，《山东画像石中几幅画像的考释》，《考古》1987 年第 11 期，页 1021—1025。

王相臣、唐仕英，《山东平邑县皇圣卿阙、功曹阙》，《华夏考古》2003 年第 3 期，页 15—19。

王意乐等，《海昏侯刘贺墓出土孔子衣镜》，《南方文物》2016 年第 3 期，页 61—70、50。

王元林，《试析汉墓壁画孔子问礼图》，《考古与文物》2012 年第 2 期，
　　页 73—78。

王壮弘，《增补校碑随笔》，上海：上海书画出版社，1981。

王子今，《汉代儿童的游艺生活》，《秦汉社会史论考》，北京：商务印书
　　馆，2006，页 1—18。

王子今，《鸠车》，《秦汉名物丛考》，北京：东方出版社，2016，页
　　334—338。

闻一多，《神话与诗》，北京：古籍出版社，1956。

巫鸿（Wu Hung），*The Wu Liang Shrine: The Ideology of Early Chinese Pictorial
　　Art*, Stanford: Stanford University Press,1989。柳扬、岑河译，《武梁祠：
　　中国古代画像艺术的思想性》，北京：生活·读书·新知三联书店，
　　2006。

吴曾德，《汉代画象石》，北京：文物出版社，1984。

吴光，《黄老之学通论》，杭州：浙江人民出版社，1985。

吴国柱，《孔子见老子画像石评介》，《济宁师专学报》1989 年第 3 期。

西安市文物保护研究所，《西安理工大学西汉壁画墓发掘简报》，《文物》
　　2006 年第 5 期，页 7—44。

夏超雄，《汉墓壁画、画象石题材内容试探》，《北京大学学报（哲社
　　版）》，1984 年第 1 期，页 63—76。

夏超雄，《孝堂山石祠画像、年代及主人试探》，《文物》1984 年第 8 期，
　　页 34—39。

夏忠润，《山东济宁县发现一组汉画像石》，《文物》1983 年第 5 期，页
　　21—27。

小南一郎，《西王母と七夕伝承》，東京：平凡社，1991。

谢祥皓，《略谈〈庄子〉中的孔子形象》，《齐鲁学刊》1985 年第 5 期，
　　86—90。

信立祥,《汉画像石的分区与分期研究》,收入俞伟超主编,《考古类型学的理论与实践》。北京:文物出版社,1989。

邢义田,《"太一生水""太一出行"与"太一坐":读郭店简、马王堆帛画和定边、靖边汉墓壁画的联想》,《台湾大学美术史研究所集刊》第30期,2011,页1—34。

邢义田,《汉代画像项橐考》,《九州学林》六卷三期,2008,页210—217。

邢义田,《汉画、汉简、传世文献互证举隅》,收入《古文字与古代史》第五辑,台北:"中央研究院"历史语言研究所,2017,页295—328。

邢义田,《画为心声:画像石、画像砖与壁画》,北京:中华书局,2011。

邢义田,《天下一家:皇帝、官僚与社会》,北京:中华书局,2011。

邢义田,《项橐手中的鸠车》,《文史知识》2011年第1期,页120—123。

邢义田译著,《西洋古代史参考资料(一)》,台北:联经出版公司,1987。

熊铁基,《秦汉新道家略论稿》,上海:上海人民出版社,1984。

扬之水,《从〈孩儿诗〉到百子图》,《文物》2003年第12期,页59—60。

杨爱国,《幽明两界:纪年汉代画像石研究》,西安:陕西人民美术出版社,2006。

杨树达,《汉代婚丧礼俗考》,台北:华世出版社,1976。

殷汝章,《山东安邱牟山水库发现大型石刻汉墓》,《文物》1960年第5期,页55—59。

尤振尧,《宝应〈射阳汉石门画像〉考释》,《东南文化》1985年第1期,页62—70。

尤振尧,《苏南地区东汉画像砖墓及其相关问题的探析》,《中原文物》1991年第3期,页50—59。

余英时，《朱熹的历史世界：宋代士大夫政治文化的研究》，台北：允晨
　　出版公司，2003。

张家山汉简整理组，《张家山汉简〈引书〉释文》，《文物》1990 年第 10
　　期，页 82—86。

张学海、蒋英炬、毕宝启，《山东安丘汉画象石墓发掘简报》，《文物》
　　1964 年第 4 期，页 30—38、73—74。

赵成甫，《新野樊集汉画像砖墓》，《考古学报》1990 年第 4 期，页 475—
　　509、536—543。

赵殿增、袁曙光，《“天门”考—兼论四川汉画像砖（石）的组合与主
　　题》，《四川文物》1990 年第 6 期，页 3—11。

郑建芳，《论汉画像石中的孔子见老子》，收入顾森、邵泽水主编，《大
　　汉雄风—中国汉画学会第十一届年会论文集》，北京：高等教育出版
　　社，2008。

郑岩，《墓主画像的传承与转变—以北齐徐显秀墓为中心》，《逝者的面
　　具—汉唐墓葬艺术研究》，北京：北京大学出版社，2013，页 195—
　　218。

郑岩，《视觉的盛宴—“朱鲔石室”再观察》，《台湾大学美术史研究集
　　刊》第 41 期，2016，页 61—144。

郑岩，《压在“画框”上的笔尖—试论墓葬壁画与传统绘画史的关联》，
　　收入范景中、郑岩、孔令伟主编，《考古与艺术史的交汇》，杭州：中
　　国美术学院出版社，2009，页 82—104。

郑州市文物考古研究所、巩义市文物保护管理所，《河南巩义市新华小
　　区汉墓发掘简报》，《华夏考古》2001 年第 4 期，页 33—51。

钟肇鹏，《谶纬论略》，沈阳：辽宁教育出版社，1991。

钟肇鹏，《论黄老之学》，《世界宗教研究》1981 年第 2 期，页 75—98。

朱介凡，《中国谣俗论丛》，台北：联经出版公司，1984。

朱锡禄，《嘉祥五老洼发现一批汉画像石》，《文物》1982 第 5 期，页

71—78。

祝平一,《汉代的相人术》, 台北：台湾学生书局, 1990。

佐野光一编,《木简字典》, 東京：雄山阁, 1985。

佐原康夫,《汉代祠堂画像考》,《东方学报》第 63 册, 1991, 页 1—60。

Benard, Elisabeth and Moon, Beverly eds., *Goddesses Who Rule*, New York: Oxford University Press, 2000.

Bulling, A. "Three Popular Motives in the Art of the Eastern Han Period: The Lifting of the Tripod.The Crossing of a Bridge. Divinities," *Archives of Asian Art*, vol. XX, 1966/1967, pp. 26-34.

Cahill, Suzanne E. *Transcendence & Divine Passion: The Queen Mother of the West in Medieval China*. Stanford: Stanford University Press, 1993.

Chavannes, Èdouard. *La sculpture sur pierre en Chine au temps des deux dynasties Han*, Paris, 1893.

Chavannes, Èdouard. *Mission Archeologique dans la Chine Septentrionale:Planches*, Paris: Ernest Lerous, Éditeur, 1909.

Chavannes, Èdouard. *Mission Archeologique dans la Chine Septentrionale:Tome I*, Paris: Ernest Lerous, Éditeur, 1913.

Creel, H. G. *Confucius, the Man and the Myth*, New York: John Day, 1949. 重印更名为：*Confucius and the Chinese Way*, New York: Harper, 1960.

Dubs, H. H. "The victory of Han Confucianism," *Journal of the American Oriental Society*, LVIII, 1938, pp.435-449.

Fairbank Wilma. "The Offering Shrines of Wu Liang Tz'u," *Adventures in Retrieval*, Cambridge: Harvard University Press, 1972, pp.43-86.

Finsterbusch, Käte. *Verzeichnis und Motivindex der Han-Darstellungen*, band 1. Wiesbaden: Harrassowitz, 1966.

Fischer, Adolf. "Vortrag Gehalten auf dem 15ten Internationalen Orientalisten-Kongress in Kopenhagen," *Toung P'ao*, 9, 1908, pp. 577-588.

Mair, Victor H. *Contact and Exchange in the Ancient World*. Honolulu: University of Hawaii Press, 2006.

Mentzel, Christian. *Kurtze Chinesische Chronologia*, Berlin: Rüdiger, 1696.

Mueller, Herbert. "Beiträge zur kenntnis der Han-skulpturen," *Toung P'ao*, 14, 1913, pp.371-386.

Powers, Martin J. *Art and Political Expression in Early China*, Yale University Press, 1991.

Reidemeister, L. "Eine Grabplatte der Han-Zeit," *Ostasiatische Zeitschrift*, N.F.7, 1931, pp. 164-169.

Seidel, Anna K. *La divinisation de Lao tseu dans le taoisme des Han*, Paris: École franc aise d' Extrême-Orient,1969. 日文版:《漢代における老子の神格化について》，收入吉岡義豊、ミシェル・スワミエ編修,《道教研究》第 3 冊。東京：豊島書房，1968，頁 5—77。

Soper, Alexander C. "The Purpose and Date of the Hsiao-T'ang Shan Offering Shrines: A Modest Proposal," *Artibus Asiae*, 36:4, 1974, pp.249-266.

Soymié, Michel. "L' Entrevuede Confucius et de Hsiang T'o," *Journal Asiatique*, 242/3-4, 1954, pp.31-92.

Spiro, Audrey. *Contemplating the Ancients: Aesthetic and Social Issues in Early Chinese Portraiture*, Berkeley and Los Angeles: University of California Press, 1990.

图片出处

上编：画像构成与意义

图 i　日本早稻田大学图书馆藏

图 ii　"中央研究院"历史语言研究所藏拓

图 iii　孟哲《中华简史》1696 年版书影

图 iv　https://kknews.ccculture9yj988b.html

圖 v　2013.8.11 作者摄

圖 vi　《高句麗文化展：麗しの古代美》

图 1　2016.8.17 作者摄于山东博物馆

图 2.1—2.2　《2008 中国重要考古发现》

图 3.1—3.2　《海昏侯刘贺墓出土孔子衣镜》

图 3.3　《五色炫曜——南昌汉代海昏侯国考古成果》

图 3.4　作者线描图

图 3.5　《五色炫曜——南昌汉代海昏侯国考古成果》

图 4.1　"中央研究院"历史语言研究所藏拓

图 4.2　作者线描图

图 5.1—5.2　刘晓芸线描图

图 6.1—6.2　杨爱国提供

图 7.1　"中央研究院"历史语言研究所藏拓

下编：画像石过眼录

图 1.4　杨依萍线描图

图 1.5　东京国立博物馆提供

图 1.6　作者线描图

图 1.7　《中国画像石全集》第 2 册，图 125

图 1.8　《中国画像石全集》第 2 册，图 114

图 1.9　《中国画像石全集》第 2 册，图 115

图 1.10—1.12　2009.1.20 作者摄

图 1.13　《汉代画象全集》二编，图 214

图 1.14—1.17　作者摄

图 2.1　1992.8.29 作者请人代摄

图 2.2　1992.8.29 作者摄

图 2.3　天理参考馆提供

图 2.4　杨依萍线描图

图 2.5　天理参考馆提供

图 2.6　"中央研究院"历史语言研究所藏拓

图 2.7　杨依萍线描图

图 3.1　谷歌地球（Google Earth），2015.2.4

图 3.2　1992.9.19 作者摄

图 3.3—3.4　1992.9.19 作者请人代摄

图 3.5—3.11　1992.9.19 作者摄

图 3.12—3.13　宋守亭先生赠拓片

图 3.14　《孝堂山石祠》

图 3.15　宋守亭先生赠拓片

图 3.16　《孝堂山石祠》

图 3.17　1992.10.19 作者请人代摄

图 3.18—3.19　刘善沂先生赠拓片影印本

图 3.20　《孝堂山石祠》

图 4.1　作者请人代摄

图 4.2　作者藏拓

图 4.3　作者线描图

图 5.1—5.4　1992.9.25 作者摄

图 5.5　作者请人代摄

图 5.6—5.7　1992.9.25 作者摄

图 5.8　作者摄

图 5.9—5.10　作者请人代摄

图 5.11　"中央研究院"历史语言研究所藏拓

图 5.12　杨依萍线描图

图 5.13—5.15　2010.7.5 作者再访武氏祠时摄

图 5.16　2016.8.18 作者摄于山东博物馆

图 5.17　《孔子汉画像集》

图 5.18　2016.8.18 作者摄于山东博物馆

图 6.1　《孔子汉画像集》

图 6.2—6.5　1992.9.27 作者摄

图 6.6　作者线描图

图 6.7　1992.9.27 作者摄

图 6.8—6.10　2010.7.4 作者摄

图 6.11　"中央研究院"历史语言研究所藏拓

图 7.1—7.4　1992 作者摄

图 7.5—7.6　1998 林保尧先生摄

图 7.7—7.10　作者线描图

图 7.11—7.14　《孔子汉画像集》

图 7.15—7.16　作者所藏近人仿刻

图 8.1　1998.9.3 作者摄

图 8.2　《中国画像石全集》第 2 册

图 8.3—3.4　1998.9.3 作者摄

图 8.5　1998.9.3 作者请人代摄

图 8.6　2010 作者摄

图 8.7　刘晓芸线描图

图 8.8　2010 作者摄

图 9.1—9.2　2010.7.5 作者摄

图 9.3　马怡先生赠拓片

图 9.4—9.10　2010.7.5 作者摄

图 9.11　《中国画像石全集》第 2 册

图 10.1　1992.9.29 作者请人代摄

图 10.2　《山东安丘汉画象石墓发掘简报》

图 10.3—10.7　1995 颜娟英团队拍摄

图 10.8　《山东安丘汉画像石墓发掘简报》图 18

图 11.1　1992.9.30 作者请人代摄

图 11.2—11.8　1992.9.30 作者摄

图 11.9—11.10　《山东平邑东埠阴汉代画像石墓》

图 11.11—11.12　1992.9.30 作者摄

图 11.13　作者线描图

图 11.14—11.15　"中央研究院"历史语言研究所藏拓

图 12.1　1992.10.1 作者摄

图 12.2　2010 年作者摄

图 12.3　胡新立先生赠拓本

图 12.4　1992.10.1 作者摄

图 12.5　《邹城汉画像石》，图一四〇

图 12.6　胡新立先生赠拓本

图 12.7　1998.9.4 作者请人代摄

图 12.8—12.12　1998.9.4 作者摄

图 15.18　包华石先生赠照片

图 15.19　郑岩先生赠拓片

图 15.20—15.21　2004 作者摄

图 16.1　2010.6.30 刘欣宁摄

图 16.2　http://blog.sina.com.cn/s/blog_53fe7c38010004h9.html

图 16.3—16.9　2010.6.30 作者摄

图 16.10　作者线描图

图 16.11—16.13　2010.6.30 作者摄

图 16.14　作者线描图

图 16.15—16.16　《孔子汉画像集》

图 17.1　1992.9.18 作者请人代摄

图 17.2　1998.8.29 作者摄于石刻馆

图 17.3—17.4　2016.8.18 作者摄于山东博物馆

图 17.5　1998.8.29 作者摄

图 17.6　刘晓芸线描图

图 17.7—17.13　2016.8.17—18 作者摄

图 17.14　《嘉祥汉画像石》

图 17.15　刘晓芸线描图

图 17.16　2016.8.18 作者摄

图 18.1　2016.8.17 作者摄

图 18.2　"中央研究院"历史语言研究所藏拓

图 18.3　2016.8.17 作者摄

图 18.4—18.5　"中央研究院"历史语言研究所藏拓

图 19.1 作者请人代摄

图 19.2　1993.7.21 作者请人代摄

图 19.3—19.4　康兰英女士赠拓片

图 19.5—19.6　2011.9.4 作者摄

图 27.1—27.2 2012 刘欣宁摄

图 27.3 "中央研究院"历史语言研究所藏拓

图 28.1—28.8 1998.9.10 作者摄

图 29.1—29.3 2010.7.2 作者摄

图 29.4—29.6 作者摄

图 29.7 杨爱国先生摄

图 29.8—29.11 2010.6.30 作者摄

图 29.12—29.14 杨爱国先生摄

图 29.15—29.17 杨爱国先生提供

图 29.18 作者线描图

图 30.1 2010.7.11 作者请人代摄

图 30.2 作者请人代摄

图 30.3 2010.7.8 作者摄

图 30.4 2010.7.8 作者请人代摄

图 30.5—30.8 2010.7.8 作者摄

图 30.9 《孔子汉画像集》

图 30.10 2010.7.8 作者摄于徐州汉画像石艺术馆

图 30.11 《孔子汉画像集》

图 30.12—30.13 2010.7.8 作者摄

图 30.14 作者线描图

图 30.15 2010.7.8 作者摄

图 30.16 作者线描图

图 30.17—30.19 2010.7.8 作者摄

图 30.20 《徐州汉画像石》

图 30.21 2010.7.8 作者摄

附录一

图 1.1—1.6　《和林格尔汉墓壁画孝子传图辑录》

图 2　作者摄

图 3　杨爱国先生提供

图 4　作者摄

图 5.1—5.2　杨爱国先生提供照片

附录二

图 1—3　《壁上丹青：陕西出土壁画集》

图 4.1—4.2　2004 年作者摄于河南博物院

图 5.1—5.2　《2008 中国重要考古发现》

图 6.1—6.2　《中国南阳汉画像石大全》

图 7　《中国画像石全集》第 8 册，图六六

图 8.1　2010.7.8 作者摄于徐州画像石艺术馆

图 8.2　《徐州汉画像石》，图 19

索引

编者按：为方便读者检索，索引条目分为"画像""地名""人名""传世文献"四大类。每类按汉语拼音排序。

一　画像

1. 人物、榜题

---

① 孔子、老子以及母题"孔子见老子"是贯穿全书的关键词，索引不赘，仅列出以榜题形式出现的"孔子"。"老子"条目同。

2. 雕刻技法

二 地名

安徽

巴黎

柏林

北京

东京

河北

河南

---

① 　四川、重庆在古代多以巴蜀一地做讨论，故合为一类。

新泽西

三 人名

四　传世文献